나와 친해지는 연습

자기 이해에서 자기 신뢰로 나아가는 **25가지 마음관리 솔루션**

나와 친해지는 연습

SELF INTIMACY

최윤정 지음

현대
지성

자신과 친구가 되어라.
그러면 삶의 모든 순간
가장 신뢰할 수 있는 동반자와 함께하게 된다.

_나폴레온 힐

✤ 추천의 글 ✤

친해진다는 것은 사람과 사람 사이에 좋은 관계가 쌓여가는 것을 의미한다. 오랜 절친도 처음 만났을 때는 낯설고 어색한 만남에서부터 시작한다. 세월이 지나면서 함께한 시간만큼 서로를 이해하게 된다. 상대방을 잘 알고 있기에 힘든 일이 있더라도 배려하고 도움을 줄 수 있게 된다.

우리가 잊지 말아야 할 사실은 다른 그 누구보다 나와 가장 긴 시간을 함께한 사람은 바로 나 자신이라는 것이다. 하지만 사람들은 오랜 친구인 자신을 미워하기도 하고 싫어하기도 한다. 나는 왜 이렇게 태어났을까 울면서 탄식하기도 한다. 재산이나 외모를 과장해서 다른 사람의 관심을 받으려고도 한다. 정작 가장 먼저 해야 할 일은 자신을 있는 모습 그대로 받아들이고 사랑하는 것인데 말이다.

가장 진실된 마음으로 나를 사랑할 수 있는 사람은 나뿐이다. 물론 다른 이와 비교하면 부족해 보이고 못난 점도 있다. 어린 시절 존중받지 못했다면 자신을 낮게 볼 수도 있을 것이다. 하지만 그런 어려움 속에서도 지금까지 잘 자라온 자신을 대견하게 바라볼 수 있다면, 우리 마음에는 평화가 깃들 것이다. 『나와 친해지는 연습』은 스스로를 아끼고 돌보는 '따뜻한 마음을 지닌 단단한 나'를 찾도록 이끈다. 삶이 고단하고 풍파가 몰아쳐 힘겨울 때 함께 헤쳐 나갈 우군이 있다면 더없이 좋을 것이다. 이 책은 그 우군을 찾는 여정에서 든든한 가이드가 되어준다.

_**전홍진**(삼성서울병원 정신건강의학과 교수, 『매우 예민한 사람들을 위한 책』 저자)

자신에게
가장 좋은 친구가 되어줄 당신에게

역사를 통틀어 보더라도 지금 시대만큼 자기에 열광하는 때는 없었다. 사람들은 인스타그램에 화려하게 꾸민 일상과 보정된 자기 사진을 게시하고, 유튜브에는 편집된 일상을 브이로그로 공유한다. 실제 자신을 모르는 수많은 사람 앞에서 마음껏 자신을 드러낼 수 있는 공간을 얻은 것이다. 이제 처음 만난 사람에게 MBTI 성격 유형이 무엇인지 물어보는 것은 낯설지 않은 일상이다. MBTI가 유행하게 된 것도 자기의 정체성을 유형화해 손쉽게 타인에게 표현하고자 하는 사람들의 갈망과 닿아 있다.

하지만 아이러니하게도 자기에 대한 이런 집착 속에서도 '진짜 자기'는 찾아볼 수 없다. 화려한 과시 속에 진짜 자기는 사라진 것이다. 자기에 대한 관심이 증가할수록 자존감, 자기애, 자아실현, 자기계발, 자기주장…… 자기Self와 관련된 여러 개념들은 한꺼번에 쏟아져 나온다. 각각이 모두 중요하다고 강조되지만, 이 개념들은 당신의 머릿속에서 명확히 정리되지 못한 채

뒤엉켜 있다. 이런 자기 탐구의 열풍은 정신건강 서비스가 급증하는 현상으로도 드러난다. 더불어 정신과 치료를 받는 환자도 매년 늘고 있다. 정신과 의사인 나는 이를 직접 목격하는데, "제가 누구인지 알고 싶어요"라며 찾아오는 환자들이 꾸준히 증가하고 있다. 진료실에서 가장 자주 듣는 질문 중 하나는 "어떻게 하면 저를 사랑할 수 있을까요?"이다.

지금 세대는 그 어느 때보다 자기 자신에게 관심이 많다. 디지털 기기를 능숙하게 다루며 자유롭게 자기 표현을 해서 디지털 네이티브Digital Native라고 불리기도 한다. 이전 세대와 비교해 개인주의적 성향이 강하다는 평가를 받으며, 때로는 자기애 성향Narcissism이 두드러진다는 지적도 받는다. 그러나 이런 현상과 모순되게도 정신적 고통을 호소하는 사람들은 계속 늘고 있다. 겉으로는 자신과 가까워진 듯하지만, 내면에서는 오히려 멀어진 것이다. 어느 세대보다도 자신과의 진정한 소통에 실패한 세대가 되어, 겉멋 든 관계 속에 갇혀 진실된 교감을 나누지 못한다. 사람들은 마치 돌려받지 못할 짝사랑을 하는 것처럼 살아간다. 나를 표현하면 표현할수록 더 큰 공허함과 외로움을 느끼는 것이다.

우리는 모두 저마다 후회 없는 삶을 살기 위해서 고군분투하고 있다. 진정한 행복, 의미 있는 삶, 경제적인 자유, 진실한 사랑, 상처로부터의 자유, 꿈의 실현⋯⋯. 각자 원하는 삶의 모습은 다르고 그것을 표현하는 단어도 다를 것이다. 하지만 한 가지 공통점이 있다. 당신이 무엇을 원하든 그것을 실현시키기 위해서 가장 먼저 해야 할 일은 '나와의 관계'를 원만하게 만들어야 한다는 사실이다. 자신과 친구인 사람은 삶의 주도권을 쥐고 있다. 그래서 다른 사람의 기준에 맞추어 자신을 증명하려고 들지 않는다. 어떻게 살아갈 것인가 역시 스스로 결정한다. 자기 자신의 빛으로 살아간다.

이들은 인생의 역경도 잘 헤쳐 나간다. 우리는 역설적으로 자신의 도움이 가장 절실한 시련의 순간에 오히려 자신을 외면하곤 한다. 만약 시련의 순간에도 자신을 잃지 않고 어려움을 이겨낼 수 있다면, 당신은 가장 탁월한 회복탄력성을 지닌 사람이 될 것이다. 그리고 자신의 신념과 가치관에 부합하는 삶을 산다는 충만감은 다른 어떤 것으로도 대체할 수 없는 행복을 가져다줄 것이다.

여기에 한 가지를 더하자면, 타인과도 풍요로운 관계를 맺게 될 가능성이 높다. 자신을 대하듯 타인에게도 존중과 선의를 베풀기 때문이다. 자기 자신으로 살아가는 사람이 늘어날수록 세상은 더 나은 곳이 될 것이다.

나는 이 책을 통해 당신에게 꼭 말하고 싶은 것이 있었다. 그것을 하나의 단어를 통해 명확하게 전달하고 싶었다. 깊은 고민 끝에 선택한 단어가 '자기 친화력self intimacy'이다. 자기 친화력이란 표현이 다소 낯설게 들릴 수도 있다. 우리는 보통 친화력親和力이란 단어를 타인과의 관계에서 사용하기 때문이다. 나는 친화력이란 단어를 사용해 당신이 자신을 마치 이방인처럼 소외시키고 있다는 것을 말하고 싶었다. 당신이 때로는 당신이 아닌 모습으로 살아간다는 것을 말하고 싶었다.

자신과 멀어지면 그 빈 공간은 그냥 비어 있지 않는다. 나 자신과 상관없는 것들이 그곳을 차지한다. 그리고 내가 아닌 것들은 나를 매우 아프게 한다. 나는 정신과 의사로 일하면서 수없이 많은 사람들을 만났고 그들의 이야기를 들었다. 생물학적 원인을 제외하면, 거의 모든 정신적 고통은 자기 자신과의 단절에서 시작되었다. 사람들은 자기의 부재를 느낄수록 잘못된 방법으로 그 공백을 채우려 했다. 그렇게 자신을 열심히 치장하고 편집할수록 본질적인 자신과는 오히려 멀어지는 역효과가 발생했다.

사람이 세상에 왜 태어나는지에 대해서 고민해본 적이 있다. 우리가 태어난 이유는 어쩌면 자신을 온전히 사랑하는 법을 배우기 위해서가 아닐까? 자신을 온전히 사랑한다는 것은 결코 쉬운 일이 아니다. 하지만 행복을 갈망하는 한 '나를 이해하는 것'은 삶에서 가장 중요한 과제일 것이다. 나는 사람들이 자기와 친밀한 관계를 맺을 때 더 충만한 삶을 살아가는 것을 목격했다. 그런 사람들이 많아질수록 우리가 사는 세상은 더 아름다워질 수 있다고 믿는다. 이것은 내가 정신과 의사로 일하면서 깨달은 가장 의미 있는 발견이었다.

이제부터 나는 잃어버린 자신을 회복하고, 행복을 찾아갈 수 있는 방법을 이야기하려 한다. 단순히 자신에게 관심을 쏟는 게 아니라 올바르게 돌보는 방법은 무엇인지 알려줄 것이다. 이 책으로 당신이 자신에 대한 믿음을 회복하길 바란다. 당신은 당신에게 가장 좋은 친구가 될 수 있으며, 가장 따뜻한 보호자가 될 수 있다. 동시에 유능한 치료자도 될 수 있다. 고백하자면 나 역시 나와의 관계에서 아무 문제가 없는 사람은 아니다. 나도 당신과 마찬가지로 자신과 친해지고 끈끈한 우정을 쌓기 위해 노력하며 사는 한 사람으로서 이 책을 썼다. 스스로에게 좋은 친구가 되고자 하는 모든 이들이 이 책을 통해 흔들리지 않는 지혜와 용기를 얻기를 바란다.

최윤정

⚜ 차례 ⚜

3장 | 나의 행동과 감정에 공감하기 _자기 공감 능력

1장

자기 친화력이
좌우하는 인생

자기 친화력을 만드는
세 가지 기둥

자기 자신을 실현하는 것은
세상에서 가장 중요한 일이자
가장 깊은 행복을 주는 일이다.
_마르쿠스 아우렐리우스

힘든 상황을 함께 견딘 친구와는 끈끈한 우정이 생긴다. 상황이 어려우니 서로를 향한 날카로운 말은 최대한 아끼고 부족한 부분도 웬만하면 너그럽게 넘어간다. 서로를 탓해보았자 힘든 상황을 넘기는 데 도움이 되지 않는 것을 알기에 친구의 입장을 이해하려 애쓰며 힘을 북돋는 말을 주고받으며 응원한다.

이것을 나 자신에게 똑같이 적용해보면 어떨까? 우정을 지키는 마음으로 나를 돌볼 때 나와의 친밀도가 커져서 자기 사랑의 형태로 변할 것이다. 친구가 완벽하게 내 마음에 들어서 이해하고 자랑스럽게 여기는 것이 아니듯, 내가 완벽하게 내 마음에 들어서가 아니다. 친구를 내가 바꿀 수 없어 있는 그대로 받아들이듯, 나를 있는 그대로 받아들이면 된다. 다시 말해 자기 친화력은 스스로를 정확하게 인지하고, 자신의 감정을 더하거나 빼지 않으며, 어떤 상황에서도 이겨낼 수 있다는 확신을 지닐 때 생긴다. 이것을 나는 자기 가치감, 자기 공감 능력, 자기 신뢰라는 마음근육으로 정리했다.

이 세 가지 마음근육이 튼튼할수록 자기 친화력을 발휘하기에 가장 이상적인 상태가 된다. 각 요소는 완전히 분리된 것이 아니라 영향을 주고받는 관계이기 때문이다. 반대로 세 요소 중 문제가 되는 것이 있다면 나머지 두 가지도 부정적인 영향을 받는다. 각각이 무엇을 말하는지 살펴보자.

자기 가치감

자기 가치감Self worth은 자신의 존재 가치에 대해서 얼마나 확신을 지니고 있는지와 관련이 있다. 우리가 자신에게 던지는 가장 근원적인 질문은 "나에게 살 가치와 권리가 있을까?", "나에게 행복한 삶을 누릴 충분한 자격이 있을까?"일 것이다. 이것은 인간의 가장 기초적인 권리인 생존권과 행복권에 대한 질문으로 건강한 자기 가치감이 존재할수록 흔들리지 않는 긍정의 답이 나온다. "그렇다. 나는 살 가치가 있는 존재다. 나에게는 행복한 삶을 누릴 권리가 있다"라고 확실히 답한다. 어쩌면 이는 당연한 말처럼 들릴 것이다. 그러나 막상 당신이 직접 이 문장을 되뇌어보면 다른 느낌을 받는다. 온전한 의미를 떠올리며 진심으로 되뇌어보라. 당신의 영혼에 충분히 와 닿는지 살펴보

라. 생각보다 많은 사람들이 자신에게 생존권과 행복권이 있음을 확신하지 못한다. 자신의 가치를 부정적으로 평가하고 있다는 것조차 인식하지 못하는 경우도 많다. 물론 심한 우울증 환자가 아닌 이상 생존권과 행복권을 전면 부정하지는 않을 것이다. 다만 "나에게 살 가치와 권리가 있을까?"라는 문장을 되뇌일 때 일말의 의구심이 슬그머니 떠오르기도 하는 것이다.

　자기 가치감은 일종의 자화상이다. 거울에 직접 비추어진 모습이나 사진에 찍힌 모습과 같이 실제적인 이미지가 아니라 자신에 대한 주관적인 해석이 큰 영향을 주기 때문이다. 즉, 자기 가치감은 실제 당신의 가치를 뜻하는 것이 아니라, 당신이 스스로를 얼마나 가치 있게 생각하는지를 의미한다. 자신을 있는 그대로 받아들이기 어려워할수록 자기 가치감은 손상을 입는다. 자신을 있는 그대로 수용한다는 것은 결코 쉬운 일이 아니다. 인본주의 심리학의 창시자 칼 로저스Carl R. Rogers조차도 "내가 어떤 존재든 기꺼이 받아들이는 것을 완벽하게 이루어낸 적은 없다"라고 고백했다. 자신을 온전히 받아들이지 못할 때 우리는 수치심을 느낀다.

자기 공감 능력

자기 공감 능력Self empathy은 자신의 생각과 감정을 민감하게 알아차리는 것과 관련이 있다. 친절한 친구처럼 문제를 해결할 수 있을 때까지 자신을 보살피고 마음을 어루만져주는 능력을 말한다.

우리는 자신에게조차 솔직하지 못할 때가 많다. 파괴적인 분노나 상처로 연약해진 마음이 자신을 외면하게 만드는 것이다. 물론 누구나 자신의 어둡고 연약한 면을 마주할 때면 두려움을 느끼고 달아나고 싶다. 그럼에도 자신에게 공감하기 위해서는 내면의 밝은 면뿐만 아니라 어두운 면에도 기꺼이 귀를 기울여야 한다. 미국의 심리학자이자 자존감 연구의 대가인 너새니얼 브랜든Nathaniel Branden은 『자존감의 여섯 기둥』(교양인, 2015)에서 자신에게 그리 반갑지 않은 감정이라도 우선 받아들이는 것이 중요하다고 했다. 원치 않는 감정을 받아들이지 않고서는 자기 자신을 그 이상으로 발전시킬 방법이 없다는 것이다. 이를테면 자신이 느끼고 있는 분노를 두려워해 외면하는 사람이 있다고 하자. 그는 자신의 분노를 인정하지 않기 때문에 분노의 원인도 알 수 없고 그것을 해결하는 것도 불가능할 것이다.

자신의 모든 측면을 소외시키지 않고 적극적으로 소통하려면 불필요한 두려움이나 거부감을 버려야 한다. 우리의 감각, 감정, 생각은 수없이 생겨났다 사라지는 것들 중 하나에 불과하다. 나의 일부를 설명해줄 수는 있지만 나라는 존재 전체를 규정하는 근거는 되지 못한다. 만약 어떤 사람이 자신이 느끼는 분노를 인정한다고 해서 365일 분노에 휩싸인 사람이 되는 것은 아니라는 뜻이다. 자신이 분노를 느낀다는 것 그 자체에 대한 거부감은 내려놓아도 괜찮다. 우리를 불편하게 만드는 또 다른 감각, 감정, 생각도 마찬가지다. 오히려 이렇게 얻은 정보는 나를 통합적으로 이해하고 공감하는 데 도움이 된다.

자기 신뢰

자기 신뢰Self reliance란 자신의 영향력에 대한 강한 믿음을 뜻한다. 스스로 자기 삶을 주도적으로 이끌어갈 수 있다는 확신이다. 자기 신뢰가 있는 사람은 "나는 내가 원하는 나로 성장할 수 있다", "내 삶은 내가 원하는 대로 만들어갈 수 있다"라고 생각한다. 그렇다면 자기 신뢰는 어떻게 만들 수 있을까? 바로 매일의 선택으로 쌓아나가면 된다. 아무것도 하기 싫은 순간에 당신은 어떤 선택을 하는가? 침대나 소파에 누워 오늘은 예외적으로 휴식을 취하기로 결정하는가, 귀찮고 힘들지만 계획했던 일을 일단 해보는 쪽을 선택하는가? 자기 신뢰는 하기로 마음먹었던 일을 선택할 때 쌓인다. 또 세상 속에 뛰어들어 자신에게 필요한 기회를 만들고, 능력을 발휘하는 경험을 통해 점차 강력해진다.

　일부 사람들은 운명론적인 관점을 지니고 산다. 삶이란 자신이 통제할 수 없는 외부 요소에 의해 결정된다는 것이다. 이를 심리학에서는 외적 통제 신념을 지니고 있다고 표현한다. 외적 통제 신념에 사로잡힌 사람들은 삶을 수동적인 방관자의 자세로 바라볼 위험이 있다. 마치 꼭두각시와 같은 삶을 사는 것이다. 이들은 삶을 통제할 수 없다고 생각해 만성적인 불안에 시달린다. 자신의 힘을 과소평가해서 도전을 피하고, 관성에 순응해 쉽게 체념한다. 불확실한 세상에서 자신이 할 수 있는 일은 은신처에 숨는 것뿐이라고 여긴다. 그러나 당연하게도 그곳은 자신을 보호할 은신처가 아닌 자신을 가두는 감옥이 된다. 반면 자기 신뢰가 높은 사람들은 내적 통제 신념을 지니고 있다. 자신을 운명의 주인이라고 생각하고 삶을 주체적으로 기획하고 연출하는 감독이 된다. 이것은 진짜 어른으로 성장했다는 증거이기도 하다. 어른은 자기 존재와 삶을 기꺼이 책임진다. 누구도 삶을 대신 살아주거나 구원해줄 사람이 없다는 것을 안다. 나의 선택과 행동으로 인한 결과를 책임져야 한다고 생각한다. 수동성의 사슬을 끊어내고 맞닥뜨리는 과제에 도전하는 용기는 자기에 대한 강한 신뢰가 있을 때 가능한 것이다. 나는 절대 실패하지 않을 것이라는 믿음이 아니다. 실패하더라도 경험을 통해 배우고 다시 일어날 수 있다는 믿음이다. 불리한 상황에 처하더라도 대처할 수 있다는 확신이다.

정리하면 자기 친화력의 세 요소 중 자기 가치감은 자신의 가치에 대한 확신을 말한다. 자기 공감 능력은 자신과 원활히 소통해 통합적으로 이해할 수 있는 능력을 가리킨다. 그리고 자기 신뢰는 세상에 도전해 자신을 발휘하는 용기의 뿌리다. 즉, 자기 친화력에는 단순히 나와 친하게 지내야 한다는 의미를 넘어, 나의 가치를 확신하고 가능성을 실현하기 위해 나와 적극적으로 소통하고 도전해야 한다라는 의미가 담겨 있는 것이다. 이제 우리의 목표는 각각의 마음근육을 강화해 자기 친화력이 힘을 발휘하도록 하는 것이다.

나와의 관계를 포기할 때
생기는 일

진정으로 원하는 것을 추구하지 않는다면
결국 당신은 원하지 않는 것을 얻게 될 것이다.
_장 폴 사르트르

N포 세대는 N가지 중요한 것을 포기한 세대를 일컫는 신조어다. 처음에는 연애, 결혼, 출산 세 가지를 포기했다는 뜻에서 삼포 세대로 시작되었다. 삼포 세대라는 신조어까지는 시대의 변화와 가치관이 반영된 결과라고 볼 수도 있었다. 그러나 점차 단어의 뜻이 확장되면서 최근에는 건강, 희망, 꿈까지 포기했다고 자조하는 지경에 이르렀다. 포기의 사전적 정의는 자신의 권리나 자격을 내던져버리는 행동으로, N포 현상은 포기해도 괜찮을 것들에서 시작했지만 이제는 절대 포기해서는 안 될 영역까지 그 의미가 확장된 것이다.

삼포에서 시작해 완포(완전히 포기한)까지 이르게 된 안타까운 상황의 뒤에는 스스로 자신을 외면하는 자기 소외Self-alienation

현상이 자리 잡고 있다. 나는 정신과 의사로 일하면서 자기 자신을 소외시키며 자기와의 관계를 포기한 채 살아가는 사람들이 많다는 것을 알게 되었다. 이들은 앞으로도 그 상태에서 벗어날 방법이 없다고 여긴다. 자신과의 친밀함을 회복할 수 있는 여지까지 포기한 것이다.

나를 사랑하라는 말의 허점

재영 씨는 무기력하고 의욕이 없었다. 자신감을 잃어가고 자신을 사랑한다는 느낌도 더 이상 들지 않았다. 스스로를 자존감이 낮은 사람으로 낙인찍고, 그 틀 안에 자신을 가두며 살고 있었다.

"선생님, 저는 거울을 봐도 가끔 제 모습이 낯설어요. 제가 아닌 것 같다는 생각이 자꾸 들어요. 솔직히 내가 왜 사는 걸까 고민해봐도 답이 안 나와요. 나름대로는 정말 열심히 살아온 것 같은데 아무것도 나아지지 않았거든요. 여기서 더 뭘 해야 할지도 모르겠어요. 다른 친구들은 어려운 일이 있어도 잘 극복하는 것 같은데, 저는 자존감이 낮아서 어쩔 수 없다는 생각이 들어요."

재영 씨는 대학교 졸업이 가까워지자 열심히 살아야 한다는 강박에 시달렸다. 바쁘게 하루를 보내며 자신을 채찍질했지만, 잠들기 전엔 늘 다른 친구들보다 뒤처졌다는 생각에 심란했다. 그렇게 쫓기는 삶을 살게 된 뒤로는 일상에서 느꼈던 기쁨과 의미도 점차 퇴색되어갔다. 자주 공허하고 외로웠다. 그런데 이런 마음에 주목하고 있는 것조차도 사치스럽게 느껴졌다. 오랫동안 자신을 억누르고 살다 보니 스스로가 낯설 때도 많았다. 감정이나 생각도 내 것이 아닌 것처럼 느껴지곤 했다. 내가 누구인지 무엇을 위해 살아야 하는지에 대한 혼란은 재영 씨를 깊은 무기력의 늪으로 데려갔다.

무력감Powerlessness과 세상에 대한 무의미감Meaninglessness에 지배당하면 자신을 소외시키는 결과를 낳고 자기와의 관계를 포기하게 만든다. 이때 무력감이란 자신이 원하는 것에 걸맞은 행위를 해도 좋은 결과를 얻지 못할 것이라는 예측으로 자신의 감정, 욕구, 동기, 열망 등을 무시하고 등을 돌리게 만든다. 무의미감은 현재에 대해 혼란을 느끼며 다가올 미래도 어떻게 펼쳐질지 예측할 수 없을 때 느끼는 감정으로 자기 존재 가치를 확신할 수 없고 인생이 운명이나 다른 사람으로 인해 결정지어진다고 생각하게 만든다.

재영 씨는 무력감과 무의미감에 시달리고 있었다. 그 기저에는 늘 타인과 비교하는 나쁜 습관이 있었다. 그러면서 자신을 자존감이 낮은 사람으로 규정하고 있었다. 자존감self-esteem은 자신이 사랑받을 만한 가치가 있는 소중한 존재임을 믿는 감각을 말한다. 흔히 "나 자신을 사랑하라"라는 메시지로 전달되곤 했다. 그러나 이 말이 너무 막연하고 추상적으로 들린다는 것을 진료실에서 만난 수많은 환자들을 통해 알게 되었다. 그들은 "나를 사랑하라"라는 말의 중요성은 이해했지만 어떻게 해야 하는지 몰라 혼란스러워했다. 듣기에는 아름답지만 실천하기 어려운 이상理想처럼 느꼈다. 그런데 친구를 대하듯 스스로의 가치를 발견하고 공감하며 믿어주어야야 한다고 전하자, 그들에게서 변화가 일어나기 시작했다. 재영 씨도 마찬가지였다. "나와 친해지는 연습을 해보세요. 새로운 친구를 사귈 때처럼 조심스럽게 다가가서 좋아하는 건 뭔지, 이 친구가 잘하는 건 뭔지, 이 친구의 기분은 어떤지 살펴보세요. 그렇게 자신과 가까워지다 보면 무력감은 점점 사라지고 살아 있다는 느낌도 되살아날 거예요."

우리는 그 누구도 아닌 자기 자신으로부터 가장 근원적인 사랑을 받아야 한다. 나야말로 나에게 가장 진실되고 깊은 사랑을 줄 수 있는 사람이기 때문이다. 자기로부터 사랑받지 못하고 버림받으면 결핍, 괴로움, 공허감, 고립감과 같은 고통에 시달린다. 자기 자신에게 애착을 느끼지 못하면 삶에 대한 기대도 사라진다. 삶에서 포기해서는 안 될 희망이나 꿈까지 놓아버리기도 한다. 자신의 온전한 편이 되어주지 못하기에 스스로를 가장 잘 이해하고 지지해주는 강력한 지원군을 잃어버리는 것과 같다. 또한 자기가 아닌 것 같은 이인감異人感도 느낀다. 자신의 행동, 감정, 가치관, 삶, 자아 등도 모두 낯설다. 결국 진정한 자신과 멀어진다. 때로는 앞장서서 자기와 어울리지 않는 삶으로 자신을 이끌기도 한다. 이것은 재영 씨가 겪은 일이었고, N포 세대가 겪고 있는 일이기도 하다.

내 것이 아닌 것은 과감히 포기하라

흔히 N포의 원인으로 경제적 불황과 잘못된 사회 시스템을 꼽는다. 고도의 경제성장을 이루던 과거에는 자신만의 고유성과 주체성 없이도 나름대로 잘 살 수 있었다. 남들이 좋다고 말하는 가치를 열심히 따라가는 것만으로도 충분했다. 세상의 인정을 받으려고 애쓰면 부모 세대보다는 훨씬 나은 삶을 누릴 수 있었다. 물론 그 시대에도 자신을 외면하면 진짜 자신으로 사는 충만한 삶을 누릴 수는 없었다. 다만 자신과의 관계가 틀어진 상태에서도 어느 정도 자신의 존재 가치는 확인할 수 있었다.

그러나 지금은 상황이 달라졌다. 자기와의 깊은 대화 없이는 자신의 존재 가치와 삶의 의미를 찾기 힘든 시대가 되었다. 그저 노력의 양으로 승부해서는 더 나은 삶을 보장받을 수 없다. 가팔랐던 경제성장 속도도 완만해진 지 오래다. 하지만 부모 세대는 여전히 자신이 생존하고 승리한 방식을 자녀에게 전수했다. 때문에 대다수의 젊은 세대는 구시대적인 방식으로 세상에 접근할 수밖에 없었다. 자기와 단절된 채 남들이 좋다고 하는 스펙 쌓기에 매달렸고 그 결과는 박탈감과 무력감으로 돌아왔다. 스스로 고高스펙 저低임금 노동자라며 자조하기도 한다.

이제는 노력의 양보다 노력의 방향이 모든 것을 좌우하는 시대다. 방향성 없는 경쟁에 매몰되어 부속품처럼 살아갈수록 자신의 존재 가치를 잃는다. 내 삶의 올바른 방향은 세상의 기준이 아닌 자신과의 대화를 통해서만 알 수 있다. 자기 소외에서 벗어나 멀어진 자기와의 관계를 회복하고 자기 말에 귀를 기울여야 한다. 그 대화를 통해서만 내가 진정으로 원하는 것과 나를 살아 있게 만드는 가치를 발견할 수 있다. 인생을 산다는 것은 세상 앞에서 자포자기하는 일이 아니라 내 것이 아닌 것을 과감히 포기하는 일이다. 남과 비교하며 내 것이 아닌 것을 쫓는 데 열중하는 게 아니라 내 것이 아닌 것을 가볍게 놓아주는 결단이 있어야 한다. 그래야 진짜 내 것을 열렬히 추구할 수 있다.

누구나 나와
친하게 지낼 수 있다

위로 오르려는 욕구는
감사할 줄 모르는 불만이 아니라
창의적인 불평이다.
_도리스 메르틴

자기와의 관계가 좋지 않은 사람들은 반대의 사람들을 보며 소
외감, 질투심, 열등감과 같은 부정적인 감정을 느낀다. 사람은
관계를 맺을 때 자신과 비슷한 점이 많은 사람에게 매력을 느
끼고, 자신과 다른 사람을 멀리하는 습성이 있기 때문이다. 이
때 소외감은 내가 다른 사람과 다르고 부적절한 존재라고 느끼
는 감정이다. 질투는 자기보다 좋은 처지의 사람에 대해 품는
미워하는 마음이다. 열등감은 자기 자신이 남보다 못하고 무가
치하다는 생각에서 비롯되는 감정이다. 이러한 부정적인 감정
이 느껴지는 이면에는 자신과의 관계를 회복할 수 없을 것이라
는 좌절감이 숨어 있다. 그러나 자신과의 관계는 고정된 특성
이 아니다. 누구나 노력하면 나에 대한 신뢰와 애정을 회복할

수 있으며 나와 연결된 삶을 살 수 있다.

"그 사람은 태생부터 달라요"

아영 씨는 최근 남자친구와 이별한 뒤 우울함을 느끼고 있었다. 그녀는 본래 다른 사람의 눈치를 자주 보고 타인과 자신을 비교하는 습관이 있었는데, 3개월 전에 남자친구를 사귄 뒤로는 자기에게 문제가 있다는 생각을 하게 되었다. 아영 씨는 대체로 자신에 대해서 만족하지 못했다. 자신을 둘러싼 상황에 대해서도 불만을 느낄 때가 많았다. 그런 그녀와 달리 남자친구는 자신의 삶을 사랑하고 매사에 열정이 넘치는 사람이었다. 아영 씨가 느끼기에 마치 남자친구는 태생부터 다른 사람 같았다고 한다.

남자친구를 만날수록 아영 씨는 자신과 상반된 남자친구의 모습에 위축되었다. 또 남자친구보다 자기가 더 많이 좋아하고 있다는 생각에 불안했다. 반면 남자친구는 아영 씨와 상관없이 항상 행복해 보였다. 그런 남자친구의 모습에 질투심을 느꼈고 서운함을 표현하는 일도 잦아졌다. 처음에는 미안해하던 남자친구도 점점 지쳐갔다. 결국 아영 씨는 남자친구한테 이별을 통보받았다. 이후 한 달간 매달렸지만 남자친구는 재회를 원하지 않았다고 한다. 아영 씨는 자신이 부족한 사람이라는 느낌과 남자친구와의 관계를 망쳤다는 생각으로 자책하며 괴로워했다.

자기와 친밀하고 협력적인 관계를 형성한 사람에게는 특유의 여유와 강인함이 있다. 이는 주변 사람에게도 직·간접적으로 읽힌다. 그들의 에너지는 비슷한 사람에게는 매력적으로 보여 선망의 대상이 된다. 그러나 자신을 소외시키고 밀어내며 사는 사람에게는 불편한 감정을 가져다준다. 자신의 삶이 어딘가 잘못되었다는 느낌을 받기 때문이다. 마치 어둠 속에 있을 때는 잘 모르다가 밝은 빛이 드리울 때 어둠을 실감하는 것과 같다.

질투심 뒤에 숨은 열망을 보라

사회심리학에서는 사람들이 유사한 특성을 지닌 이들과 더 긴밀하게 연결되는 경향이 있음을 밝혀냈다. 이를 동질성Homophily의 법칙이라고 한다. 인간관계에서 동질성이 작동하는 중요한 이유 중 하나는 사람들은 자신의 신념, 가치, 태도와 비슷한 사람을 선호하기 때문이다. 최근 국제 학술지『네이처 인간 행동학Nature Human Behavior』에 발표된 연구도 이를 뒷받침한다. 타냐 호위츠Tanya Horwitz 박사가 이끄는 연구팀은 7만 9,074쌍의 이성 커플을 133개 특성으로 분석했는데, 그 결과 커플 간에는 82~89퍼센트의 유사성이 있다는 사실이 밝혀진 것이다.

나 자신과 어떤 관계를 맺고 있는지는 개인의 특성에 광범위한 영향을 줄 뿐 아니라 주변에 있는 사람이 누구인가에까지 영향을 미친다. 아영 씨의 사례에서도 알 수 있듯이 자기 친화력이 서로 다른 수준이면 상대에게 불편한 감정을 느끼고 갈등이 유발되기도 한다. 자기와 다른 사람은 밀어내고 자기와 유사한 사람을 주변으로 끌어들인다. 연인이 닮은 경우가 많은 것처럼 자기 친화력의 수준이 비슷한 사람들끼리 서로 좋아하고 친밀감을 느끼는 것이다.

자신에 대해 부정적인 태도를 지니고 있는 사람은 상대에게 부정적인 생각을 투사하곤 한다. 자신에게 애정과 친밀함을 느낄 수 없기 때문에 상대 또한 그럴 것이라고 생각한다. 또한 스스로를 존중하지 못하는 것처럼 상대방도 존중하지 못한다. 자신과 원활히 소통할 수 없는 것처럼 상대와의 의사소통에도 실패한다. 자신에게 사랑받지 못하는 사람은 다른 사람에게도 사랑받기 어렵다. 나아가 자신에게 해가 되는 관계 속에서 고통받을 확률도 높다. 그렇게 자기 자신과 더욱 동떨어진 삶을 살아간다.

이런 악순환에서 벗어나려면 먼저 불편한 감정을 살펴보아야 한다. 소외감, 질투심, 열등감은 모두 다른 사람과 자신을 비교하면서 생겨난다는 공통점을 지닌다. 아영 씨가 남자친구를 '태생부터 다른 사람'이라고 묘사한 것도 이러한 인식에서 비롯된 것이다. 하지만 감정에 휘둘리기 전에, 나와 다르다는 전제가 틀렸음을 깨달아야 한다. 자신과의 관계는 고정된 것이 아니라, 선택과 노력에 따라 언제든 변화할 수 있다. 더 나아가 이런 감정들은 부정적인 것이 아니라, 성장하고자 하는 열망의 신호일 수 있다. 결국 우리가 주목해야 할 것은 감정 그 자체가 아니라, 자신과의 관계를 회복하려는 내면의 간절한 바람이다. 이제 다른 사람과 비교하며 소모하던 부정적인 에너지의 흐름을 멈추어야 할 때다. 그 에너지를 자신의 내면으로 돌려 나와의 친밀함을 회복하는 것이 우선이다. 자기 친화력은 때로는 부유함, 재능, 아름다움 등과 마찬가지로 시기의 대상이 되기도 한다. 자기 친화력이 인생에서 중요한 것들을 실현시키는 원동력이 되기 때문이다. 자신과의 관계에 문제가 있는 사람은 의식적이든 무의식적이든 다른 사람의 성장을 가로막고 싶은 충동을 느끼기도 한다. 따라서 자기 친화력을 쌓는 과정에서 죄의식을 불러일으키는 사람이 있다면, 그 사람과 거리를 두고 행동에 담긴 숨겨진 의도를 파악해볼 필요가 있다.

　머지않아 당신은 자신과 좋은 관계를 만드는 것이 다른 사람과 좋은 관계를 만드는 것보다 훨씬 쉽고 간편하다는 사실을 깨달을 것이다. 다른 사람과 만들어가는 관계는 내가 아무리 긍정적인 역할을 해도 상대가 부정적인 영향을 주면 관계의 질이 하락한다. 반면 자기 자신과의 관계는 그저 나 자신과 좋은 관계를 만들겠다고 결심하는 것으로 충분하다. 그 후 결심에 부합하는 선택을 해나가면 된다. 심지어 당신이 수십 년간 자신과 나쁜 관계로 지내왔다고 해도 충분히 회복이 가능하다. 만약 당신이 자기 친화적인 사람을 보면서 나와 다르다는 문제의식 느꼈다면 그것은 오히려 좋은 신호다. 모든 성장과 발전은 문제의식에서 출발하기 때문이다. 당신은 이제 새로운 시작의 출발선에 들어섰다.

이기주의가 아닌
똑똑한 개인주의

우리는 가장 완벽한 순간과 조건 아래에서도
변화를 두려워하고
크게 용기를 낸다고 해도 상상하는 데 그친다.
_에이브러햄 매슬로

사회는 문화를 형성함으로써 구성원들에게 메시지를 보낸다.
사회구성원인 우리는 누구도 그 메시지에서 완전히 자유로울
수 없다. 문제는 그중 일부가 자신과 좋은 관계를 형성하는 데
방해가 되기도 한다는 것이다. 특히 나의 기분이나 욕망에 충
실한 것을 이기적인 행태로 매도하는 문화적 압력이 그렇다.
이로 인해 사람들은 자신과 가까워지는 것에 대해 두려움과 죄
책감을 지니게 되었다. 자신의 뜻에 따라 사는 것은 쉬운 일로
여겨지며 때로는 철모르는 이기적인 행동으로 묘사된다. 반면
자신을 포기하고 희생하는 일은 어렵고 대단한 일로 추켜진다.
하지만 세간에 인식된 바와 달리 자신을 우선순위에 두며 사는
것은 무척이나 어려운 일이다.

내 뜻대로 사는 게 철모르는 행동?

경철 씨는 해외에서 도수치료 및 물리치료와 관련된 전문 자격증을 취득했다. 그 후 우리나라 호텔에 소속된 에스테틱에서 일하며 높은 연봉을 받았다. 고객들의 만족도가 높았던 만큼 고과에서도 좋은 평가를 받아 인센티브를 받기도 했다. 경철 씨의 꿈은 직장에서 경력을 쌓고 추후 자신의 사업을 시작하는 것이다. 그러나 부모님은 경철 씨의 직업이 '마사지사'라는 이유로 못마땅하게 여겼고, 다른 일을 알아보기를 은근히 요구했다. 경철 씨가 이를 거부하자 만날 때마다 수치심과 죄책감을 주었다.

경철 씨는 이성을 만날 때에도 매번 자신의 직업을 설명해야 했다. 때로는 직업에 대한 오해로 관계가 틀어지기도 했다. 결국 2년 전 경철 씨는 꿈과 경력을 포기하고 부모님이 바라던 대로 사무직으로 취직했다. 수입은 절반밖에 되지 않았을뿐더러 일에서 자부심과 기쁨도 느낄 수 없었다. 마치 타인의 삶을 사는 것 같았다. 내원 당시 시행한 검사에서 경철 씨의 우울 수치는 우울증을 진단받을 수 있는 기준을 크게 웃도는 심각한 상태였다. 부모님의 요구와 사람들의 시선이 그가 원하는 삶을 살지 못하도록 만든 것이다.

치료가 진행되면서 경철 씨는 진짜 원하는 삶을 위해 퇴사를 결정했다. 다만 퇴사 과정도 순탄치 않았다. 사직 의사를 밝히자 직장 상사는 경철 씨를 비난했다. 한편으로는 능력을 칭찬하며 회유하기도 했다. 하지만 막상 경철 씨가 근무 조건 개선이나 임금 인상을 요구하면 들어주지 않았다. 경철 씨는 정당한 절차를 거쳐 퇴사했음에도 죄책감에 시달려야 했다.

정신과에서 다루는 대부분의 질병은 자기 친화력과 깊은 연관이 있다. 자신과의 관계에 문제가 생길 때 정신적으로 부정적인 영향을 받는 경우가 많기 때문이다. 근본적인 처방은 자기와의 관계를 회복시키는 것이다. 나의 가치 인정하기, 내면의 목소리에 귀 기울이기 등 자신과의 관계에 집중하는 연습이 필요하다. 그러나 환자들은 이와 같은 연습을 낯설어하며 두려움을 표현한다. "이건 너무 자아도취적인 것이 아닐까요?", "지나치게 자기중심적인 것 같은데요", "그러다 자기애성 인격장애가 되지는 않나요?"와 같은 질문을 하기도 한다. 자신에게 집중하는 삶에 대해 죄책감을 느끼는 것이다.

한편 업계에서 의미 있는 경력을 쌓은 혜정 씨는 디자인 사무실을 운영하고 있었다. 창업 초기에 누구나 그렇듯 쉬는 날 없이 일하며 겨우 사업을 안정권에 올려놓았다. 그런데 3년 전 어머니가 불의의 교통사고로 장애를 얻고, 설상가상으로 아버지도 치매 진단을 받으면서 혜정 씨의 삶에 과부하가 걸렸다. 형제들은 결혼을 한 상태이기에 미혼인 혜정 씨가 부모님을 챙기는 일이 잦았다. 게다가 혜정 씨가 수입이 많다는 이유로 막대한 치료비와 간병비까지 부담하게 했다. 혜정 씨는 점점 더 많은 일을 해야 했다. 식사할 시간을 내지 못하는 날도 많았다. 부모님을 책임져야 한다는 압박감에 결국 결혼을 약속했던 남자친구와도 결별했다. 가장 힘들었던 것은 평생 가정을 꾸리며 살 수 없을지도 모른다는 두려움이었다. 이성을 만날 시간도 없고, 만나더라도 혜정 씨가 오롯이 부모님을 부양하고 있는 상황을 이해해줄 사람이 있을지도 의문이었다. 우울감이 심해진 혜정 씨는 불면증에 시달리며 수면 패턴이 망가졌고 일에도 집중하지 못했다.

　나는 그녀에게 지난 3년 동안 잃어버린 자신을 되찾는 것이 우선임을 알렸다. 그녀는 자신을 위해서 풍경 좋은 카페에서 커피 한 잔을 마시는 것조차 죄책감을 느끼고 있었다. 오랜 치료 끝에 혜정 씨는 혼자서 모든 상황을 짊어지지 않아도 괜찮고, 그럴 수도 없음을 깨달았다. 작은 부분이라도 조금씩 형제와 책임을 분담하기 시작했다. 이것은 단지 자신을 위한 이기적인 결정이 아니었다. 자신을 돌보지 않고 무너뜨리면 가족을 지킬 수 없다는 것을 알게 된 것이다. 이제 혜정 씨는 부모님 부양과 자기 삶 사이에서 조금씩 균형을 찾아가고 있다.

사회적 압박 속에서 균형 잡기

우리는 어렸을 때부터 "다른 사람부터 배려해라", "다른 사람을 불편하게 하는 말이나 행동은 하지 말아라", "겸손은 최고의 미덕이다"와 같은 가르침을 받았다. 자신의 감정과 기분에 집중하는 것을 터부시하는 가르침을 반복적으로 받으면서 나도 모르게 자신과 멀어져왔다. 부모님을 비롯한 타인을 기쁘게 하려다 보니 정작 자신의 감정과 욕구는 뒷전으로 밀리곤 했다. 자신과는 멀어지고 마는 것이다. 사랑과 인정이라는 보상을 미끼로 자신을 외면하게 만드는 가르침은 자기 친화력에 심각한 문제를 만든다. 자신의 감정과 욕구를 억압하고 때론 자신을 거부하는 태도까지 생기게 했다.

얼핏 생각하면 인생에서 나를 최우선으로 두는 것이 이기적인 행동으로 여겨질 수 있다. 하지만 나에게 좋은 사람일 때 다른 사람에게도 좋은 사람이 된다. 나의 삶이 무너지지 않아야 다른 사람도 존중하고 배려할 수 있는 까닭이다. 이는 타인을 배려하지 않고 치졸한 이기심을 추구하라는 뜻이 아니다. 자기 자신을 없애면서까지 다른 사람과 관계 맺지 말라는 것이다. 즉, 우리가 선택해야 할 것은 이기주의가 아니라 개인주의다. 개인주의는 타인에게 피해가 되지 않는 선에서 자유롭게 내 삶을 사는 것을 말한다.

『성격과 사회심리학 저널Journal of Personality and Social Psychology』에 실린 「삶의 만족과 자존감의 교차문화적 상관관계」 연구에 따르면 인간의 행복을 예측하는 가장 중요한 문화적 특성은 개인주의였다. 자신의 욕구와 가치를 존중하는 것이 당연하다고 생각하는 문화가 그 문화에 속한 개인을 행복하게 만든다. 이와 같은 개인주의를 보편적으로 지지해주는 사회가 있고 그렇지 못한 사회가 있는데, 안타깝게도 우리나라는 아직도 집단주의 문화가 강하다. 물론 위기 상황에서 공동의 목표로 단결하는데는 집단주의가 도움이 된다. 그러나 집단주의는 자기 존중보다 자기 희생을 중요시하고 순응을 강조하기에 문제가 된다. 이와 같은 사회에서 자신과 건강한 관계를 유지하려면 비판적인 사고가 필수다. 사회가 강조하는 덕목은 집단을 효율적으로 운영하기 위한 것들이기에 개인의 삶이나 행복과는 관련 없을 수도 있다는 사실을 깨달아야 한다.

앞서 설명했듯이 자신을 소외시키며 살아가는 사람은 다른 이들이 자신과 친밀해지기 위해 기울이는 노력을 폄하하거나 무시한다. 그들은 자존감이나 자기애가 과하면 좋지 않다고 공공연히 말한다. 마치 자신과의 관계가 지나치게 건강해지면 오만함으로 변질되는 것처럼 말이다. 자신을 존중하는 사람을 '이기적'이라는 멍에를 씌워 공격하기도 한다. "넌 너무 이기적이야!"라는 비난은 사실이 아닐지라도 효과적인 무기가 된다. 죄책감을 자극해서 상대가 방어력을 잃게 만들기 때문이다. 이 말은 주술처럼 작동해 상당수의 사람들이 자신에 대해 자부심을 지니지 못하게 만든다. 때로는 애써 자신이 지닌 강점과 잠재력을 부정하게도 한다. 타인에게 질투와 적대감의 대상이 되는 것이 두려운 나머지 차라리 존재감이 없는 투명인간이 되길 선택하는 것이다. 그러나 아이러니하게도 관계에 지나치게 매달릴수록 관계는 오히려 더 위태로워진다. 서로의 가치를 인정하고 존중하며 형성된 관계만이 오래 지속될 수 있기 때문이다.

잊지 말라. 자신과의 관계는 한 사람의 삶을 건강하게 지탱하는 핵심적인 힘이다. 당신이 자신과의 관계를 원만히 하기 위해 기울이는 노력이 지나치다고 해서 발생하는 역효과는 전혀 없다.

우리가 사회에 소속되려는 이유는 자기를 보호하기 위해서지 자신을 부정하기 위해서가 아니라는 점을 명심해야 한다. 사회적 기대와 개인적 행복 사이에서 적절한 균형을 찾아야 하는 이유다. 자기 친화력은 복잡하고 예측할 수 없는 세상에 성공적으로 적응하기 위해 가장 필요한 자질이다. 나 자신을 희생시키라는 사회적 요구가 있을 때 반드시 그 요구를 따라야 하는 것인지 합리적인 의문을 지닐 필요가 있다.

미래를 불안해할
필요가 없다

미래를 예측하는 최선의 방법은
미래를 창조하는 것이다.
_피터 드러커

인간은 정해지지 않은 자신의 운명을 알고 싶어 하고 그것이
때론 스트레스가 되기도 한다. 이런 심리 때문인지 예언가는
인류 역사상 가장 오래된 직업 중 하나로 꼽힌다. 재미있는 점
은 그 어느 때보다 과학적으로 진보한 세상이 되었어도 점집과
사주카페는 성황을 이루고 있다는 것이다. 영국의 시사주간지
『이코노미스트』의 보도에 따르면 현재 한국의 운세 시장 규모
는 약 4조 원에 달한다고 한다.

만약 예언가를 찾지 않아도 스스로 운명을 알 수 있다면 얼
마나 좋을까? 실제로 우리는 내면에 각자 뛰어난 예언가를 두
고 있다. 인간의 예측 능력은 동물과 구분되는 대표적인 특성
이다. 예측 능력은 3~4세부터 발달하기 시작하며, 이는 생존

본능과 깊이 연결되어 있다. 미래를 예측함으로써 다가올 위험에 대비하거나 기회를 포착하려는 것이다. 심리학 교수인 리사 펠드먼 배럿Lisa Feldman Barrett은 예측이 인간의 뇌에서 일상적으로 이루어지는 일이며, 인간의 뇌가 작동하는 기본적인 방식이라고 설명하기도 했다. 그녀는 예측 능력이 삶 전반을 이끄는 핵심적인 요소라고 말했다.

사회학자 로버트 머튼Robert K. Merton도 미래가 높은 확률로 뇌의 예측과 일치하는 형태로 전개된다는 점을 발견했다. 즉각적이고 자동적으로 일어나는 예측이 미래에 강력한 영향을 준다는 뜻이다. 그는 이 현상을 설명하기 위해 자기 충족적 예언Self-Fulfilling Prophecy이라는 용어를 사용했다. 쉽게 말해 "나쁜 일이 벌어질 것이다"라고 예상하면 미래가 부정적으로 흘러가고, 반대로 "좋은 일이 있을 거야"라고 예상하면 긍정적인 방향으로 흘러간다는 것이다. 마치 뇌가 처음부터 자신의 미래를 알고 예언한 것처럼 말이다.

불면증을 치료하는 과정에서도 비슷한 현상이 발견된다. 불면증 환자들은 자고 싶어도 쉽게 잠들지 못하는 것에 대해 큰 두려움을 느낀다. 잠자리에 들기 전부터 "오늘밤에도 못 자면 어쩌지?" 하고 걱정한다. 강한 불안감을 동반한 걱정은 "오늘도 잠을 자지 못할 것이다"라는 일종의 예언으로 작용해서 결국 그날 밤에도 어김없이 잠을 이루지 못한다. 아무리 강력한 수면제를 복용해도 불면증은 쉽사리 치료되지 않는다. 즉, 불면증을 치료하려면 걱정부터 떨쳐버려야 한다. 자신의 머릿속에 수면에 관한 부정적인 예언이 떠다니지 않도록 해야 하는 것이다.

자기 충족적 예언의 힘

예측이 높은 확률로 실현되는 이유는 무엇일까? 그 이유는 우리가 무의식적으로 특정 행동을 선택하고 그 행동이 누적되어 미래가 되기 때문이다. 프로이트^{Sigmund Freud} 또한 무의식이 의식적 사고와 행동을 전적으로 통제한다고 설명했다. 당신이 무심코 자연스럽게 행동할 때 그것은 예측에 부합하는 행동일 가능성이 높다는 뜻이다. 자기 충족적 예언이 실행되는 대표적인 예는 다른 사람에 대한 첫인상이다. 사람들은 흔히 "첫인상이 안 좋더니 역시 이상한 사람이었어!"와 같은 말을 한다. 정말 그럴까?

누구나 첫인상이 좋지 않은 상대에게는 거리를 두거나 퉁명스럽게 대한다. 그리고 나의 행동으로 인해 상대도 불친절한 반응을 보인다. 퉁명스러운 행동으로 먼저 원인을 제공했다는 것은 깨닫지 못한 채 "첫인상 때 받았던 예감이 맞았다"라고 결론을 내리는 것이다. 만약 의도를 지니고 예측과 다른 행동, 즉 일부러 친절하고 따뜻한 태도를 보였다면 어떨까? 어쩌면 "첫인상과는 다르네"라는 결론을 얻었을지도 모를 일이다.

이제 당신은 내면의 예측이 매우 높은 적중률을 지녔다는 것을 깨달았다. 인간의 뇌는 끊임없이 나라는 존재와 나의 삶을 예측한다. 다만 예측은 우리가 의식적으로 하는 것이 아니다. '시험'이라는 단어를 읽는 순간, 뇌는 이미 실제 시험이 앞에서 펼쳐지고 있는 것처럼 반응한다. 예측은 눈 깜빡할 사이에 이루어진다. 다시 말해 평소에 자기 친화력을 키우지 않고서 필요한 순간에만 예측의 흐름을 바꾸는 것은 불가능하다는 의미다. 여기서 분명히 짚고 넘어가야 할 점은 예측이 자신의 '바람'과 다를 수 있다는 사실이다. 자기 친화력이 부족한 사람도 행복한 미래를 간절히 바라지만, 머릿속에 자리 잡은 예측 패턴은 쉽게 바뀌지 않는다.

우리는 종종 조건에 비해 탁월한 결과를 성취하는 사람을 본다. 반면 좋은 능력과 여건을 갖추고도 그에 못 미치는 결과를 얻는 경우도 본다. 사람들은 흔히 이것을 운의 차이로 설명하지만 사실 이는 자기 친화력에 영향받은 결과라는 것이 더 타당하다. 자기 친화적인 사람은 어려운 상황에서도 흔들리지 않으며 삶의 방향을 꾸준히 유지한다. 밝은 미래를 그리며, 그에 걸맞는 행동으로 내면의 예언을 적중시킨다. 반면 자신과 우호적인 관계를 형성하지 못한 사람은 자신의 감정과 생각을 외면한다. 그로 인해 자신이 진실로 원하는 삶이 무엇인지 알기 어려우며, 알아차렸다고 해도 그런 삶을 누릴 자격이 없다고 믿는다. "나는 루저야. 또 실패할 거야"라는 부정적인 예측에 사로잡혀 그에 어울리는 행동을 한다. 간절히 원하는 일이라도 도전하지 못하며, 도전해도 쉽게 포기한다. 결국 자신이 예측한 대로 루저가 된다. 진짜 실패의 원인을 모른 채 말이다.

행동은 부끄러워해도 존재를 부끄러워하지 말라

지은 씨는 중학교 때부터 20년간 폭식증에 시달리다 병원을 찾았다. 치료를 받으면서 증상의 빈도와 강도는 줄었지만 완전히 사라지지는 않았다. "선생님, 어제는 견딜 수 없이 우울했어요. 토하고 있는 제 모습이 화장실 거울에 보였거든요. 너무 한심하고 초라했어요. 폭식증으로 병원에 다니는 것도 창피하고 싫어요. 저처럼 자기 절제도 못하는 사람은 치료받아도 소용없는 것 같아요."

지은 씨는 증상이 재발할 때마다 자신에게 무자비한 비난을 퍼부었다. 온갖 부정적인 예언을 늘어놓았고 수치심과 무력감을 느꼈다. 내면의 예언대로 연거푸 폭식을 했다. 급기야 치료를 포기하고 두 달간은 병원에 오지 않기도 했다. 그녀가 다시 돌아왔을 때 나는 폭식 자체보다 폭식 이후의 반응이 증상을 악화시키고 있다는 점을 말해주었다. 폭식과 자신을 분리해서 바라보아야 한다고 조언하며, 잘못된 것은 폭식이라는 행동이지 그녀의 존재 자체가 아님을 강조했다. 나는 그녀에게 폭식증 치료가 누구에게나 쉽지 않은 과정이며, 실패와 성공을 반복하면서 조금씩 나아가는 여정임을 이해시키고자 했다. 특히 치료 중 폭식이 발생하더라도 자신을 부정적으로 평가하거나 비관적인 생각에 빠지지 않는 것이 무엇보다 중요하다는 점을 강조했다. '한 번의 실패'에 집착하기보다 '전반적으로 나아지고 있다'는 사실에 집중하는 것이 치유의 비결임을 전해 지은 씨가 스스로를 더 너그럽게 바라볼 수 있도록 격려했다.

나의 조언대로 시야를 확장하자 지은 씨에게 변화가 일어났다. 간혹 폭식을 하더라도 자신을 비난하지 않고 너그러운 태도를 보였다. 상황이 원하는 방향과 다르게 흘러가더라도 자신에 대해 긍정적인 이미지와 믿음을 유지하게 된 것이다. 이제 지은 씨는 수십 년간 자신을 괴롭히던 폭식증에서 벗어날 수 있다는 긍정적인 예언을 하는 사람이 되었다. 그리고 결국 자신의 예언대로 자연스럽게 치료 결과도 좋아졌다.

지은 씨가 지니고 있던 가장 큰 문제는 음식 조절에 실패했을 때 수치심을 느끼는 것이었다. 수치심은 "내 행동뿐만 아니라 나라는 존재 그 자체가 잘못되었다"라고 인식하는 감정으로, 나는 이를 죄책감으로 바꾸어주는 데 주력했다. 죄책감은 "내 존재는 문제없지만 이 행동은 잘못되었다"라고 판단하는 감정이다. 언뜻 보면 비슷한 감정 같지만 자신의 행동을 부끄러워하는 것과 존재를 부끄러워하는 것은 완전히 다르다. 대개 행동은 바로잡을 수 있다고 느끼지만, 존재를 바꾸는 것은 불가능하다고 느끼기 때문이다.

실제로 심리학자 준 탱니June tangey와 론다 디어링Ronda L. Dearing의 의해 수행된 수치심과 죄책감에 대한 연구는 자신의 생각에 따라 미래가 어떻게 달라지는지 잘 보여준다. 같은 문제 상황에 놓인 실험 참가자들 중에서 수치심을 느끼는 이들은 자신은 달라질 수 없으며 미래에도 같은 문제가 반복될 것이라고 예상했다. 자포자기했고 문제를 개선시키지 못했다. 우울증, 분노조절 장애, 중독과 같은 질환을 앓기도 했다. 이와 달리 죄책감을 느끼는 이들은 잘못된 행동을 바로잡는 데 집중했고, 나아가 상황을 바꾸었다. 자기 자신을 어떻게 느끼느냐에 따라 미래가 달라졌던 것이다.

자기 자신과의 관계는 우리 삶에 매우 강력한 암시로 작용한다. 자신과 좋은 관계를 형성한다면 더 이상 미래를 불안해하며 용하다는 점쟁이를 찾아 나설 필요가 없다. 게다가 나와의 관계는 운명적으로 주어지는 것이 아니라 스스로 만들어갈 수 있으니 얼마나 다행인가? 지금 이 순간에도 당신은 자기 친화력이 이끄는 예측에 따라 행동하고 있다. 이 사실을 깨닫는다면 당신이 바라는 행복과 운명을 삶으로 불러들일 수 있을 것이다.

2장

~~~

나의 가치를
결정하는 사람은
오직 나

자기 가치감

부모가 나의 가치를
결정하게 두지 말라

어린 시절의 경험이 성인기 삶에
영향을 미치지 않는다는 사실을 깨닫는 것만으로도
과거에서 자신을 해방시킬 수 있다.
_마틴 셀리그만

혹시 자신과의 관계가 건강하지 않다고 느낀다면 당신은 원인
이 무엇이라고 생각하는가? 꽤 많은 사람들이 그 이유를 부모
로부터 찾는다. "저는 어릴 때 (아버지, 어머니 혹은 부모에게) 충분
한 사랑을 받지 못했어요. 그래서 저를 사랑하지 못하는 것 같
아요." 내가 진료실에서 자주 마주하는 장면이다.

프로이트와 그의 추종자들은 어린 시절의 경험과 기억이 성
인기 발달을 결정한다는 정신 결정론Psychic determinism을 주장했
다. 이 이론이 널리 알려지면서 대중은 자신의 정신적인 문제
의 원인과 해결책을 과거에서 찾으려는 경향을 보이게 되었다.
이것이 지나쳐 "지금 나에게 있는 문제를 해결하려면 과거에
발생한 모든 문제를 해결해야 한다"라고 생각하기도 한다.

정신 결정론의 기여는 여전히 존중받지만 현대 정신의학은 과거와 현재를 균형 있게 조명하며 다양한 접근법을 통합하려는 방향으로 나아가고 있다. 어린 시절의 경험이 성격 형성과 심리적 발달에 영향을 미친다는 점은 부인할 수 없지만, 개인의 모든 선택과 행동을 단순히 과거에 기반해 설명하려는 시각에는 한계가 있기 때문이다. 특히 알프레드 아들러Alfred Adler나 마틴 셀리그만Martin Seligman과 같은 학자들은 결정론에 치우친 방식에 회의적인 입장을 취했다. 그들은 과거에 치중하기보다는 환자의 자율성, 현재 삶의 맥락 그리고 미래의 가능성을 중시하는 접근법을 옹호했다.

이제 그만 부모의 그림자에서 벗어나라

마틴 셀리그만은 『긍정심리학』에서 과거지향적인 치료법이 어린 시절의 사건을 지나치게 과대평가하고 있다고 지적했다. 일반 대중들의 인식만큼 어린 시절에 경험한 사건이 한 사람의 삶에 절대적인 영향을 미치지는 못한다는 것이다. 아동의 자존감 형성과 그것이 삶의 여러 영역에 미치는 영향을 깊이 탐구한 스탠리 쿠퍼스미스Stanley Coopersmith도 이에 대해 다음과 같은 논평을 남겼다. "높은 자존감을 지닌 아동을 조사해보았지만 그들의 부모에게서 공통적으로 발견되는 양육 태도나 행동은 없었다. 우리는 이 점에 주목해야 한다." 그의 연구를 살펴보면 이상적인 부모를 두었음에도 성인이 되어 여러 가지 정신적인 문제를 겪는 경우가 있었고, 극도로 불안정한 양육 환경에서 자랐지만 정신적으로 건강한 어른으로 성장한 사례도 있었다. 쿠퍼스미스는 양육 환경 자체보다는 성장 과정에서의 다양한 경험과 내면의 해석이 이후의 삶의 방향을 결정하는 핵심이라고 보았다. 즉, 우리의 정신이 특정 시점에 결정되는 것이 아니라, 끊임없이 변화하고 성장할 수 있는 과정임을 시사한다.

이와 같은 관점은 뇌과학 연구를 통해서도 뒷받침된다. 2010년, 정신의학 교수 피터 존스Peter Jones는 인간의 뇌가 약 30세가 되어야 비로소 성숙 단계에 이른다고 밝혔다. 뇌의 초안이 완성되는 데에만 30년이 소요된다는 뜻이다. 뿐만 아니라 뇌를 구성하는 네트워크는 평생에 걸쳐 형성과 퇴화를 반복하며 재구성된다. 다시 말해 우리의 뇌는 죽기 직전에야 비로소 최종안을 완성하는 것이다. 자존감 연구의 선구자인 너새니얼 브랜든 역시 자존감의 수준은 유년기에 완전히 결정되지 않는다고 했다. 그는 자존감이 평생에 거쳐 성장하거나 퇴보할 수 있음을 강조했다.

물론 자애로운 양육자를 만나 안정적으로 유년기를 보내는 것은 분명 큰 행운이다. 안정적인 환경에서 자란 경험은 차후에 자신과 좋은 관계를 맺는 든든한 밑거름이 된다. 마치 롤모델을 곁에 두고 성장하는 것과 같다. 자연스럽게 부모의 행동양식, 사고양식, 생활양식 등을 흡수하며 자신에게 적용하는 법을 익힐 수 있다. 또한 부모로부터 사랑과 존중을 받았던 경험은 훗날 자신을 사랑하고 존중하는 기반이 된다. 하지만 문제는 이 세상 누구도 자신의 부모나 양육 환경을 선택할 수 없다는 것이다. 이 글을 읽는 당신도 어쩌면 그러한 행운을 누리지 못했을지도 모른다. 그렇다면 좋은 부모 밑에서 성장하지 못한 사람은 자신의 삶에서 행복과 성공을 기대할 수 없는 것일까?

부모라는 상처의 보편성

서른 살 세연 씨는 두 달 전 승진했지만, 더 이상 일에 대한 애정을 느끼지 못해 퇴사를 고민하고 있었다. 게다가 남자친구의 감정적인 요구도 부담으로 느껴져 벗어나고 싶다는 생각이 들었다. 현재의 여러 문제를 이야기하던 세연 씨는 갑자기 자신이 유년기에 부모로부터 충분한 사랑과 지지를 받지 못했다고 고백했다. 바쁜 아버지는 늘 가정보다 일이 우선이어서 자신에게 무관심했다고 회상했다. 어머니는 감정 기복이 심해서 기분이나 상황에 따라 세연 씨를 대하는 방식이 크게 달랐다고 한다.

세연 씨가 부모님 이야기를 꺼낸 것은 현재 자신이 행복하지 못한 이유를 유년기에서 찾으려 했기 때문이다. 그녀는 지금껏 자신에게 어떤 문제가 생길 때마다 "내가 어린 시절에 사랑받지 못해서 그런가 봐"라는 생각에 빠지기 일쑤였다. 일에 애정을 느끼지 못하는 것, 연애에 회의감을 느끼는 것 등 모든 문제를 어린 시절 부모로부터 충분히 사랑받지 못했기 때문으로 귀결지었다.

부모에 대한 원망은 세연 씨를 더 깊은 절망 속으로 몰아넣었다. 이는 결국 자신을 외면하게 만들고 고통 속에 스스로를 방치하는 결과를 초래했다. 세연 씨는 일에서 즐거움을 찾고 이성과 안정적인 관계를 맺는 행복한 삶을 원했다. 다만 그러기 위해서는 자신을 알아가고, 이해하고, 변화해야 하는 고단한 과정이 필수였다. 이것이 필요한 일이라는 것을 알면서도 피하고 싶은 마음이 들었다. "나는 어차피 부모로부터 사랑받지 못한 아이"라는 반복적인 레퍼토리로 회피하는 것은 그에 비해 손쉬운 선택이었다.

이러한 내적 갈등은 세연 씨만의 문제가 아니다. 많은 사람들이 문제를 직면했을 때, 변화를 원하면서도 동시에 두려워한다. 변화란 불확실성과 수고를 동반하기에 인간은 본능적으로 이를 회피하려는 경향을 보인다. 이때 좋은 부모를 두지 못했다는 과거의 서사는 나아지지 않아도 되는 정당한 면책사유처럼 느껴지기도 한다. 나는 수많은 환자들을 만나며 과거에 얽매이는 것이 치료의 효과를 제한하고 더 깊은 고통으로 이어지는 것을 자주 목격했다. 물론 그들의 심정은 충분히 공감한다. 아픔을 호소하는 이들의 내면에는 아직 상처받은 어린아이가 웅크리고 있을 것이다. 실제로 그들의 부모는 완벽하지 않았을 것이다. 미성숙하고 불완전했으며 상처 주는 행동과 말을 자주 했을 것이다.

그러나 나는 치료자로서 그들의 고통에 동조하며 머무를 수만은 없다. 환자가 지닌 과거의 상처를 부정하려는 것이 아니다. 그 상처를 인정하고 마주하는 것이 변화의 첫걸음이라고 믿을 뿐이다. 또한 치료는 상처를 이해하고 위로하는 것을 넘어 그 상처를 초월해 새로운 길을 모색하는 과정이라고 믿는다. 세연 씨처럼 과거를 탓하는 데 머문다면 현재의 삶은 정체되고 미래는 제한될 수밖에 없다. 변화와 성장을 위한 과감한 선택을 하지 않는다면 삶은 과거의 무게에 짓눌린 채 희망을 잃을 것이다. 나는 세 가지 관점에서 세연 씨의 상처가 자신만의 문제가 아니라 많은 사람들이 공유하는 보편적인 경험임을 이야기해주었다.

누구나 부모에게 상처받는다

대부분의 사람들은 양육 전문가가 칭찬할 만한 이상적인 부모 밑에서 자라지 못한다. 인간관계의 본질이 불완전하다는 사실을 이해하면 받아들이기 쉬울 것이다. 즉, 부모에게 받은 상처는 당신만의 특수한 경험이 아니라 많은 사람들이 겪는 보편적인 현실이다. 그럼에도 불구하고 상처가 유독 크게 느껴지는 이유는 따로 있다. 당신이 그러하듯이 대부분의 사람들은 어린 시절에 부모로부터 받은 상처를 쉽게 드러내지 않기 때문이다. 서로의 침묵 속에서 우리는 자신의 고통이 남들과 단절된 개인적인 상처라고 느낀다.

평범한 가정에서도 정서적 상처는 흔하다

아이의 정서에 부정적인 영향을 주는 양육 환경은 우리가 평범하다고 생각하는 가정에서도 쉽게 발견할 수 있다. 내면 아이 치료법Inner child therapy은 나에게 이러한 사실을 일깨워주었다. 아동 학대라고 하면 흔히 극단적인 사례만 떠올리지만 평범한 가정에서도 아이에게 악영향을 줄 수 있는 요소들이 일상적으로 존재한다. 가령 부모가 자신의 배우자보다 자녀를 더 귀중히 여기는 태도는 일면 문제 없어 보이지만 아이에게는 정서적으로 부담이 될 수 있다는 것이다. 결국 어린시절에 단 한 번도 상처나 정서적 학대를 경험하지 않은 사람을 찾기는 거의 불가능하다.

부정적인 기억은 더 강렬하게 저장된다

뇌는 부정적인 기억을 긍정적인 기억보다 더 선명하게 저장한다. 진화론적으로 생존을 위해 부정적인 사건을 기억해야 할 필요성이 컸기 때문이다. 이를 부정성 편향Negative bias이라고 한다. 어린아이에게 부모와의 관계는 생존과 직결되는 문제다. 때문에 부모에게 받은 상처는 부정적인 기억으로 강렬하게 각인될 가능성이 크다. 이는 종종 부모에게 받았던 사랑의 순간마저 망각하게 만들기도 한다. 당신의 기억 속 최악의 유년기가 실은 전체적인 이야기를 담지 않았을 가능성도 있다는 뜻이다. 당신은 과연 부모로부터 매 순간 상처만 받았을까? 완벽하지는 않더라도 어렴풋이 사랑을 느낀 순간들이 있었을지도 모른다.

부모에게 받은 상처의 보편성을 이해하자 세연 씨는 자신의 아픔을 한층 넓은 관점에서 바라보기 시작했다. '나만 겪은 일'이라는 오해에서 벗어나 가벼워진 것이다. 세연 씨는 변화할 수 있다는 희망을 품고 현재와 미래에 집중하며 차츰 앞으로 나아갔다. 회사에서는 새로운 프로젝트에 도전하며 자신감을 되찾았고, 남자친구에게도 자신의 감정을 더 솔직히 표현할 수 있었다.

누구나 아프면서 성장한다

험난한 유년기를 보냈음에도 건강하게 자란 사람들이 존재한다. 학자들은 이들을 불굴의 아이The invulnerable child라고 불렀다. 역경 속에서도 자신을 잃지 않고 회복력을 발휘하며 삶을 이어온 이들로, 내가 마음속 깊이 존경하는 환자 중에도 그런 분이 있다.

준상 씨는 알코올 중독이던 아버지와 조현병을 앓던 어머니 아래에서 힘든 어린 시절을 보냈다. 아버지의 무책임과 폭력, 어머니의 질병으로 가정은 늘 혼란스러웠고, 하나뿐인 누나마저도 책임을 회피하면서 준상 씨의 그늘이 되어주지 못했다. 그러나 준상 씨는 굴하지 않고 스스로를 다잡으며 성장했고, 결국 변리사가 되겠다는 목표를 이루어냈다. 성인이 된 후에는 부모님의 치료를 지원하며 가족의 짐을 홀로 감당하고 있었다. 하지만 안타깝게도 오랫동안 곪아온 원가족의 문제는 결혼

생활의 갈등으로 이어졌다. 아내와 다투는 일이 많이 생겼고 그 과정에서 그동안 억눌러왔던 감정을 터뜨리게 되었다. 알코올 중독이던 아버지에 대한 반감으로 술을 입에도 대지 않던 그였지만, 1년 전부터는 매일 술을 마시며 의존하게 되었다. 준상 씨는 자신이 아버지와 닮아가는 것 같아서 끔찍한 기분이 든다고 했다.

그는 자신을 더 이상 방치할 수 없다고 느꼈고 문제를 해결하기 위해 제 발로 병원을 찾았다. 알코올 중독은 가족력이 있다고 알려진 병이고, 쉽사리 중독에서 벗어나지 못하는 경우가 많아서 나는 준상 씨가 과연 잘 이겨낼 수 있을지에 대한 우려가 컸다. 더욱이 의지할 사람도 없는 상황에서 혼자 스트레스를 감당하는 모습은 무척 버거워 보였다. 인상적이었던 점은 그가 불행한 유년기를 탓하며 현재의 문제를 외면하지 않는 것이었다. 준상 씨는 과거에 얽매이기보다 변화에 초점을 맞추고 있었다. 그 때문일까? 많은 알코올 중독 환자를 치료해보았지만 준상 씨의 치료 결과는 놀라웠다. 준상 씨는 2개월 만에 술을 완전히 끊고 일상생활의 균형을 되찾았다. 정서적으로 안정되면서 가족 내에서 자신의 역할을 조정했고, 아내와의 관계도 회복되었다.

준상 씨를 통해 깨달은 것은 인간에게 가장 큰 영향을 주는 것은 환경이 아니라 그 환경을 대하는 개인의 관점과 태도라는 점이다. 그는 불행한 성장 환경이 자신을 잠식하도록 허락하지 않았다. 물론 순간순간에는 부정적인 생각이 떠올랐다고 한다. "부모한테 그런 상처를 받았는데 어떻게 내 자존감이 온전하겠어?", "나는 망가졌어. 절대 다른 사람과 같을 수 없어", "그런 환경에서 자랐으니 나는 평생 나를 사랑할 수 없을 거야"라는 생각이 떠오를 때가 왜 없었겠는가. 다만 준상 씨는 그 생각에 오래 머무르지 않았다. 과거보다 더 중요한 현재에 집중한 것이다. 그가 상처에만 매몰되었다면 온전한 삶을 사는 어른으로 성장하지 못했을 것이다. 성인이 되어 찾아온 위기에 맞서 건강하게 일어날 수도 없었을 것이다.

자기와의 관계는 어린 시절에 부모와 보낸 시간으로만 결정되지 않는다. 평생을 통해 당신이 변화시키고 만들어가야 하는 영역이다. 내면에 상처받은 어린아이가 당신을 자꾸 과거에 묶어두려 할 테지만, 당신은 이제 그 어린아이를 충분히 설득하고 앞으로 나아갈 힘이 있는 어른으로 성장했다. 바꿀 수 없는 과거에 매달리기보다 지금의 행복을 위해서 할 수 있는 일을 해야 한다.*

---

* 일반적인 경우를 넘어서 만약 당신이 아동기에 심각한 학대를 받은 경우라면 특별한 치유와 깊이 있는 접근이 필요합니다. 이러한 상황에서는 혼자 극복하려 하기보다는 신뢰할 수 있는 치료자를 찾아 도움을 요청하는 것이 중요합니다. 트라우마 중심 치료는 이러한 경험을 이해하고 치유하는 데 효과적인 방법이 될 수 있습니다. 무엇보다도 당신의 경험이 당신 잘못이 아니라는 점과 치유가 가능하다는 사실을 꼭 기억하세요. 회복은 시간이 걸리는 과정이기에 자신에게 충분한 여유를 주어야 합니다. 작은 용기를 내어 도움을 받는다면 상처를 치유하고 새로운 삶을 시작할 수 있습니다.

지나간 상처로 아픈 어른아이에게

어린 시절 부모와의 관계를 통해서만 인생이 결정되는 것은 아님을 깨달았어도 여전히 부모에게 받은 상처가 당신을 괴롭힐지도 모릅니다. 어린 시절의 슬픔이 당신을 계속 찾아와 행복을 방해하기도 할 것입니다. 삶에 문제가 생길 때마다 나도 모르게 부모를 탓하고 싶은 충동에 시달릴 수도 있습니다. 내면아이 치료법을 개발한 존 브래드쇼John Bradshaw는 이런 상태의 성인을 가리켜 어른아이Adult child라고 칭합니다. 어른아이에서 진정한 어른으로 성장하기 위해서는 관점의 전환이 필요합니다.

첫째, 나뿐 아니라 대부분 불완전한 양육 환경에서 성장했고 부모에게 받은 상처가 있다는 사실을 인지하세요. '나만 겪은 일'이 될 때 고통은 배가되기에 상처의 보편성을 이해하는 것이 먼저입니다. 대부분의 사람이 미성숙한 부모를 만나고 불완전한 양육을 받았다는 사실을 깨닫는 것만으로도 당신을 박탈감과 소외감에서 벗어나게 해줄 것입니다. 부모에게 전적으로 의지해야 하는 어린아이의 특성상 상처받는 일도 빈번하다는 점과, 당신의 생존본능이 유년기를 실제보다 더 부정적으로 왜

곡했을 가능성도 생각해보세요.

둘째, 부모 자녀 관계에서 벗어나 부모를 한 인간으로 바라보세요. 나의 아버지, 어머니가 아닌 한 인간으로 말이지요. 좋은 부모가 되기란 무척 어려운 일입니다. 세상 모든 부모가 충분히 준비된 상태에서 아이를 갖지 않을뿐더러 계획된 임신이라 해도 마찬가지입니다. 아이의 존재를 받아들이고 부모 역할을 하는 데 어려움을 느끼는 것은 인간이라면 누구나 겪는 일입니다. 특히 나의 부모도 온전한 부모 밑에서 자라지 못했을 가능성에 대해 생각해보세요. 당신의 부모가 한 양육이 정당하고 올바르다고 옹호하는 것이 아닙니다. 부모를 '한계를 가진 한 명의 인간'으로 바라보면 연민의 마음을 지니게 된다는 뜻이지요. 용서는 부모를 위해서가 아니라 나를 위해 하는 일입니다. 마음의 상처를 떠나보내지 못한다면 영원히 행복의 걸림돌이 될 수밖에 없습니다.

『상처받은 내면아이 치유』(학지사, 2024)에서 존 브래드쇼는 상처를 치유하고 성장하기 위해서 내면의 아이와 대화하는 것이 중요하다고 했습니다. '나와의 대화'나 '나에게 편지 쓰기' 등의 방법을 소개하고 있는데, 실제 환자에게 적용해보았을 때 좋은 결과가 있었기에 소개해보려고 합니다. 다음의 예시와 같이 나에게 편지를 써보세요.

사랑하는 어린 ○○에게

안녕? ○○아

네가 어린 시절에 받았던 상처에 대해서 잘 알고 있어. 그건 분명 어린 네가 감당하기에는 너무 큰 고통이었을 거야. 아빠와 엄마는 너에게 온전한 사랑을 주지 못했고 그런 부모를 보면서 너는 불안과 혼란을 느꼈을 거야. 어린아이가 감당하기에 너무 힘든 시련이었다는 것도 잘 알고 있어.

하지만 너는 이제 어린아이가 아니야. 너는 충분히 스스로를 돌보고 사랑할 수 있을 만큼 강한 어른이 되었어. 더 이상 불완전한 부모에게 의지하면서 아파하지 않아도 괜찮아. 이 세상에 그와 같은 아픔을 지닌 사람이 너 혼자만은 아니라는 것도 기억해주면 좋겠어. 너 말고도 많은 어른들이 상처받은 어린아이를 품고 살아가고 있어. 물론 네가 당장은 이 사실을 이해하기 어려울 수도 있어. 그래도 걱정하지 마. 나는 네가 충분히 이해하고 받아들일 수 있을 때까지 너에게 이 사실을 다정히 설명해줄 거야.

상처 속에서도 잘 성장해준 너에게 감사해. 나조차도 너에게 무관심한 순간이 있었던 걸 용서해줘. 앞으로는 너에게 시간과 관심을 내어줄게. 네가 원할 때면 언제나 네 곁에 있을게. 난 이제 너의 든든한 후원자가 될 테니까 걱정 마.

너를 사랑하는 어른 ○○이가

나는 왜 끊임없이
결핍감을 느낄까?

세상 모든 사람이 부자가 되고 유명해졌으면 좋겠다.
그럼 그게 정답이 아니란 걸 알 테니까.
_짐 캐리

각종 매체는 삶에 대한 환상을 주입한다. 하나같이 지금보다 더 완벽해져야 한다고 말한다. 매 순간 자신을 채찍질해서 부족한 면을 끌어올려야 한다는 강박을 지니게 한다.

아침에 눈을 뜬 순간부터 불안은 찾아온다. 지금 내가 얼마나 부족한지에 대해 끊임없이 현타를 맞으며 매일은 그것을 채우기 위한 사투로 채워진다. 쉴 새 없이 나를 몰아세우며 노력했지만 밤이 되면 어쩐지 공허함이 밀려와 쉽게 잠들지 못한다. 아직 갖지 못한 것들, 이루지 못한 목표들이 떠오르며 마음을 짓누른다. 그렇게 아침이 오면 다시 무언가에 쫓기듯 살아간다. 목적지가 어디인지도 알 수 없다. 매 순간 뒤처졌다는 느낌으로 가득할 뿐이다.

결핍감을 느끼는 것은 특별한 사람들의 이야기가 아니다. 불면증과 우울증으로 치료받는 환자가 늘어나고 있는 사실은 이와 같은 시대상을 반영한다. 결핍감의 또 다른 이름은 수치심이다. 자신에 대한 존중은 스스로를 있는 그대로 받아들이고 수용할 때 가능하다. 반면, 불충분하다는 느낌은 나와의 관계에 직격탄을 날린다. 자신의 존재 가치를 의심하게 만들고 끊임없이 스스로를 시험에 들게 한다. 자신의 행복을 위해서가 아니라 자신이 괜찮다는 것을 증명하기 위해 살아가게 만든다. 밑 빠진 독에 물을 붓는 격으로 무언가를 채워 넣어도 부족하다는 갈망이 사라지지 않는다. 결국 끝없이 무언가를 찾기만 하면서 인생을 허비한다.

결핍감이 있으면 자기 가치감도 온전할 수 없다. '더 나은 수준의 나'가 아니라 '자신과 본질적으로 다른 나'를 추구하게 만들기 때문이다. 이와 같이 소모적인 욕망은 한계가 분명하다. 좁혀지지 않는 평행선처럼 "이 정도면 충분하다"라고 여길 수 있는 순간은 결코 찾아오지 않는다. 부족함에 대한 절망감은 결국 자신을 삶의 주인으로 살지 못하게 만든다.

현타를 조장하는 사회

외국계 기업에 다니는 형준 씨는 10년 차 직장인이다. 그는 20~30대를 인생의 다음 단계를 준비하는 데 썼다. 취업이 잘 된다는 전공을 선택했고 스펙 쌓기에 열중했다. 높은 학점을 따내고 어학연수, 인턴십, 봉사활동까지 해서 어렵사리 취업에 성공했지만 그가 안도의 숨을 내쉴 수 있는 시간은 얼마 되지 않았다. 초고속 승진을 한 동료를 보면 쫓기는 기분이 들었기에 커리어를 위한 일은 무엇이든 닥치는 대로 하며 살았다. 그러다 어느 순간 모든 것이 급속도로 무너지는 느낌을 받았다. 멍하게 보내는 시간이 점차 늘어나더니 기분을 조절할 수 없어 가만히 있어도 눈물이 났다. 피로가 극심한데도 밤에는 불면에 시달렸다.

형준 씨의 증상은 전형적인 번아웃 증후군Burn-out syndrome이다. 번아웃은 불타서 다 없어진다는 뜻으로 정신분석가 프로이덴버거Herbert Freudenberger가 명명한 용어다. 무언가에 지나치게 몰두하던 사람이 극도의 스트레스를 받은 뒤 모든 에너지가 소진되는 현상을 말한다. 형준 씨의 경우 결핍감에 대한 맹목적인 순종이 번아웃 증후군을 불러왔다. 과도한 불안과 강박이 탈진 상태까지 내몰았던 것이다. 번아웃이 오면 삶 자체가 고통으로 인식되고 나아질 가능성이 없다고 느낀다. 심할 경우에는 스스로 목숨을 끊는 일로 이어지기도 한다.

수년 전부터 '엄친딸'과 '엄친아'라는 표현이 자주 쓰인다. 처음에는 "엄마 친구 아들(딸)은 좋은 직장에 취직했다더라"라는 식으로 부모가 자녀를 다른 집안의 자녀와 비교할 때 쓰던 말이었다. 그러나 지금은 그 의미가 확장되어 완벽에 가까운 조건을 지닌 인물을 수식한다. 한 가지 능력이 뛰어난 것만으로는 안 된다. 좋은 학벌과 직업, 뛰어난 외모에 인성과 사회성까지 갖추어야 엄친아(딸)로 불린다. 여기에 화려한 인맥과 세련된 취미도 기본 조건으로 요구된다. 서로 모순되는 조건을 모두 충족시키는 극히 예외적인 인물이지만 사회는 여전히 엄친아(딸)에 열광한다. 동시에 그 기준에 미치지 못한 사람들은 인생의 패배자가 된 것 같은 좌절감을 느낀다.

일상 속에서 흔히 접하는 광고는 낙오감을 더욱 부채질한다. 경제학 및 사회학 박사 줄리엣 쇼어Juliet Schor가 "광고가 우리의 일상을 오염시키고 있다"라고 표현할 정도였다. 특히 스마트폰이 널리 보급되면서 화려한 인생에 대한 환상은 더욱 커졌다. 글로벌 테크 기업 아슈리온Asurion의 발표에 따르면 사람들은 하루 평균 352번 스마트폰을 사용한다. 하루 동안 접하는 광고의 수도 수백에서 수천가지로 급증했다. 또 광고의 기술도 점점 교묘해져서 광고를 보고 나면 마치 그것이 처음부터 자신의 생각과 가치였던 것처럼 믿게 만든다.

유튜브의 슬로건은 "너 자신을 방송하라Broadcasting yourself"다. 그런데 사람들이 만들어내는 영상은 진짜 자기가 아니다. 평범한 사람들조차도 온라인에서는 완전히 다른 자아를 만들어내야 흥행한다는 것을 알 정도다. 화려하게 편집된 자신의 삶을 노출하기도 하고 클릭 몇 번만으로 다른 사람들의 가공된 삶을 엿보기도 한다. 그러고 나면 무엇이 남을까? 지극히 현실적인 나의 삶을 초라하게 느끼는 허탈한 감정만이 압도할 뿐이다. 세상이 똑똑하고 복잡해질수록 나 자신과의 관계는 한층 악화되고 있다.

SNS 속 완벽주의의 역설

소라 씨는 고등학생 때부터 SNS스타였다. 그녀의 마른 몸매와 패션 감각은 또래 소녀들에게 선망의 대상이었다. 소라 씨는 특별해 보이기 위해서라면 무슨 짓이든 하고 싶었다. 결국 체중이 늘자 포토샵만으로는 한계를 느껴 구토와 폭식을 반복했고 섭식 장애 치료까지 받았다. 그럼에도 불구하고 몸매의 비결을 묻는 팔로워에게는 솔직하게 답하지 않았다. 맛있는 음식을 즐기면서도 마른 몸매를 유지하는 특별한 사람으로 보이고 싶었기 때문이다.

허구의 세상은 과정을 생략한 채 결과만 보여주기 때문에 위험하다. 사람들이 선망하는 조건을 갖추기 위해서는 힘들게 노력하고 헌신해야 하는데, 허구의 세상에서는 이 노력의 실체를 확인할 수 없다. 소라 씨만 보아도 떳떳한 노력은 아니었다. 사람들은 이제 건전한 노력마저도 감추려고 한다. 큰 노력을 들이지 않고 성공하는 것이 자신을 더 우월한 사람으로 보이게 해줄 것이라고 여기기 때문이다. 심리학자 브레네 브라운Brene Brown은 이러한 현상을 '완벽주의의 역설'이라고 했다. 완벽을 강요하면서도 그에 따르는 노력의 가치는 깎아내리는 것이다.

사실 우리가 추구하는 정체성도 허구의 세상에서 온 것이다. 심리학자 타마라 퍼거슨Tamara farguson, 하이디 에어Heidi eyre, 마이클 애슈베이커Michael ashbaker는 이를 '원치 않는 정체성Unwanted identity'이라고 불렀다. 어떤 사람이 되어야 한다고 강요된 정체성은 내가 원하던 정체성과 삶을 무가치한 것으로 보이게 만든다. 원치 않는 정체성은 가치관, 성공에 대한 정의, 정상과 비정상에 대한 기준까지 주입시키고, 내가 어떤 사람이고 어떤 사람이 되고 싶은지에 대해서 큰 혼란을 야기한다.

외부로부터 주입된 생각이 자신을 괴롭힐 때면, 우리는 과연 이 생각이 누구에게 이득이 되는지 곰곰이 생각해보아야 한다. 개인을 혼란에 빠뜨리고 자기 자신과 등지게 만들어서 이익을 얻는 집단이 분명 존재하기 때문이다. 가령 사람들이 자신의 외모에 특별한 문제가 없다고 생각할 때 손해를 보는 집단이 있다. 다이어트 산업, 화장품 산업, 패션 산업, 미용과 성형업에 종사하는 사람들이다. 개개인이 주입된 가치에서 자유로워질수록 그들의 매출은 급락할 수밖에 없다. 따라서 그들은 "조금만 더 채우면 완벽해질 수 있다"라는 암시를 마케팅 전략으로 즐겨 사용한다.

"명문 대학에 가면 성공한 인생이다"라는 생각에 사로잡혀 있는 학부모와 학생은 어떤가? 명문 대학이 성공적인 삶을 보장하리라는 믿음은 현실성이 떨어지지만 이로 인해 분명히 이득을 볼 수 있는 집단은 있다. 바로 엄청난 규모의 사교육 시장 종사자들이다. 주입된 믿음은 사교육 시장을 크게 확장시키고, 그 과정에서 수많은 이들이 경제적·정서적으로 큰 부담을 떠안는다. 이러한 부담감은 출산을 포기하게 만드는 사회적 문제로까지 이어져왔다.

우리를 결핍감의 노예로 만드는 것은 원치 않는 정체성이라는 사실에 주목해야 한다. 무언가를 얻어도 결핍감이 사라지지 않았던 이유는 그것이 내가 진정으로 원하던 것이 아니었기 때문이다. 가장 중요한 나 자신을 잃어버린 채 완벽해지는 방법을 절박하게 찾아 헤맸을 뿐이다. 당신은 그동안 "너는 부족한 존재"라는 거짓말에 속아왔다. 이제는 스스로 충분하길 선택해야 한다. 세상이 말하는 대로가 아니라 자신이 원하는 대로 사는 것이다. 이 땅에 태어난 모두에게는 나 자신을 찾고, 지키고, 원치 않는 정체성을 거부할 자유가 있다.

완벽하지 않지만
충분하다

자신을 깨닫는 순간,
나를 진정으로 사랑하게 되며
모든 욕망과 괴로움에서 벗어난다.
_부처

원치 않는 정체성은 자신과의 관계를 훼손시키는 원인이다. 이를 거부하지 않고 받아들이면 완벽주의의 덫에 걸려든다. 완벽주의는 건전한 자기계발이나 성취가 아니다. 자신과의 뒤틀린 관계를 보상하려는 절박한 몸부림에 불과하다. 우리는 자신과의 관계가 손상될 때 그것을 '완벽함'으로 극복하려고 한다. 자신의 가치를 확신할 수 없기에 자신을 의심하고 끊임없이 성취하며 타인을 통해 인정받고 싶어 한다. 또한 불완전한 존재라는 생각은 불안과 수치심을 불러일으키며 완벽에 대한 추구를 멈추지 못하게 한다.

완벽주의에 대한 예는 주변에서 쉽게 볼 수 있다. 외모에 대한 병적인 집착으로 지나친 다이어트, 성형 등을 하는 경우가 그렇다. 더 흔하게는 일과 성과에 경도되어 있는 워커홀릭도 그 예다. 정신 분석학자 카렌 호나이Karen Horney는 완벽에 대한 욕구는 신경증적 해결Neurotic solution이라고 명명했다. 신경증적 이라는 것은 심리적으로 고통스러운 상태를 의미하는데, 고통 을 피하고자 완벽함을 추구한다니 아이러니하지 않은가? 즉, 이런 방식으로는 문제를 해결할 수 없고 오히려 자신과의 관계 를 더욱 악화시킬 뿐이다. 또한 애초에 완벽으로 자신과의 문 제를 해결해보려는 시도는 실패할 수밖에 없다. 인간에게 완벽 함은 도달할 수 없는 비현실적인 지점이기 때문이다. 시간을 들이고 노력한다고 달성할 수 있는 일이 아니다. 게다가 완벽 에 대한 평가는 스스로 하는 것이 아니다. 완벽주의자들은 남 들의 시선에 의존해 자신의 가치를 확인하려 하기에 스스로의 가치를 느끼는 데 어려움을 겪는다. 결국 남들이 나를 완벽하 다고 여겨주는 것이 삶의 최종 목표가 되어버리곤 한다.

갓생을 살아도 절대 해결할 수 없는 것

완벽으로 자신과의 관계를 회복하려고 하면 할수록 막다른 길 로 가게 된다. 실패할 수밖에 없는 방법을 유일한 방법이라고 믿으며 절망하는 것이다. 완벽주의는 자신과의 친밀함을 회복 하는 데 어떠한 긍정적인 작용도 하지 못하며, 오히려 자기 자 신과 문제를 겪고 있다는 증거가 될 뿐이다. 자기 친화력을 높 이려면 먼저 완벽주의의 덫에서 빠져나와야 한다. 여기서 세

가지 해법을 제시하고자 한다.

완벽에 대한 욕구는 누구의 것인가?

완벽해져야 한다는 바람은 나의 욕구가 아닐 수 있다. 진정
나로부터 시작된 것인지, 아니면 외부로부터 주입된 것인지 구
별해야 한다. 이것은 개인의 문제가 아니라 사회적 현상으로도
읽힌다. 편집된 허구의 세상을 보여주면서 비현실적인 완벽함
을 이상적인 것으로 묘사하는 것이다. 사람들에게 결핍감을 조
장해서 이득을 얻으려는 다수의 이익집단이 존재함을 깨달아
야 한다. 이와 같이 비판적 시각을 지니면 '원치 않는 정체성'
에서 해방되는 첫걸음을 내디딘 것이다. 자신을 지배하려는 압
력에 저항할 수 있는 내면의 힘을 되찾아야 한다.

완벽주의는 실패하는 전략임을 깨닫자

모든 과정을 완벽하게 하려는 과욕은 필연적으로 실패를 불
러온다. 마치 시야를 가린 경주마처럼 사물을 전체적으로 볼
수 없기 때문이다. 터널 시야 현상Tunnel vision effect은 목표에 도달
하는 데 별로 중요하지 않은 사소한 부분에까지 몰두하게 만든
다. 이 과정에서 불리한 요소나 결점을 개선하려는 집착이 생
기면 문제가 발생한다. 자신이 가진 유리한 요소나 강점을 확
장시킬 기회를 잃는 것이다. 노력의 방향이 잘못 설정되었기에
아무리 노력해도 삶은 나아질 기미가 보이지 않는다. 완벽주의
자가 '나만의 경쟁력'을 잃는 것은 이 때문이다. 자신의 강점에

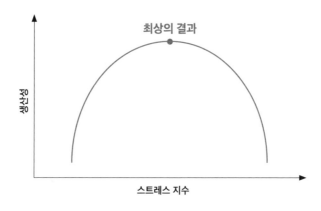

최상의 결과

생산성

스트레스 지수

여키스-도슨의 법칙으로 보는 완벽주의의 폐해

집중하지 못하면 대체 가능한 존재Replaceable being로 전락할 수밖에 없다.

완벽주의를 심리학자 로버트 여키스Robert Yerkes와 존 도슨John Dodson이 발견한 여키스-도슨의 법칙으로 살펴보면, 처음에는 생리적 또는 정신적 각성이 더해질수록 생산성도 증가한다. 그러나 일정한 수준에 다다르면 각성이 커질수록 생산성이 감소하는 정반대의 현상이 나타난다. 이 상태가 지속되면 인간은 무기력 상태에 빠진다. 일 중독자가 번아웃 증후군을 겪는 것이 그 예다.

게다가 완벽주의자는 막연히 완벽한 삶을 목표로 삼을 뿐 자신이 진정 원하는 삶이 무엇인지는 모르기 때문에 어느 날 정신을 차려보면 원치 않는 삶을 살고 있을 가능성이 크다. 때로는 창의성과 도전 의식이 사라진 삶을 살기도 한다. 완벽함에 집착하다 보니 실패를 지나치게 두려워하기 때문이다. 어느 경우든 완벽주의는 실패할 수밖에 없는 전략인 셈이다.

누구나 결점이 있음을 이해하자

우리가 불완전함을 거부하는 이유는 그것이 나에게만 해당된다고 착각하기 때문이다. 인간은 누구나 자신이 부족하다고 느끼며 고통스러워한다는 것을 이해해야 한다. 자기 연민 치료 전문가인 크리스틴 네프Kristin Neff는 이를 보편적 인간성Common Humanity이라고 칭했다. 그녀는 스스로 부족하다는 느낌이 들 때면 누구나 그런 느낌을 받는다는 사실을 떠올리라고 조언한다.

지금 모습 그대로 충분하다

정훈 씨는 3년 전 친구들과 술을 마시고 귀가하는 중에 행인과 시비가 붙었다. 술병을 들고 위협하는 상대의 모습에 겁을 먹고 무릎을 꿇으라는 굴욕적인 요구도 들어주었다. 보복이 두려워 경찰에 신고하지도 못했다. 세월이 흘러 함께 있던 친구들의 기억에서는 모두 잊혔지만 정훈 씨는 그렇지 못했다. 순간순간 떠오를 때마다 수치심과 자책감을 느꼈다. 더 좋은 대처를 하지 못한 것, 지나치게 비굴했던 것 등을 곱씹으며 우울해했다.

누구나 결점이 있고, 어리석은 결정을 할 때도 있고, 실수도 한다. 이를 극복하기 위한 해결책은 완벽해지는 것이 아니다.

자신을 탓하고 비난하는 것은 더욱 아니다. 부족함의 반대말은 완벽함이 아니라 충분함이며, 진정한 치유는 있는 그대로의 내가 충분하다는 사실을 깨닫는 데서 온다.

정신과 의사 아들러는 불완전할 용기를 지녀야 한다고 했다. 지금 이대로의 자신이 이미 충분한 존재임을 이해함으로써 더 나은 자신이 되기 위한 한 걸음을 내딛는 것이 불완전할 용기다. 정훈 씨의 진짜 문제는 완벽한 대처를 하지 못한 것이 아니다. 인간은 불완전하다는 사실을 받아들이지 못하고 인간적인 자신의 모습을 용서하지 못한 것이 가장 큰 문제였다.

완벽하지 않아도 괜찮다. 이 문장을 읽고 끄덕이는 정도로 끝나는 게 아니라 가슴 깊이 이해하는 수준으로 나아갈 때 변화는 시작된다. 후회되는 순간을 교훈을 사용하는 것은 바람직하지만, 정훈 씨처럼 지속적으로 자신을 괴롭히는 수단으로 만드는 것은 지양해야 한다. 과거에 부족하고 실수했던 자신을 더 이상 몰아세우지 말라. 그것이 완벽주의의 덫에서 빠져나오는 첫걸음이다. 당신은 지금 모습 그대로 충분하며, 더 나은 존재가 되고자 열망하는 모습 그 자체로 아름답다. 자신을 보호하려는 절박한 심정으로 선택한 완벽주의가 오히려 자신을 해치는 칼날이 되지 않도록 주의하라.

나를 용서하고 나에게 감사하기

편안한 공간에서 필기구를 준비하세요. 조용한 음악을 들으며 깊고 천천히 호흡하며 "나는 나를 있는 그대로 받아들인다"라는 마음을 가져보세요.

자기 용서 활동

1) 회고

과거에 저지른 실수, 불완전한 선택 또는 부족한 결과로 인해 스스로를 비난했던 경험을 떠올려보세요. 당시 느꼈던 감정을 구체화하고, 그 감정이 어떻게 자신을 괴롭혔는지 살펴보세요. "지금껏 나를 온전히 이해하지 못했지만, 지금은 이해하고자 한다"라는 태도로 접근해야 합니다. 아래와 같은 질문이 도움이 될 것입니다.

* 그 당시 어떤 일이 있었나?
* 했던 행동 중 무엇이 가장 후회스럽게 느껴지는가?
* 스스로에게 어떤 말을 하며 비난했나?
* 그 사건이 지금도 마음에 남아 있는 이유는 무엇인가?

* 그 일이 일어난 이후 나는 어떤 감정을 느끼고 있나?

* 그 경험이 나에게 어떤 상처를 남겼나?

2) 자기 용서 선언문 작성

회고가 끝났다면 자기 용서를 위한 선언문을 작성합니다. 자신의 감정과 선택을 그대로 받아들이는 것이 핵심 내용이 되어야 합니다. 이를테면 다음과 같이 작성합니다. "나는 그 순간 최선을 다했음을 인정하며, 나를 용서한다. 나의 반응은 나를 지키기 위한 인간적인 선택이었음을 받아들인다. 과거의 나를 이해하고 사랑하는 것이 앞으로 나아가는 길이다", "나는 더 이상 과거의 사건을 자책하지 않을 것이며, 나를 온전히 받아들이고 사랑할 것이다." 만약 나를 칭찬하는 것에 불편한 감정이 든다면 그만큼 자신을 인정하는 데 인색하다는 것을 의미합니다. 그 불편한 감정들을 바라보며 다음과 같이 말해보세요. "나 자신을 인정하더라도 나는 결코 자만하지 않는다. 단지 내 안의 좋은 점들을 발견하고 소중히 여기는 것뿐이다", "나를 칭찬하는 일은 누군가와 비교하거나 우월감을 느끼려는 것이 아니다. 나의 긍정적인 면을 인정하고 감사하는 마음을 느끼려는 것이다."

자기 감사 활동

충분한 내 모습을 받아들이기 위해서는 자신에게 감사하는 시간을 가져야 합니다. 당신은 늘 스스로를 헐뜯고 얕잡아보며 살아왔을 것입니다. 여기서 자신에게 감사하는 일의 목록을 적고, 자신의 장점을 발견하면서 마음속에 어떤 감정이 드는지 섬세하게 느껴보세요.

1) 감사 목록 작성

자신에게 감사하는 점을 찾아 10가지를 적습니다. "나는 나 자신에게 무엇을 감사할 수 있을까?", "지금까지 어떤 노력을 해왔는가?"라는 질문이 도움이 될 것입니다.

2) 장점 찾기

위에서 적은 감사 목록을 바탕으로 현재의 장점이나 발전시키고 싶은 장점을 적습니다. 각각 다섯 가지를 꼽아보세요. 완벽하게 자리 잡지 않은 불완전한 장점도 포함합니다. 장점으로 만들기 위해 노력 중인 것도 좋습니다. "내가 좋아하는 나의 모습은 무엇인가?"라는 질문이 도움이 될 것입니다.

나에 대한 확신은
오직 나만 줄 수 있다

우리가 살면서 하는 판단 중에
자신에 대한 판단보다 더 중요한 것은 없다.
_너새니얼 브랜든

자기 가치감에 문제가 있는 사람은 스스로 행복한 삶을 누릴
만한 자격이 있는지 확신하지 못한다. 그들은 가치 있는 존재
가 되기 위해서는 어떤 수준 이상의 조건이 갖추어져야만 한다
고 생각한다. 화목한 가족, 경제적인 풍족함, 신체적인 건강, 아
름다운 외모 등이 그것이다. 조건을 정해놓고 그것을 달성하기
위해 고군분투할수록 자기 가치감은 점점 더 손상되어 간다.
명문대에 가겠다는 일념하에 여러 해 동안 대학입시를 치르고
있는 은우 양도 마찬가지였다.

"선생님, 저도 스스로를 가치 있게 여기고 싶어요. 입시 생활
이 정말 지옥 같은데도 다른 것을 포기하면서까지 3년째 매달
리는 이유가 제가 스스로를 가치 있게 생각하지 않기 때문이라

는 것도 잘 알아요. 하지만 다른 사람이 인정해줄 만한 대학에 가야 저도 절 인정할 수 있을 거 같아요. 그때는 우울한 마음도 깨끗이 사라지지 않을까요? 아직 이루어낸 게 하나도 없는데 어떻게 저를 가치 있게 여길 수 있는지 모르겠어요."

은우 양뿐만 아니라 꽤 많은 사람들이 자신의 가치가 외부로부터 주어진다고 착각한다. 여기서 외부 요인이란 타인, 조직, 사회, 문화 등 나를 둘러싼 모든 환경을 의미한다. 인간은 주변과 끊임없이 상호작용하며 칭찬과 인정, 존경 같은 긍정적인 메시지부터 비난과 시기, 무시 같은 부정적인 메시지까지 다양한 신호를 주고받는다. 이러한 외부 요인에 쉽게 휘둘리는 사람들은 좋은 평판을 얻고 인정받기 위해 자신의 인생을 소모한다.

세상 속에서 왜곡된 자아

특히 SNS에서는 자신의 가치를 외부에서 찾고자 하는 현상이 두드러진다. 특별한 여행지, 성공적인 결과물, 사치스러운 소비, 즐거운 교류의 순간만 공유하면서 일상과 동떨어진 삶을 전시한다. 좋아요와 댓글의 수로 자신의 삶을 평가받고 만족한다. 자신의 존재에 대한 의구심과 부정적인 감정을 해결하고 싶어 하는 사람들의 욕구와 맞물리면서 SNS는 대중화의 흐름을 탔다고 해도 과언이 아니다.

다만 안타깝게도 외부의 찬사는 자기 존재에 대한 확신으로 이어지지는 않는다. 대중의 사랑을 받던 유명인이 어느 날 자살을 선택하는 것만 보아도 알 수 있다. 헐리우드의 유명 제작자인 스티브빙Steve Bing은 몇 년 전 스스로 생을 마감했는데 그가 남긴 재산은 무려 6,600억이었다. 2011년에는 중국의 억만장자 네 명이 자살하는 일도 있었다. 물질이 모든 것을 해결해 줄 것 같았지만 자기 가치감을 살 수는 없었던 것이다. 자살은 자신의 가치를 가장 극단적으로 부정하는 행위다. 객관적으로 충분한 조건을 갖추어도 존재 의미를 찾지 못한다면 비극적인 선택으로 이어지기도 하는 것이다.

오스트리아의 화가 에곤 실레Egon Schiele가 남긴 자화상을 보면 객관적인 자신의 가치와 스스로 느끼는 자기 가치감이 얼마나 다른지 알 수 있다. 에곤 실레는 훤칠한 미남으로 알려져 있다. 그런데 어쩐지 자화상 속의 모습은 온통 왜곡되고 뒤틀려 있다. 그는 건강한 자아상을 갖지 못해 늘 정서적인 고통에 시달렸으며, 이를 극복하려는 심리가 그의 예술 세계에 스며들어 다수의 자화상을 남겼다. 자화상에 실제 모습이 아닌 내면의 이미지가 투영되듯이, 실제가 아닌 내면의 자기 평가가 자기 가치감을 결정한다.

은우 양은 다년간 입시를 치르면서 우울증이 악화되어 병원에 온 경우였다. 그런데 막상 진료를 해보니 은우 양은 병원에 오기 한참 전부터 이미 만성적으로 우울한 상태였다. 은우 양은 사춘기를 지나면서 스스로를 내세울 것 없는 부끄러운 존재로 인식했고 명문대생이라는 성취를 달성해야 당당한 존재가 된다고 생각했다. 나는 은우 양에게 명문대에 진학하기 위해서

좌 〈**누드, 자화상**(1910)〉 | 우 **에곤 실레**(1912) 에곤 실레는 1910년에 발표한 〈누드, 자화상Nude, Self-portrait〉에서 훼손된 자기 가치감을 보여주었다.

는 자기 가치감을 회복하는 것이 급선무라고 조언했다. 하지만 은우 양은 다른 사람이 인정할 수 있는 사람이 되는 것이 먼저 아니냐고 반문했다.

　은우 양이 번번이 진학에 실패한 것은 입시라는 외로운 과정을 견뎌낼 동력이 없었기 때문이다. 자신을 사랑하지 않았고, 진심으로 자신을 돕고자 하는 마음도 없었다. 작은 좌절에도 쉽게 무너졌고 자신에 대한 믿음은 자주 흔들렸다. 무너진 자신을 일으키기 위해서는 자신을 위로하고 설득하며 응원하는 과정이 필요하다. 그러나 은우 양은 오히려 자신을 몰아세우고 다그치며 때로는 협박까지 했다. 결국 우울증은 심해지고 번아웃이 찾아왔던 것이다.

나의 가치를 의심 없이 받아들일 것

자신에게 습관적으로 조건을 거는 모습은 은우 양뿐 아니라 주변에서도 쉽게 찾을 수 있다. "몸무게가 10킬로그램이 빠지면", "안정적인 직업을 갖게 되면", "좋은 위치의 집을 사면" 행복할 것이라고 말하는 모습이 바로 그것이다. 마치 그 조건들을 달성하지 못하면 행복할 권리가 없고 세상에 필요한 사람이 아닌 것처럼 여긴다.

존재보다 조건을 앞세우는 사람들이 겪는 심리적인 문제는 심리학자 에드워드 토리 히긴스Edward Tory Higgins의 자아 불일치 이론으로 살펴보면 이해하기 쉽다. 그는 이상적인 특성을 가진 자신을 이상적 자기Ideal Self, 있는 그대로의 자신을 실제적 자기 Actual Self라고 명명하며, 이 두 자아 사이의 간극이 클수록 자아 불일치Self-Discrepancy가 발생한다고 설명했다. 이러한 불일치는 정서적인 문제를 초래하며 불만족감, 실망, 우울감 등이 나타난다.

나는 이쯤에서 자기 가치감에 대한 오해를 짚고 넘어가려고 한다. 과연 외적 조건을 갖추면 자기 가치감을 높일 수 있을까? 그렇지 않다. 자기 가치감 형성에는 내적 요인이 핵심적인 역할을 한다. 그렇다면 내가 처한 상황과 조건이 나아지면 나의 가치도 올라갈까? 역시 그렇지 않다. 나의 가치에 대한 확신이 있어야 삶을 원하는 방향으로 바꿀 수 있는 법이다.

스스로 무가치하다고 생각하는 한 외부에서 아무리 우호적인 메시지가 쏟아져도 자기 가치감은 변화하지 않는다. 마치 극성이 다른 물과 기름이 서로 섞이지 않는 원리와 같다. 내면의 자기 평가와 상반된 외부 요인은 아무리 긍정적이어도 흡수되지 않고 겉돈다. 내면 깊은 곳에서 자신의 가치를 경험하고 확신하지 않으면 어떠한 방법으로도 자기 가치감을 높일 수 없다. 자기 가치감의 본질을 이해하고 나면 더 이상 잘못된 방법에 매달릴 필요가 없다는 것을 깨닫게 될 것이다.

나의 존재에 대한 의심을 버리겠다는 결단부터 하라. 자기 가치를 확신하는 것은 행복한 삶을 살아가는 튼튼한 골격을 세우는 일이다. 믿기 어렵더라도 "나는 세상 속에서 행복을 누리며 살아갈 만큼 충분히 가치 있는 존재"라는 사실을 받아들이자. 어떻게 나에 대한 의심을 버리고, 존재 가치에 대한 신뢰를 회복할 수 있는지는 3장과 4장에서 구체적으로 다룰 것이다.

나에게 무조건적인 사랑을 주고 있는가?

난 아직 나를 사랑할 수 없어.

왜냐하면 난 아직 충분히 (   ) 하지 않으니까.

위의 빈칸을 보았을 때 떠오르는 것이 있나요? 예쁘지 않으니까, 날씬하지 않으니까, 성공하지 못했으니까, 돈을 많이 벌지 못하니까, 재능이 없으니까, 행복하지 않으니까, 똑똑하지 않으니까, 여성스럽지 못하니까, 남자답지 못하니까, 강하지 않으니까, 인기가 많지 않으니까, 유명하지 않으니까, 존경받을 만하지 않으니까……. 떠오르는 것이 있다면 바로 그것이 평소 당신이 자기 가치감을 느끼지 못했던 이유입니다. 그렇지만 이는 허상의 장애물에 불과합니다. 스스로 만든 장애물 위에 무게를 실으며 앞으로 나아가지 못하는 이유를 찾는 어리석음을 범하지 마세요.

당신은 귀한 존재이며, 행복을 누릴 자격이 있고, 있는 그대로의 상태로도 충분합니다. 더 이상 이것을 의심하지 않기로 결정하세요. 조건 없는 사랑과 관용을 당신에게 베풀어보세요.

나로 살 때
비로소 행복하다

진정한 용기란
자신을 받아들일 수 없는 상태에서도
자신을 받아들일 줄 아는 것이다.

_폴 틸리히

<table>
<tr><td>A</td><td>B</td></tr>
</table>

A	B
불완전하다	완전하다
실수할 수 있다	완벽하다
상처받을 수 있다	상처받을 수 없다
부서질 수 있다	부서지지 않는다
불확실하다	확실하다
진짜 자신이다	거짓된 자신이다
현실적이다	비현실적이다

위의 두 가지 영역의 표현 중 어느 것이 더 매력적으로 느껴지
는가? 아마 많은 이들이 B영역을 선호할 것이다. 그럼 질문을

바꾸어 어느 쪽이 더 현실적인지 묻겠다. 그렇다면 아마 A영역이라고 대답할 것이다. 대개 은연중에 자기를 향해 거는 기대는 B영역에 가까운데, 그것이 현실성이 떨어지는 것은 알아차리지 못한다. 자신의 받아들이기 싫은 모습은 외면하고, 받아들이고 싶은 모습만 보는 것이다. 있는 그대로 보지 않기 때문에 비현실적인 기대를 건다. 이는 두려움으로부터 자신을 보호하려는 심리적인 방어의 일종으로 정신분석에서는 분열Splitting이라는 용어로 표현한다. 분열은 긍정적인 부분과 부정적인 부분을 하나로 통합하지 못하는 상태를 말한다. 있는 그대로의 자신을 원하지 않아서 현실을 왜곡시키고 마는 것이다.

분열이라는 개념은 아이와 엄마 사이의 관계를 설명할 때 처음 사용되었다. 아이는 타인과 세상을 인지하는 능력이 발달하지 않았기 때문에 엄마의 좋지 않은 모습을 볼 때 두려움을 느낀다. 한 인간이 다양한 모습을 지닐 수 있음을 이해하지 못하는 것이다. 그래서 임시방편으로 좋은 엄마All Good Mother와 나쁜 엄마All Bad Mother가 따로 존재한다고 믿는다. 좋은 면만 있는 완벽한 엄마가 있다고 설정하는 것이 임시적으로 아이의 불안을 줄여주기 때문이다. 하지만 장기적으로 볼 때 온전히 나쁜 엄마가 존재한다는 사실은 아이에게 또 다른 불안 요소가 된다. 즉, 분열은 일시적으로 두려운 상황을 회피하게 해주지만 근본적인 해결책은 되지 못한다.

아이는 성장해가면서 엄마에게 좋은 면과 나쁜 면이 모두 존재할 수 있다는 것을 깨닫는다. 엄마라는 대상에 대해 점차 현실적인 시각을 지니는 것이다. 좋은 엄마와 나쁜 엄마에 대한 경계를 풀고 통합적으로 볼 수 있게 된다. 엄마에게서 일시적으로 좋지 않은 모습을 보아도 이전처럼 동요하지 않고 안정감을 유지한다. 근본적으로 나를 사랑해주는 선한 엄마가 사라지지 않는다는 믿음이 형성되었기 때문이다.

완전히 좋은 것과 완전히 나쁜 것?

자신과의 관계도 마찬가지다. 나를 통합적으로 바라보고 모든 측면을 수용할 때 안정적인 관계가 가능하다. 자신을 완전히 좋은 것All Good이나 완전히 나쁜 것All Bad으로 분리하는 행동은 자신과의 관계에 부정적인 영향을 준다. 정신분석가 오토 컨버그Otto F. Kernberg도 분열 상태를 극복하는 것이 나를 사랑하는 일에 수반되어야 할 중요한 과제라고 했다. 있는 그대로의 나를 수용하는 것은 자신을 존중하는 가장 기초적인 방법이다.

이를테면 당신에게 지나친 환상을 품고 있는 사람이 있다고 가정해보자. 아마 그에게 있는 그대로의 당신을 내보이기는 힘들 것이다. 마음을 주고받는 진실한 관계로 발전할 수 없음은 물론이다. 또한 그와 같은 사람은 우리 삶에 의미 없는 허수다. 있으나 없으나 별반 다를 게 없는 존재인 것이다. 진정한 친구는 나의 강점과 약점을 모두 포용해주는 사람이듯 자신과의 관계도 진실성과 수용을 기반으로 할 때 친밀도가 차곡차곡 쌓인다. 편집되고 위장된 반쪽짜리 자신으로 살아가는 것은 엄밀히 말해서 진짜가 아니다. 거짓 자기False Self에 불과한 것이다.

또 다른 예로 새로운 사업을 구상 중인 두 명의 사업가가 있다고 가정해보자. 두 명 모두 사업에 착수하기 전에 사업성 분석을 했다. 사업가 이 씨는 사업의 긍정적인 면만 조사했다. 반면 사업가 김 씨는 사업의 유리한 면뿐만 아니라 위험에 대해서도 충분히 조사했다. 어느 사업가가 훗날 더 성공할까? 당연히 위험 요소까지 파악한 사업가 김 씨가 더 크게 사업을 키우고 성공할 가능성이 크다. 자신과의 관계를 발전시키는 과정도 동일하다. 현실적으로 자기를 관찰하고 분석하는 단계를 거쳐야 나아진다. 자신에게 약점이 없다는 환상은 진실한 관계를 방해한다. 마치 위험 요소를 무시하고 무작정 사업에 뛰어드는 것과 같다.

한편 내가 나를 보는 시각은 내가 타인을 보는 시각과 닮았다. 자신의 밝은 면만 받아들이려고 하면 다른 사람을 볼 때도 같은 태도를 취한다. 상대를 있는 그대로 보지 않고 좋은 면만 선택해서 보는 것이다. 현실성 없이 상대를 지나치게 이상적으로 생각하기도 한다. 이혼 전문 변호사들에 따르면 대부분의 이혼 사유는 결혼 전부터 이미 알고 있는 것들이라고 한다. 다만 상대를 있는 그대로 보지 않고 좋은 면만 보고 결혼을 감행했기에 발생한 결과라는 것이다. 혹은 인간관계에서 다른 사람의 사소한 결점도 받아들이지 못하기도 한다. 좋은 면은 무시하고 나쁜 면만 주목해서 상대를 종합적으로 평가하지 않는 것이다. 이를테면 좋은 인연과 쉽게 등을 돌리거나 불필요한 갈등을 반복하는 경우가 그렇다.

편집된 나는 행복할 수 없다

살아가면서 겪는 시련을 잘 살펴보면 상대방을 정확하게 간파하지 못한 것이 원인인 경우가 있다. 내가 온전한 자신으로 살아간다면 가짜에 현혹되지 않고 다른 사람의 진짜 가치도 알아볼 눈을 갖게 된다.

그럼에도 온전한 자신으로 살아가길 주저하는 이유는 두려움에 뿌리가 있다. 있는 그대로의 나로는 사랑받을 수 없고 어디에도 속할 수 없다는 불안이 있는 것이다. "나는 문제가 있기 때문에 사람들에게 거부당하고 어디에도 속할 수 없다"라는 생각은 그 자체로 매우 고통스럽기 때문에, 인간이라면 누구나 자신이 가진 결점을 감추려 애쓴다. 그렇게 하면 어딘가에 소속되고 사랑받을 수 있을 것이라고 믿는 것이다. 거짓된 모습으로 살아가면 자신을 지키고 행복해질 수 있다고 착각한다.

철학자 쇠렌 키르케고르Søren Kierkegaard는 가장 깊은 절망은 '자신이 아닌 다른 사람이 되는 것'에서 비롯된다고 했다. 내가 나의 일부를 거부한다는 것을 타인은 모를 수 있다. 그러나 나 자신까지 속일 수는 없는 일이다. 세상에서 가장 가까운 존재인 내가 스스로를 인정하지 못한다는 것은 큰 상처가 된다. 게다가 온전히 자기를 좋아하지 않으면 다른 사람이 자신을 사랑해줄 것이라는 믿음도 갖기 힘들다. 그래서 더더욱 자신을 감추는 악순환을 반복한다. 여러 사람의 시선을 의식하면서 자신을 멋지게 꾸며내려면 많은 노력이 필요하다. 물론 거짓된 나로 어딘가에 소속될 수도 있고, 누군가에게 사랑을 받을 수도 있다. 그러나 그것은 진짜가 아니라는 공허함을 남긴다. 거짓된 나로 소속되고 사랑받는 동안 진짜 나는 홀로 외면받는 것이다. 이것이 반복되면 인간관계에 있어서도 지치고 소모되는 느낌만 받는다.

서영 씨는 우울증으로 치료받고 있지만 서영 씨가 우울하다는 사실을 아는 사람은 없다. 그녀는 자신을 숨기는 데 능숙했다. "친한 친구들조차 저를 밝은 사람으로 알고 있어요. 사람들을 불편하게 하고 싶지 않았거든요. 사람들에게 솔직하지 못하다 보니 스스로에게도 솔직하지 못해요. 선생님께서 자신과 대화하는 것이 중요하다고 하셨는데 잘 안 되네요. 제가 진짜 원하는 것도 모르겠어요. 하루 종일 가면을 쓰고 사는 것 같아요. 사람들과 있어도 지치고 외로워요."

처음에는 가면 뒤에 숨어 있는 것이 안전하다고 느껴질 테지만 시간이 지날수록 숨이 막히고 지친다. 공허함과 단절된 느낌을 받는다. 잊지 말아야 한다. 당신에게 있어서 가장 중요한 소속은 당신 자신이다. 자신에게 소속될 수 있어야 비로소 더 큰 범위의 소속도 가능하다.

여기서 하나 짚고 넘어갈 것이 있다. 페르소나Persona와 거짓자기를 혼동해서는 안 된다는 점이다. 현대 사회는 개인에게 여러 역할을 요구하기에 역할에 따라 적절한 가면을 쓰는 것은 당연하다. 칼 융-Carl Gustav Jung은 이를 페르소나라는 용어로 설명했다. 페르소나는 무대에서 쓰는 가면을 뜻하는 그리스어로 사회적 지위나 가치관에 따라 다른 사람에게 보여지는 모습을 말한다. 융은 사회가 유지되기 위해서는 페르소나가 필요하다고 했다. 즉, 문제가 되는 것은 페르소나 자체가 아니다. 특정한 페르소나를 정체성의 전부로 오해하는 데서 발생한다. 이를테면 부모가 된 뒤 자신을 잃어버리고 우울증을 겪는 사례가 그렇다. 엄마로서, 아빠로서 살다 보니 자기 자신으로 존재하는 시간을 충분히 갖지 못한 탓이다. 아이에게 좋은 부모가 되기 위해서 페르소나를 갖는 것은 훌륭하다. 다만 그 가면 뒤에 온전한 자신이 존재한다는 것을 망각해서는 안 된다. 전략적으로 적재적소에 맞는 옷을 입을 때 페르소나는 빛을 발한다.

칼 로저스는 『진정한 사람 되기』(학지사, 2009)에서 진짜 자신으로 살아가는 것이 모든 사람이 궁극적으로 추구해야 할 가장 중요한 목표라고 강조했다. 자신에게 정직하면서 있는 그대로의 모습을 받아들이는 태도야말로 진정한 행복의 열쇠라는 것이다. 온전한 나로 살아갈 때 우리가 간절히 원하는 진정한 소속감과 행복도 비로소 느낄 수 있을 것이다.

3장

나의 행동과 감정에
공감하기

자기 공감 능력

행동을 보면
나와의 관계가 보인다

삶은 나 자신을
끊임없이 행동으로 증명하는 과정이다.
_요한 볼프강 폰 괴테

모든 문제의 해결이 정확한 진단에서 시작되듯이, 자기 친화력을 잘 쌓아나가기 위해서도 현재의 상태를 정확히 파악해야 한다. "나는 지금 나와 어떤 관계를 맺고 있는가?", "나와 가까워지고 있는가, 아니면 멀어지고 있는가?" 이러한 질문에 답하는 것은 자신을 이해하고 돌보는 첫걸음이다. 다만 나와의 관계를 알아차리는 일은 생각만큼 간단하지 않다. 그것은 눈에 보이지 않을 뿐만 아니라 고정되지 않고 끊임없이 변화하기 때문이다. 흐르는 강물이 순간마다 다른 모양의 물결을 만들어내듯이 나와의 관계도 쉬지 않고 변한다. 변화무쌍한 그 흐름을 인식하고 점검하는 것이야말로 자기 이해의 시작이다.

조기 발견은 신체의 건강뿐 아니라 자기 친화력에서도 중요하다. 자신과 좋은 관계를 유지하려면 현재 상태를 세심하게 점검하고 필요한 조치를 신속히 취할 수 있어야 한다. 마치 자동차의 엔진 경고등이 처음 켜졌을 때 즉시 점검하면 간단한 수리로 해결할 수 있지만, 이를 무시하면 차가 멈추는 원리와 같다. 작은 이상 신호를 무시하면 문제가 깊어지고 더 큰 고통으로 이어진다. 자기 친화력의 경고등이 깜빡일 때 적시에 알아차리고 바로잡는 것이야말로 나와 좋은 관계를 만드는 현명한 방법이다.

내면 대화로 가는 징검돌, 행동 관찰

작가이자 철학자 아인랜드Ayn Rand는 삶을 "스스로 선택하고 독립적으로 행동하는 과정의 연속"이라고 정의했다. 우리는 매 순간 의식적이든 무의식적이든 행동을 선택하고, 선택된 행동이 쌓여 정체성을 만들고 삶의 방향을 결정한다. 다시 말해 행동은 자기 친화력이 투영된 결과물이다. 자신에 대한 감정, 느낌, 태도, 가치가 담겨 있는 자기 친화력은 그 자체로는 추상적 개념에 가깝지만 행동은 자기 친화력을 구체적으로 드러내는 거울이기 때문이다. 즉, 행동을 관찰함으로써 자신과의 관계를 점검하고 발전시킬 수 있다. 행동은 내 안의 변화를 가장 즉각적으로 반영한다. 이를테면 인간관계를 대하는 나의 행동을 살펴보았을 때 주변 사람들과 조화롭고 건강한 관계를 만들고 있다면, 이는 자신과의 관계가 안정적이고 긍정적임을 나타낸다.

반대로 관계에서 갈등이 잦거나 소원하다면 자기 친화력이 흔들리고 있을 가능성을 시사한다.

자기 친화력은 행동뿐만 아니라 감각, 감정, 생각과 같은 내부 요소에도 깊이 반영된다. 내부 요소 중 가장 즉각적으로 알아차릴 수 있는 것은 감각이다. 긴장감, 두근거림, 먹먹함과 같은 쾌·불쾌의 감각은 자기 이해의 첫 단서다. 감각은 짜증, 슬픔, 평온함, 기쁨과 같은 감정으로 더 구체화되는데 이 감정의 문을 따라가면 우리는 더 깊은 곳에 있는 생각까지 닿을 수 있다. 이것을 달리 표현하면 자기 공감 능력이라고 한다. 자기 공감 능력이 발달하면 행동을 관찰하지 않고도 자신의 감각, 감정, 생각을 선명하게 알아차릴 수 있다.

내부 요소를 알아차리는 능력을 키워야만 자신을 더 섬세하게 돌볼 수 있으므로, 이는 우리의 궁극적인 목표다. 하지만 초심자라면 자기를 관찰하는 렌즈의 해상도가 낮아 섬세한 내면 관찰이 어려울 것이다. 이때 행동을 점검하는 것은 내면을 살필 수 있는 징검돌이 된다. 우선 자신의 행동을 관찰하며 그에 맞는 조치를 취하는 연습을 하면서 자기 공감 능력을 성장시키는 것이 바람직하다.

신입사원 민수 씨는 입사 초기부터 업무에 적응하느라 바쁜 날들을 보냈다. 실수를 줄이기 위해 과도하게 긴장했고 그 스트레스를 퇴근 후 야식으로 해소하는 습관이 생겼다. 1년이 지나자 체중은 8킬로그램이나 늘었고, 잦은 소화 불량과 피로감으로 몸 컨디션도 급격히 나빠졌다. 어느 날 퇴근 후 평소처럼 야식을 먹던 민수 씨는 속이 불편함을 느꼈다. 자연스럽게 "내가 왜 이런 행동을 하고 있을까?"라는 질문이 떠올랐다. 그는 단순히 배고픔 때문에 먹는 것이 아니라 스트레스를 잘못된 방식으로 풀고 있음을 깨달았다. 더불어 동료들이 잘하는 모습을 볼 때마다 "나는 부족한 사람이다"라는 생각에 빠져 과도한 자기 비난을 해왔다는 것을 인지했다. 민수 씨는 행동을 바꾸기 위해 노력했다. 우선 폭식을 대체할 긍정적인 습관을 만들어 갔다. 퇴근 후에 간단한 산책을 하거나, 좋아하는 음악으로 마음을 진정시키는 방법을 시도했다. 또한 동료와의 비교를 멈추고 자신의 업무 능력을 키우는 데 초점을 맞추었다. 하루에 하나씩 새로운 업무를 배우고 성장하는 것을 목표로 삼았던 것이다. 몇 주 후, 민수 씨는 체중이 2킬로그램 감량되고 전반적인 컨디션이 좋아지는 변화를 경험했다. 스스로를 비난하던 목소리도 점차 약해졌다. 민수 씨는 행동을 관찰함으로써 자신의 고통을 알아차릴 수 있었고 자신을 돌보며 내면의 안정감을 되찾았다.

자기 친화력의 관점에서 우리의 행동은 크게 두 가지로 나뉜다. 자기 친화적인 행동과 자기 파괴적인 행동이다. 자기 친화적인 행동은 자기 가치를 인식하고 자신을 긍정적으로 돌보는 모습으로 나타난다. 가령 바쁜 일상에서도 건강한 식사를 하는 것은 "나는 소중한 존재다"라는 자기 가치감에 기반한다. 새로운 일에 망설임 없이 도전하거나, 실패한 후에도 다시 일어서며, 예상치 못한 문제에 직면했을 때 스스로를 다독이며 해결

자기 파괴적인 행동

구분	내용
정의	신체, 정신, 감정 또는 삶 전반에 해를 끼치는 폭넓은 행동. 의식적 이거나 무의식적으로 반복하면서 장기적 해를 끼침. 때로는 죽음 이나 극단적 결과로도 이어질 가능성 있음
형태	• 과도한 음주 및 약물 남용 • 불건전한 관계 유지 • 무리한 투자 • 쇼핑, 섹스, 게임, SNS 중독 등 각종 중독 행위 • 위험 추구 행동(위험한 운전 등) • 극단적 다이어트, 폭식, 과식 • 불규칙한 생활
심리적 동기	• 자신과의 부정적인 관계 • 무의식적 자기 혐오
영향	중독, 만성 질환, 심리적 고립, 파산 등 장기적으로 신체적·정신적 건강에 악영향

하려는 태도도 자기 신뢰에 기초를 두고 있다. 충분한 휴식을 취하거나, 자신의 감정을 따뜻하게 받아들이는 행동 역시 자기 공감 능력이 발휘된 자기 친화적인 행동에 속한다.

반대로 자기 파괴적인 행동은 나와의 갈등 상태를 반영한다. 자해Self-Injury처럼 직접적으로 자신을 해치려는 의도는 없지만 반복적으로 만성화되어 자신의 삶에 해가 되는 행동을 뜻한다. "나는 돌볼 가치가 없다"라는 무의식적인 메시지를 내포하며 "나는 믿을 수 없는 존재다"라는 내적 불확신에 기반해 주저하 거나 회피하는 행동으로 나타난다. 예컨대 과도한 스트레스 속 에서 나를 돌보지 않거나, 불필요한 자기 비난에 빠지거나, 다른 사람을 탓하는 태도를 보이는 것이다. 과식이나 과소비, 의존적이며 소극적인 태도 또한 자기 파괴적인 행동으로 분류할 수 있다.

한편 행동을 분류할 때는 행동의 종류 자체도 중요하지만 행동의 결과도 중요하다. 단순히 행동 자체에만 초점을 맞추는 것이 아니라, 그로 인해 초래된 결과를 깊이 들여다보아야 한다. 똑같은 음식을 먹더라도 맛을 음미하며 기분 좋은 시간을 가졌다면 이는 자기 친화적인 행동으로 간주된다. 반면 공허한 감정을 진정시키기 위해 허겁지겁 음식을 먹었다면 자기 친화력에 경고등이 들어온 것이다. 마찬가지로 SNS를 하면서 다른 사람들과 연결감을 느끼고 마음의 풍요로움을 경험했다면 자신과의 관계는 안정적이다. 반면 SNS를 하면서 더 큰 불안과 소외를 느꼈다면 자신과의 관계는 위태롭다.

행동은 자신과의 관계를 비추는 거울이며, 자기 친화력을 점검하고 회복할 수 있는 중요한 단서다. 평소에는 자제할 수 있었던 해로운 행동을 자제하지 못할 때가 있을 것이다. 또 나도 모르게 스스로를 망치는 행동을 하고 싶은 충동을 느끼는 순간도 있을 것이다. 그런 순간이 빈번해지고 있다면 일종의 경고로 받아들여야 한다

나에게 우호적인 행동을 선택하라

거울을 바라보세요.
그 속에 비친 내 모습을 사랑하세요.
그 모습이 진짜임을 믿으세요.
사랑할 수 없다면 존중해주세요.
존중할 수 없다면 격려해주세요.
격려할 수 없다면 적어도 제어해주세요.
_세릴 리 랠프

지인 씨는 자기계발 강의에서 긍정 확언Affirmation의 효과에 대해 들은 뒤, 매일 거울 앞에 서서 "나는 가치 있는 사람이다"라는 문구를 반복했다. 하지만 시간이 지나도 내면의 변화가 느껴지지 않았고 오히려 "정말 내가 가치 있는 사람일까?"라는 의문과 불편함만 커졌다. 결국 지인 씨는 자신의 노력이 왜 효과를 보지 못하는지 고민하며 나를 찾아왔다. 나는 "그 문장을 말할 때 진실로 믿어지던가요, 아니면 공허하게 느껴졌나요?"라고 물었다. 그녀는 잠시 고민하더니 고개를 저으며 말했다. "솔직히 공허해요. 제 안에서 뭔가를 밀어내고 싶은 감정이 올라와요."

긍정 확언은 자신에게 긍정적인 문구를 반복하며 자신감을 높이고 긍정적인 감정을 유도하는 기법이다. 하지만 캐나다 워털루 대학교Waterloo University와 뉴브런즈윅 대학교University of New Brunswick의 연구에 따르면, 자신과 부정적인 관계에 놓인 사람들이 긍정 확언을 시도할 경우 내적 갈등과 스트레스가 오히려 증가할 수 있다는 결과가 나왔다. 특히 자기 가치감이 낮은 사람들이 "나는 사랑받을 만한 사람이다"라는 문구를 반복했을 때 부정적인 감정이 커지고 자기 가치감이 더욱 낮아지는 경향을 보였다. 연구진은 이 같은 현상을 긍정 확언이 내면의 상태와 부합하지 않을 때 생기는 반발 심리라고 설명했다.

긍정 확언의 효과를 못 보았다면

당신도 비슷한 경험을 했을지도 모른다. 스스로 가치 있는 사람이라고 다짐하거나 긍정적인 생각을 반복해도, 내면 깊숙이 자리 잡은 신념이 바뀌지 않았던 경험 말이다. 도대체 나와의 관계를 어떻게 개선시킬 수 있는지 막막했을 것이다. 이럴 때 필요한 것은 말이 아닌 행동이다. 행동은 생각이나 말처럼 반박하거나 의심할 틈을 주지 않고 내면에 도달한다.

행동이 말보다 내면 깊숙이 강렬한 울림을 전한다는 사실은 다른 사람과의 관계를 떠올려보면 쉽게 이해할 수 있다. 누군가가 "너는 정말 소중해", "너를 믿어"라는 말을 반복하면서도 정작 그에 걸맞은 행동을 보이지 않는다면 그 말을 곧이곧대로 믿기 쉽지 않다. 반면 화려한 말은 없더라도 진심이 담긴 행동을 보여주는 사람에게는 마음을 활짝 열게 된다. 말보다 행동이 진정성을 증명하는 강력한 무기인 셈이다. 재미있는 점은 이 원리가 나 자신과의 관계에서도 똑같이 적용된다는 것이다. 행동 없이 "나를 사랑한다"라고 말해보았자 공허할 뿐이고, 행동 없이 "나를 신뢰한다"라고 다짐해보았자 쉽게 무너지는 것이다.

"그렇다면 말로 설득하지 말고, 행동으로 메시지를 전해보세요." 나는 지인 씨에게 자기 친화적인 루틴을 제안했다. 일찍 잠자리에 들어 숙면을 취하거나, 좋아하는 음식을 정성껏 준비해 자신에게 대접하는 등의 작은 행동으로 자신이 소중한 존재임을 증명해보는 것이다. 한 달 후 지인 씨는 환한 얼굴로 다시 찾아왔다. "이제는 제 자신과 가까워진 것 같아요. 긍정 확언의 내용도 조금씩 마음에 와닿고 있어요"라고 말했다.

연구에 따르면 성인은 하루 평균 약 1만 2,000~5,000개의 결정을 내린다고 한다. 우리가 선택하는 모든 행동에는 크고 작은 메시지가 담겨 있다. 이를테면 아침에 침대를 정리하는 사소한 행동은 "나는 내 삶을 정돈할 수 있는 사람이다"라는 긍정적인 메시지를 스스로에게 전한다. 반대로 공허한 감정을 달래려고 폭식한다면 "나는 이 공허함을 감당할 수 없어"라는 부정적인 메시지를 전달한다. 감사 일기를 쓰며 하루의 작은 행복을 되짚는다면 "내 삶은 의미 있는 순간들로 가득 차 있다"라는 따뜻한 메시지가 내면에 스민다. 힘든 일을 곱씹으며 일을 곱씹으며 자기 비난으로 마무리한다면 "나는 실패자야. 정말 부족한 사람이야"라는 부정적인 메시지가 각인된다. 우리가 선택한 행동 하나하나가 단순한 행위가 아니라 나 자신과의 대화라는 것을 깨달았으면 한다.

스스로 규정한 정체성을 의심하라

3년간 정신치료Psychotherapy를 받았던 형태 씨는 매 순간 의지할 사람을 찾으며, 혼자 지내는 것을 극도로 두려워했다. 연인이 없는 순간을 견디지 못하고 강박적으로 이성관계에 집착했다. 소개팅 어플이나 클럽을 통해 짧고 피상적인 연애를 했다. 누군가를 만나면 한순간에 빠져들고 지나치게 사랑을 확인하려 했다. 상대가 거리를 두려고 하면 절박하게 매달리기도 했다. 형태 씨의 이런 행동은 늘 이별의 원인이 되었다. 사랑에 실패할수록 형태 씨는 더욱 강하게 의존할 대상을 갈구했다.

"선생님, 저는 항상 외롭고 공허해요. 저를 보호해줄 사람이 나타나지 않는다면 제가 부서질 것 같아서 무서워요. 그런데 막상 사람들과 있으면 힘들어요. 저에 대해서 어떻게 생각할지 불안하거든요. 저를 나쁘게 생각할 것 같아요. 더 이상한 건 누군가 제게 직접적으로 호감을 보여도 여전히 불안하다는 거예요. 그 사람도 제 진짜 모습을 알면 결국 실망할 것 같거든요."

형태 씨는 매번 무리를 해서라도 누군가와 함께하려고 했다. 별로 마음에 들지 않는 상대를 만나기도 했고, 때로는 자신에게 해로운 사람과도 헤어지지 못했다. 관계가 끊어지는 것에 대한 두려움이 커서 지나치게 상대에게 매달리거나 자신을 망가뜨리는 행동을 일삼았다. 그럴수록 형태 씨가 인식하는 자신의 정체성은 부정적인 쪽으로 고착화되었다. 형태 씨는 스스로를 외로운 사람, 거절당하는 사람, 호감을 받지 못하는 존재, 혼자 있지 못하는 사람, 보호자가 필요한 존재로 보고 있었다.

인상적인 것은 형태 씨가 20대의 건장한 청년이었다는 점이다. 그는 고등학생 때 스스로 유학을 준비해 해외에서 홀로 대학 생활을 하기도 했다. "혼자 설 수 없다"라는 그의 믿음과 달리 현실의 형태 씨는 자립할 능력이 충분했다. 하지만 왜곡된 정체성 속에 자신을 가둔 채 그에 걸맞은 행동들을 반복하고 있었던 것이다. 나는 형태 씨에게 삶을 돌아보면서 자신이 믿고 있는 정체성이 틀릴지도 모른다는 증거를 찾아보라고 조언했다. 그는 자신이 삶의 중요한 순간마다 스스로 결정을 내리고 위기를 극복해왔다는 사실을 발견했다.

나는 형태 씨에게 무의미한 만남과 소개팅 어플 사용을 중단하고, 자신에게 집중할 시간을 가져야 한다고 말했다. 피상적인 만남은 그가 자신과의 관계를 회복하는 데 가장 큰 걸림돌이 되고 있었다. 대신 자신을 돌보는 작은 행동부터 시작하도록 이끌었다. 처음에 형태 씨는 이러한 접근에 대해 회의적이었다. 실행해본 뒤에도 여전히 혼자 있으면 불안하고 무섭다고 고백했다. 해결책으로 그는 혼자 있는 시간을 줄이기 위해 아르바이트를 시작했다. 아르바이트를 하면서 일에 집중하다 보니 생각을 비울 수 있었고, 사람들에게 인정받으며 자신감까지 얻었다. 작은 행동의 변화가 쌓이면서 자신에 대한 부정적인 평가는 조금씩 퇴색되었고, 자신에게 우호적인 행동들이 일상의 습관으로 자리 잡았다. 이후 형태 씨는 관계에 의존하지 않고도 자신의 가치를 느끼고, 스스로를 존중하는 법을 배워가며 자기 친화력을 회복해나갔다.

우리가 하는 행동 중 상당 부분은 무의식적으로 이루어진다. 행동의 무의식적 측면과 자동성automaticity을 연구한 심리학자 존 바그John Bargh는 인간 행동의 대부분이 무의식적인 과정에서 비롯되며, 이러한 자동적 과정이 우리의 감정, 판단, 선택 등에 깊은 영향을 미친다고 말했다. 이것을 좀 더 구체적으로 설명한 사람은 심리학자 대니얼 카너먼Daniel Kahneman이다. 카너먼은 정신 체계Mental system를 두 가지로 나누었다. 시스템1과 시스템2로 명칭하는데, 시스템1은 자동적이고 직관적으로 작동하며 일상적인 상황에서 빠르고 효율적으로 결정을 내릴 수 있도록 돕는 곳이다. 시스템2는 신중하고 분석적인 사고를 담당하며 더 많은 에너지와 노력이 필요한 복잡한 문제를 처리하는 곳을 의미한다. 카너먼은 대부분의 인간 행동이 시스템1에서 비롯된다고 했다. 시스템1은 끊임없이 시스템2에 인상, 직관, 의도, 감정을 전달한다. 대체로 시스템2는 전달받은 메시지를 수정하지 않고 자동적으로 받아들이는데, 중요한 순간이나 의식적인 통제가 필요한 상황에서는 예외적으로 시스템2가 개입해 더 신중하고 분석적인 결정을 내린다. 따라서 우리의 행동에 대한 최종 책임은 결국 시스템2에게 있다.

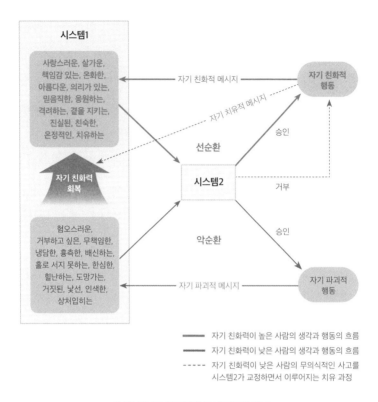

대니얼 카너먼이 정의한 두 가지 정신 체계

카너먼이 말한 정신 체계를 자기 친화력에 적용해보면 왜 형태 씨가 자신을 혼자 설 수 없는 사람이라고 정의하며 피상적인 연애에 빠져 있었는지 이해하기 쉽다. 자기 친화적인 사람들은 시스템1에 자기에 대한 긍정적이고 우호적인 메시지가 자리 잡고 있다. 이로 인해 한번 자기 친화의 궤도에 오르면 이를 유지하고 강화하는 작업은 비교적 순조롭게 이루어진다. 별다른 의식적 노력을 기울이지 않아도 자기 친화력이 긍정적으로 유지·발전되는 선순환 안에 있다. 반면 자기 친화력이 약한 사람들은 시스템1에 자신에 대한 부정적이고 적대적인 메시지가 담겨 있다. 별 다른 노력이 없다면 부정적인 메시지는 시스템2에서 승인되며 악순환의 고리에 갇힌다. 형태 씨는 잘못 규정된 자기 메시지를 저항 없이 받아들이고 있었던 것이다.

다행히도 우리에게는 행동을 선택할 자유의지가 있다. 시스템1이 주관하는 본능적이고 직관적인 반응에 시스템2가 개입할 수 있다. 나아가 시스템2가 시스템1의 제안을 거절하거나 수정하면 이는 새로운 메시지로 시스템1에 전달되어 시스템1에 저장된 내용을 변화시킨다. 여기서 시스템2의 작동을 활성화시키는 힘은 꾸준한 자기 관찰에서 온다. 행동을 바꾸고, 행동을 관찰해 시스템2를 작동시키고, 나아가 시스템1에 긍정적인 메시지를 전달할 때 우리는 치유될 수 있다. 행동과 내면의 상호 작용을 이해하고 자신에게 우호적인 행동을 한다면 내면에 변화의 씨앗을 심을 수 있는 것이다.

행동 일기 쓰기

행동을 관찰하는 것이 막막하게 느껴진다면 행동 일기를 써볼 것을 제안합니다. 일정 기간 작성하다 보면 더 이상 쓰지 않아도 행동에 주목하고 그 의미를 자연스럽게 분석하는 습관을 들일 수 있습니다. 행동이 나에게 어떤 메시지를 전달하는지, 그 행동을 강화할 것인지 약화할 것인지, 더 나은 대안을 찾을 것인지 등을 계획하는 능력이 길러질 것입니다. 결국, 행동 일기는 단순한 기록을 넘어 삶을 주체적으로 돌아보고 설계할 수 있는 힘을 만들어줍니다.

하루 10~15분 정도의 시간이면 충분합니다. 어떤 행동이 나를 돌보는 역할을 했고, 어떤 행동이 나를 해치는 역할을 했는지 객관적으로 파악해보세요. 그리고 나아가 대체 행동을 계획해 실천해보세요. 또한 행동 일기가 쌓여 주간·월간 단위로 행동이 어떻게 변화하고 있는지 돌아본다면 자신과의 관계를 주기적으로 점검할 수 있을 것입니다.

행동 일기 쓰는 법

- 날짜와 작성 시각을 맨 위에 쓰고 하루 동안 기억에 남는 행동들을 떠오르는 대로 기록합니다.
- 이 중 자세히 살펴보고 싶은 행동은 '집중 분석할 행동'으로 분류해 구체적으로 기록합니다. 시간이 없어 간단하게 하고 싶다면 '집중 분석할 행동'의 3~5번 항목을 제외하고 작성합니다.
- 그다음 하루 동안의 행동 패턴을 자기 친화적인 면과 자기 파괴적인 면으로 나누어 요약해보세요. 또한 오늘 나 자신과의 관계에 대해 점수를 1~5점으로 매겨보세요. 1점은 나 자신과 매우 소원, 5점은 나 자신과 매우 가까운 상태를 의미합니다.
- 마지막으로 내일의 행동을 계획하며 끝맺습니다.

2025 / 1 / 28 / 저녁 9시

- 아침에 산책함
- 회의 후 초콜릿 5개 먹음
- 운동 빠짐

✔ 집중 분석할 행동

항목	내용
1	오늘 내가 한 행동 예) 산책, 과식, 운동 대신 드라마 몰아보기
2	해당 행동을 하게 된 상황과 이유 예) 아침에 기분이 상쾌했다, 회의 후 스트레스를 느꼈다
3	행동을 하며 느꼈던 몸의 신호 예) 초콜릿을 먹을 때 위가 무거웠다, 산책 중 시원한 바람을 느꼈다
4	행동으로 인해 느껴진 감정 예) 기분 전환, 죄책감, 만족감
5	행동과 관련된 나의 생각 예) "산책하니 내가 나를 잘 돌보는 것 같다", "또 먹었네. 나약해"
6	행동으로 인해 얻은 결과 예) 산책 후 생각이 명료해짐, 과식 후 무기력함이 증가했다
7	행동이 나와의 관계를 강화했는가, 약화했는가?
8	이 행동을 강화할 것인가, 약화할 것인가?
9	약화할 행동에 대한 대체 행동 계획 예) 초콜릿 대신 물 한 잔 마시고 심호흡하기, 드라마 대신 요가 10분 하기

✔ 오늘의 행동 패턴

오늘 한 자기 친화적인 행동은 산책과 건강한 점심 식사였다.

자기 파괴적인 행동은 스트레스로 초콜릿을 과도하게 먹은 것과

운동을 건너뛴 것이다.

✔ 오늘 나와의 관계 점수

오늘 나와의 관계는 3점 정도로 보통이다. 산책으로 좋은 시간을

보냈지만, 스트레스를 먹는 것으로 해결한 부분이 아쉬웠다.

✔ 내일의 행동 계획

· 강화할 자기 친화적 행동: 아침 산책을 꾸준히 이어가겠다.

· 시도할 대체 행동: 스트레스받을 때 초콜릿을 먹는 대신 심호흡과

   5분간 스트레칭을 해보겠다.

숨겨진 중독을
파악하라

당신이 들어가길 두려워하는 그 동굴이
실은 당신이 찾아 헤매던 곳이다.
_조지프 캠벨

힘든 생각이나 감정을 마주할 때면 도피처로 도망치듯 무언가에 몰두해서 감각을 무뎌지게 하고 싶은 충동을 느낀다. 이때 우리가 도피처로 삼을 만한 것들은 일상에 교묘히 녹아 있다. 중독이지만 중독의 탈을 쓰고 있지 않은 '숨겨진 중독'이 바로 그것이다. 중독Addiction이란 원래 의학 용어였지만 이제는 쇼핑, 일, 초콜릿, 게임, SNS 등과 붙어 일상에서도 흔히 쓰인다. 연예인을 좋아하거나 사랑에 빠졌을 때 "너에게 중독되었다"라고 표현하기도 한다. 물론 이러한 숨겨진 중독이 알코올이나 마약, 도박처럼 짧은 시간 내에 삶을 파괴시키지는 않는다. 다만 삶을 어떻게 망가뜨리는지 즉각적으로 보이지 않기 때문에 서서히 일상을 잠식한다.

숨겨진 중독의 영향을 받지 않는 사람은 매우 드물다. 인간은 의식적으로든 무의식적으로든 무감각해지거나 주의를 분산시킬 수 있을 만한 행동에 몰두하기 때문이다. 이는 회피라는 본성에 기인하는 것으로 불편한 감정에서 도망치고 긍정적인 감정만을 원하는 행위다. 일정표를 가득 채우는 바쁜 일상, 무덤덤해지기 위해 마시는 술과 다시 깨어 있기 위해 찾는 카페인, SNS와 유튜브, 설탕 범벅의 음식, 끝없는 걱정, 완벽주의, 장바구니 담기와 결제로 반복되는 소비, 다른 사람과의 관계로 채워보려는 관계 중독까지…… 자신의 진짜 감정과 생각으로부터 멀어지게 하는 모든 것은 숨겨진 중독이다.

올바른 중독의 다른 말은 자기 돌봄

다만 무언가에 중독되는 것이 항상 나쁜 것만은 아니다. 숨겨진 중독은 올바른 중독과 구별되어야 한다. 올바른 중독은 자기 영역을 확장하고 새로운 것에 도전할 수 있게 하는 원동력이다. 올바른 중독이 되려면 두 가지 조건을 충족해야 하는데 하나는 문제가 되는 상황을 회피하려는 목적이 없어야 한다는 것이고, 다른 하나는 일시적이어야 한다는 것이다. 새로운 것에 도전하는 과정에서 잠깐 중독된 것처럼 보일 수는 있지만 일정 수준에 도달한 뒤에는 집착이 줄어들어야 한다는 뜻이다. 운동이나 일처럼 긍정적인 요소가 있는 것이라고 해도 삶의 균형을 깨뜨리는 수준이라면 병적인 중독이라고 칭할 수 있다.

일상의 균형을 잃지 않는 선에서 성장의 원동력으로 삼을 때만 올바른 중독이다.

올바른 중독의 다른 말은 자기 돌봄Self Care이다. 행복한 삶을 위해 자신에게 가장 필요한 것이 무엇인지 찾고 그에 걸맞는 것을 실천하는 행위인 것이다. 자기 돌봄 운동의 선구자 제니퍼 루덴Jennifer Louden은 잘못된 중독으로 얻어진 쾌락을 그림자 위안Shadow comforts이라고 했다. 위안을 느낀다고 착각하지만 실상은 문제를 회피하려는 것에 불과한 거짓된 위안이라는 뜻이다. 다시 말해 같은 행동이라도 건강한 자기 돌봄이 되기도 하고 숨겨진 중독이 되기도 한다. 이 둘을 구별하려면 어떤 행동을 하는지보다 그 행동을 하는 의도가 더 중요하다.

영우 씨는 3개월 전 이별했다. 그 이후로 주말이면 집에 틀어박혀 하루에 다섯 편 이상의 영화를 보았다. 처음에는 괴로움에 술을 마셨지만, 더 이상 마실 수 없을 정도로 몸이 망가져버린 후에는 오직 영화를 보는 데만 몰두했다. 영화를 보는 동안 잠시 고통에서 벗어난 듯 했지만 한 편이 끝나면 다시 힘든 감정과 생각이 몰려왔다. 그는 자신을 무감각하게 만들기 위해 장르에 상관없이 어떤 영화든 닥치는 대로 보았다. 그렇게 자정이 넘어서까지 영화를 반복해서 보다가 겨우 지쳐 잠들곤 했다. 이별 후부터 그에게 월요일 아침은 일주일 중 가장 고통스러운 시간이 되었다.

한편 서연 씨는 하루 종일 스마트폰을 끼고 살았다. 수시로 SNS를 확인하고 다양한 모임에 참여하며 끊임없이 지인들과 연락을 주고받았다. 재미있는 삶을 위해 사람들과 어울린다고 생각했을 뿐 자신에게 어떤 문제가 있다는 생각은 전혀 하지 않았다. 어느 날 스마트폰이 고장난 뒤에야 서연 씨는 자신이 스마트폰 없이 지내는 것을 무척이나 괴로워한다는 것을 깨달았다. 문득 혼자라는 느낌에 공허감과 불안감까지 덮쳐왔다. 애써 외면했던 무언가가 자신을 잠식할 것만 같았다. 생각하고 싶지 않은 문제가 떠오를 것 같아서일까? 아니면 두려운 감정이 밀려올까 봐서일까? 서연 씨는 자신이 피하고 싶어 하는 것이 정확히 무엇인지 알 수 없었다.

영화를 통해 감동을 느끼고 삶의 활력소를 얻었다면 그것은 영우 씨에게 진정한 위안을 주었을 것이다. 하지만 불편한 생각과 감정에서 벗어나기 위해 기계적으로 영화를 보았기에 그 위안은 결국 거짓된 위안에 지나지 않았다. 서연 씨도 마찬가지로, 여러 사람과 소통하며 소속감과 유대감을 느꼈다면 그것은 자신을 돌보는 행위였을 것이다. 그러나 공허감을 지우기 위해 관계에 집착했기에 그림자 위안에 불과했다.

나를 위한 행동인가, 나를 해치는 행동인가?

자기 돌봄과 숨겨진 중독을 구분하기 위해서는 스스로에게 질문을 던질 수 있어야 한다. "이것이 나에게 진짜 위안이 되어주고 진정한 행복감을 주는가? 아니면 단지 순간적인 도피처에 불과한가?" 이 단순한 질문은 우리가 자신의 선택을 되돌아보고, 내면 깊숙이 자리한 진실을 마주하도록 하는 강력한 힘을 지녔다.

자신과의 관계가 흔들리면 숨겨진 중독에 의존하게 된다. 나를 위한 행동이라 믿었던 것들이 실은 나를 조금씩 갉아먹고 있을지도 모른다. 우리는 때로 자신의 가치를 확신하지 못해 필사적으로 무언가에 매달린다. 또한 내면의 불안과 결핍에서 도망치기 위해 스스로를 그럴듯하게 속이곤 한다. 자신이 보잘 것없고 무력한 존재로 느껴질 때, 스스로 삶을 책임지는 것이 버겁게 느껴질 때, 나 자신으로 살아갈 용기를 잃어버렸을 때, 나의 불완전함을 거부할 때, 나를 돌보는 것을 게을리할 때 우리는 숨겨진 중독에 잠식된다.

수치심은 이러한 과정의 중심에 있다. 자신을 외면하고 도망치고 싶다는 수치심이 우리를 숨겨진 중독으로 이끈다. 더 큰 문제는 이 숨겨진 중독조차 알코올, 마약, 도박 중독처럼 또 다른 수치심을 불러일으킨다는 점이다. 이로 인해 수치심이 수치심을, 중독이 또 다른 중독을 부르는 악순환의 굴레에 빠진다.

심리학자이자 명상가인 타라 브랙Tara Brach은 "첫 번째 화살은 피할 수 없지만 두 번째 화살은 피할 수 있다"라고 했다. 삶에서 불가피한 고통은 피할 수 없다. 다만 그 고통을 회피하려 숨겨진 중독에 의존하지 않는다면 우리는 수치심의 덫에서 벗어나 자유롭고 평온한 삶을 살 수 있을 것이다. 삶이란 나와의 관계에 균열을 겪고 그 틈을 메우면서 더 단단한 연결로 나아가는 여정일지도 모른다. 틈을 메우는 첫걸음은 알아차림에서 시작된다. 자신을 괴롭히는 감정과 생각을 외면하지 않고, 그것에 온전히 다가설 용기를 낼 때 자기 치유의 문이 열린다.

숨겨진 중독 파악하기

자신과의 관계를 건강히 지켜내기 위해서는 숨겨진 중독에 의존하고 있는지 알아차려야 합니다. 숨겨진 중독은 일상적으로 일어나기에 알아차리지 못하는 경우가 허다합니다. 숨겨진 중독을 판단하기 위한 다음 질문에 예, 아니오로 답해보세요.

- 어떤 불편한 생각이나 감정을 마비시키고 싶은 충동을 느낍니까?
- 그 행동을 하지 않았을 때 불편한 생각이나 감정이 느껴집니까?
- 나도 모르게 원치 않는 행동을 하고 있습니까?
- 내가 생각했던 것 이상으로 지나치게 몰두하고 있습니까?

그렇다고 답할수록 당신의 일상에 숨겨진 중독이 존재할 확률이 큽니다. 숨겨진 감정과 욕구를 깊이 탐구하는 것은 치유의 시작입니다. 이를 통해 나와의 친밀한 유대가 회복되고, 삶에는 건강하고 신선한 에너지가 깃들 것입니다.

감정은
나의 수호신이다

감정은 통제하는 것이 아니라
흘러가는 것이다.
_틱낫한

뇌는 감정을 두려워한다. 감정의 심판관이 되어 마치 드라마 속 악당과 영웅을 나누듯, 감정을 좋은 것과 나쁜 것으로 분류한다. 그러고는 곧바로 통제 모드로 돌입한다. 좋아하는 감정은 "이건 놓치면 안 돼. 더 붙잡아야 해!"라며 꽉 움켜쥐고, 싫어하는 감정은 "이 녀석, 너 따위가 왜 여깄어? 당장 사라져!"라며 몰아내려고 애쓴다. 이와 같이 무의식적으로 반복해온 감정 습관은 당신을 하루에도 몇 번씩 감정의 롤러코스터를 타게 하고 감정을 통제불가능한 것으로 만들었을 것이다.

하지만 모든 감정은 종류를 막론하고 나름의 중요한 기능이 있고 생존에 도움이 된다. 불편한 감정조차도 내 삶을 더 나은 방향으로 이끌어주기 위해 존재하는 것이다. 감정은 싸워야 할

적도, 집착해야 할 대상도 아니며 그저 있는 그대로 알아차리고 흘려보내면 그만인 자연스러운 경험이다.

왜 우리는 감정 앞에서 겁쟁이가 되었을까? 이는 뇌가 진화 과정에서 발달시킨 본능적인 방어기제와 사회적 학습이 얽혀 만들어졌다.

감정 반응의 진화적 뿌리

인간은 진화적으로 부정적인 감정에 민감하게 반응하도록 발달했다. 두려움과 분노 같은 불쾌한 감정은 원시 환경에서 "위험을 피하라"라는 강력한 경고로 작용했다. 반면 편안함이나 즐거움 같은 긍정적인 감정은 "기회를 놓치지 말라"라는 덜 긴급한 신호였다. 극단적인 원시 환경에서 경고 신호에 민감하게 반응하는 조상들이 살아남았고, 그 유전적 특성이 오늘날 우리에게 그대로 전해졌다. 이렇게 형성된 '부정성 편향'은 인간이 긍정적인 감정보다 부정적인 감정에 과민 반응하도록 이끈다.

뇌는 부정적인 감정을 생사가 걸린 위협으로 착각한다. 통증이나 위협이 감지되면 즉각적으로 투쟁-도피-경직 반응Fight-Flight-Freeze reaction을 활성화하는 것이다. 가령 맹수에게 물리면 뇌는 싸울 것인지, 도망칠 것인지 신속히 결정하도록 지시한다. 이때 싸우기에도 역부족이고 도망칠 방법도 없다면 몸을 얼어붙게 만들어 생존을 도모한다. 이런 반응은 사자가 우리를 쫓아오는 상황에는 분명히 쓸모가 있다. 하지만 슬픔이나 불안

같은 감정 앞에서 '사자 모드'를 발동해보았자 아무런 도움이 되지 않는다. 감정적 위기 앞에서 뇌의 원초적 생존 매뉴얼은 우리를 더 큰 고통 속에 빠뜨릴 뿐이다. 맞서 싸우거나 도망치려는 충동은 고통을 심화시키고 현실적인 문제 해결을 가로막는다. 생각이나 행동이 정지되는 경직 반응은 고립감과 무력감을 더할 뿐이다.

그럼에도 우리가 불리한 반응을 보이게 되는 것은 뇌가 정서적 고통을 신체적 고통과 동일하게 받아들이기 때문이다. fMRI를 활용한 뇌과학 연구에 따르면 뇌는 신체적 고통과 정신적 고통을 구별하지 못했다. 신체적 고통과 정신적 고통을 각각 유발했을 때 활성화되는 뇌 영역이 매우 유사했던 것이다. 뇌의 활동 패턴만 보아서는 신체적 고통을 겪고 있는지, 정서적 고통을 겪고 있는지 구분하기 어려울 정도였다.

감정을 가로막는 행복 강박

감정을 통제하려고 애쓰는 또 다른 원인 중에는 자연스러운 감정 표현을 억압하며 행복에 대한 강박을 부추기는 현대 문화도 있다. 미디어는 완벽한 삶을 이상화하고, SNS에는 행복과 성공을 과시하려는 게시물로 넘쳐난다. 행복과 성취만을 기록하고 보여주어야 한다는 압박감을 준다. 긍정적인 사고가 선善이라고 강요하는 문화는 부정적인 감정을 드러내길 주저하게 만든다. 힐링과 행복에 초점을 맞춘 콘텐츠는 슬픔과 고통을 마땅히 배제해야 할 대상으로 몰아간다. "스트레스 제로!", "늘 활기찬 하루!"와 같은 광고 슬로건은 무의식중에 불쾌한 감정은 잘못된 것이라는 인식을 심는다. 직장에서는 '사회성'이라는 덕목 아래 억지로 웃으며 감정을 삼키는 일이 비일비재하다. 사람들은 부정적인 감정을 자연스럽게 받아들이기보다 억누르고 회피해야 하는 대상으로 느낀다. 슬픔, 분노, 불안과 같은 자연스러운 감정은 점점 설 자리를 잃어간다. 감정을 느낄때도 단순한 감정으로 받아들이지 못한다. "이런 기분을 느껴서는 안 돼", "이런 감정을 느끼는 건 내가 부족하거나 문제가 많아서야"라며 자신을 책망한다. 불편한 감정을 억누르고 통제하려는 행복 강박이 감정의 자연스러운 흐름을 가로막는다.

억누르고 강요할수록 멀어지는 행복

인지 심리학자 다니엘 웨그너Daniel M. Wegner가 제창한 반발 효과Ironic Process Theory로도 우리가 부정적인 감정에 더 잘 사로잡히는 이유를 설명할 수 있다. 하버드 심리학과 교수였던 다니엘 웨그너는 1987년에 참가자들을 두 그룹으로 나누어 흰곰 실험White Bear Study을 시행했다. 한 그룹은 '억제 그룹'으로 "다음 5분 동안 흰곰에 대해 생각하지 마세요"라는 지시를 받았다. 다른 그룹은 '표현 그룹'으로 "흰곰에 대해 자유롭게 생각하세요"라는 지시를 받았다. 그리고 참가자들에게 흰곰이 떠오를 때마다 책상 위에 있는 벨을 누르게 했다. 그 결과, 억제 그룹은 흰곰에 대해 떠올리지 않으려 애쓰는 동안에도 흰곰이 계속 떠올라 오히려 표현 그룹보다 벨을 누르는 빈도가 더 높았다. 통제하려는 시도가 역효과를 일으킨 것이다.

이후 다시 모든 참가자들에게 "이제 흰곰에 대해 자유롭게 생각하세요"라는 동일한 지시를 내렸다. 이 단계에서도 이전에 억제 그룹이었던 참가자들은 더 빈번하게 흰곰을 떠올렸다. 억제하려던 시도가 오히려 무의식적으로 흰곰에 대한 이미지를 더욱 활성화시키는 억제 반발 효과Ironic Rebound Effect를 가져왔기 때문이다.

억제 반발 현상은 당신도 당장 경험해볼 수 있다. 지금부터 절대 빨간 사과를 떠올리지 말라. 아마 이 지시와 동시에 바로 당신의 머릿속에는 선명한 빨간 사과가 떠올랐을 것이다. 감정도 마찬가지다. "이런 감정을 느껴선 안 돼"라고 생각하면 오히려 그 감정이 더 강렬하게 당신을 사로잡는다. 마치 스프링을 힘껏 누르면 더 세게 튀어 오르듯이 억누르려는 힘에 비례해 감정은 강렬해진다. 이런 식으로 감정과 싸워서는 백전백패하는 것은 물론이다.

한편 긍정적인 감정에 집착할 때는 어떤 일이 벌어질까? 부정적인 감정을 통제할 때와 같이 긍정적인 감정도 강렬해질까? 정서 심리학자인 이리스 마우스Iris Mauss는 행복의 역설을 연구하며 흥미로운 두 실험을 진행했다. 그는 첫 번째 실험으로 성인 참가자를 모집해 "행복은 내 삶에서 가장 중요한 목표다"와 같은 문장으로 평소 행복을 얼마나 중요시하는지 조사했다. 이어서 그들의 일상적인 스트레스 수준과 전반적인 행복도를 측정했다. 행복을 지나치게 중시하는 사람들은 "나는 항상 행복해야 한다" 또는 "지금 이 순간이 내 인생에서 최고로 행복한 순간이어야 한다"라는 식의 높은 기준을 지니고 있었으며 자신이 기대만큼 행복하지 않다는 점에서 낮은 행복도를 보였다. 두 번째 실험에서는 참가자를 두 그룹으로 나누어 한 그룹에는 행복의 가치를 강조하는 글을 읽도록 했다. 이를테면 "행복한 삶은 성공의 열쇠다"와 같은 문장을 읽게 해 행복에 대한 기대치를 한껏 끌어올렸다. 나머지 그룹에는 중립적인 글을 읽게 했다. 그 후 모든 참가자들에게 짧고 재미있는 영상을 보여주며 긍정적인 감정을 얼마나 느꼈는지 평가했다. 이때 주관적인 느낌(응답)과 객관적인 데이터(심박수, 피부 전도도)를 동시에 측정했는데, 놀랍게도 행복의 가치를 강조하는 글을 읽은 참가자는 중립적인 글을 읽은 참가자에 비해 영상을 시청한 후에도 긍정적인 감정을 경험하지 못했다. 다시 말해 행복 강박이 현실과 이상 사이의 괴리를 키워 오히려 행복을 느끼지 못하게 한 것이다.

본래 감정은 지속적이지 않으며, 생겨난 감정은 반드시 사라진다는 특성이 있다. 아무리 좋은 감정이라도 언젠가는 다른 감정에게 자리를 내주는 것이 자연스러운 흐름이다. 긍정적인 감정에 집착하다 보면 오히려 그것이 사라질 때 절망감이 증폭되며, 실패했다는 자책에 빠지게 된다. 심지어 긍정적인 감정을 느낄 때조차 불안감이 따라붙어 감정의 자연스러운 흐름을 방해하기도 한다.

감정, 나를 돕는 내면의 목소리

감정에 대한 두려움을 극복하려면 먼저 "감정은 왜 존재할까?" 라는 질문을 던져야 한다. 감정은 우리를 잡아먹는 사자가 아니라, 삶의 목적을 일깨워주며 우리를 안전한 방향으로 이끄는 안내자다. 이를테면 슬픔은 상처를 돌보는 의사다. 상실과 아픔을 경험할 때 우리를 치유의 과정으로 이끈다. 분노는 든든한 경비원이다. 누군가 우리의 권리를 침해하려 들 때 "여기까지야! 더는 안 돼!"라며 단호히 선을 긋는다. 감정이 존재하는 이유를 알고 나면 우리가 수호신을 괴물로 오해하고 있었다는 것을 깨닫게 될 것이다. 내 감정은 내 일부로서 나를 돕는 존재이지 나를 파괴하지 않는다. 나의 감정을 두려워한다면 내 심장과 폐도 두려워해야 할 것이다.

감정에 대한 두려움은 그 감정에 압도당할지도 모른다는 비현실적인 공포를 불러일으킨다. 이 두려움을 내려놓고 자신의 감정을 직면하면 감정은 나의 전부가 아니라 단지 일시적으로 지나가는 경험에 불과하다는 것을 알게 된다. 이 점을 설명하기 위해 구름과 하늘의 비유가 종종 사용된다. 나의 존재는 하늘이고 감정은 그 위를 떠다니는 구름과 같다. 구름은 다양한 모양과 색을 띠며 나타나지만 어떤 것이든 결국 흘러가고 사라진다. 여름철 긴 장마 속 하늘을 뒤덮은 먹구름이 영원히 머무를 것 같아도 어느 순간 흩어지기 마련인 것과 같다.

감정을 내가 잠시 경험하는 것으로 보지 않고 자신과 동일시하는 순간, 감정에 대한 두려움은 더욱 커진다. 평소 감정을 자신과 동일시하고 있다는 것은 감정을 표현하는 방식에서도 드러난다. "나는 슬프다", "나는 부끄럽다", "나는 행복하다", "나는 화가 난다"와 같은 표현은 마치 감정이 나의 전부인 것처럼 말하는 것이다. 하지만 감정이 나의 본질이 아니라 단순히 스쳐가는 경험임을 이해하고 나면 "나는 슬프다"에서 "나는 슬픔을 경험한다"로 관점이 변할 것이다. 감정을 내가 잠시 겪고 있는 현상으로 바라보면 감정에 대해 느끼는 비현실적인 공포와 극심한 거부감에서 벗어날 수 있다. 감정과 당당히 눈을 맞추고 삶의 주인으로서 감정을 받아들일 때 기쁨이든 슬픔이든, 분노든 불안이든, 모든 감정은 삶을 더 깊이 있고 풍요롭게 만들어 줄 것이다.

감정이라는 손님

감정을 잠시 머물다 가는 손님으로 비유한 시가 있습니다.
13세기의 천재 시인 잘랄루딘 루미Jalaluddin Rumi가 쓴 〈여인숙
The Guest House〉입니다. 이 시는 모든 감정을 손님처럼 환영하고
받아들이라고 권합니다. 루미의 독창적인 관점과 깊은 통찰은
삶의 모든 경험을 포용하며, 그 안에서 배움과 성장을 발견하
는 지혜를 전해줍니다.

인간이라는 존재는 여인숙과 같다.

매일 아침 새로운 손님이 도착한다.

기쁨, 절망, 슬픔

그리고 약간의 순간적인 깨달음 등이

예기치 않은 방문객처럼 찾아온다.

그 모두를 환영하고 맞아들이라.

설령 그들이 슬픔의 군중이거나

그대의 집을 난폭하게 쓸어가버리고
가구들을 몽땅 내가더라도.
그렇다 해도 각각의 손님들을 존중하라.
그들은 어떤 새로운 기쁨을 주기 위해
그대를 청소하는 것인지도 모르니까.

어두운 생각, 부끄러움, 후회
그들을 문에서 웃으며 맞으라.
그리고 그들을 집 안으로 초대하라.
누가 들어오든 감사하게 여기라.

모든 손님은 저 멀리에서 보낸
안내자들이니까.

_잘랄루딘 루미, 〈여인숙〉

나에게 공감하라

감정이란 삶의 지도를 그리는 붓과 같다.
그것 없이는 길을 찾을 수 없다.

_칼 융

많은 사람들이 자신의 감정을 무시하거나 억누르며 정작 자신에게 공감하는 법을 잊고 살아간다. 공감이 타인을 이해하고 배려하는 능력이라고 생각하기 쉽지만, 진정한 공감은 자기 자신으로부터 시작된다. 왜 진정한 공감은 나 자신으로부터 시작해야 할까? 또한 내 감정에 귀 기울이는 일은 왜 중요할까?

여기에서는 자기 친화력의 구성 요소인 자기 공감 능력이 감성지능Emotional intelligence, EQ에 미치는 영향을 살펴보며, 나에게 공감하는 능력이 우리 삶에 어떤 긍정적인 변화를 가져오는지 알아보고자 한다.

흔히 "EQ가 부족하다"라는 말은 "다른 사람에 대한 공감 능력이 부족하다"라는 뜻으로 쓰이지만, 이는 감성지능의 의미를 지나치게 축소시켜 사용하는 것이다. 감성지능의 중요성을 널리 알린 심리학자 대니얼 골먼Daniel Goleman은 감성지능이 자기 인식, 자기 조절, 내적 동기, 공감, 사회적 기술이 유기적으로 연결되어 작동한다고 설명했다. 특히 그중에서 자기 인식은 감성지능의 중심축이며, 모든 요소의 핵심적인 토대라고 강조했다. 자기 인식 없이는 감성지능의 다른 필수 조건들도 온전히 발휘될 수 없는 것이다.

감성지능의 시작점

각각의 조건들을 살펴보면 자기 인식Self-Awareness은 자신의 감정을 인지하고, 그것이 자신의 행동과 주변 사람들에게 미치는 영향을 이해하는 능력을 말한다. 자신의 강점과 약점을 객관적으로 파악해 현실적인 자아상을 유지하는 데 중요한 역할을 한다. 자기 조절Self-Regulation은 자신의 감정이 행동으로 드러나는 방식을 조절하는 능력으로, 충동을 억제하고 스트레스 상황에서도 평정심을 유지해 건설적인 방향으로 문제를 해결하도록 돕는다. 내적 동기Motivation는 외부의 보상에 의존하지 않고 내면의 열정과 목적 의식으로 목표를 추구하는 역량을 뜻한다. 공감Empathy은 타인의 감정을 이해하고 상대방의 입장에서 생각하며 그들의 요구와 감정 상태를 민감하게 파악하는 능력이다. 마지막으로 사회적 기술Social Skills은 다른 사람과 원활하게 소통하고 협력하며, 갈등을 관리하고 관계를 발전시키는 능력

감정 인지	자신의 감정을 인지하고 명명하는 능력. 순간순간 느끼는 감정을 정확히 알아차리는 것은 자기 인식의 첫 단계다. 감정의 구체적인 원인을 이해하고 이름 붙이는 것이 중요하다. 예) "나는 지금 불안감을 느끼고 있어."
자기 평가	강점과 약점을 객관적으로 이해하는 능력. 자신이 무엇을 잘하고, 무엇이 부족한지에 대한 현실적인 이해는 자기 인식의 중요한 축이다. 자기 평가가 정확한 사람은 과도한 자신감이나 불필요한 자책에서 벗어나 현실에 기반한 성장을 추구한다. 예) "내가 불안한 이유는 새로운 프로젝트에서 실수를 반복하면 다른 사람들이 나를 무능하다고 생각할까 봐이구나."
감정과 행동의 연결 이해	감정이 자신의 행동과 결정에 미치는 영향을 이해하는 능력. 감정이 행동에 어떤 영향을 미치는지 깨닫는 것은 자신을 통제하고 대인관계를 개선하는 데 필수적이다. 예) "이 불안감 때문에 내가 더 방어적으로 행동하고, 동료들의 피드백을 과도하게 부정적으로 받아들일 수 있겠구나."

을 말한다. 이 영역은 리더십, 팀워크 능력, 설득력, 협상력 등 다양한 대인관계 기술을 포함한다.

이어서 대니얼 골먼은 감성지능의 조건 중 하나인 자기 인식이 감정 인지Emotional Awareness, 자기 평가Self-Evaluation, 감정과 행동의 연결 이해Impact Awareness라는 세 가지 요소로 구성된다고 설명했다. 즉, 자기 인식은 단순히 감정을 알아차리는 것을 넘어서 그 감정이 나의 행동, 타인과의 관계 그리고 장기적인 목표에 미치는 영향을 깊이 이해하는 과정이라는 것이다.

자기 인식의 구성 요소인 감정 인지는 감정 통제와 대척점에 있으며 순간순간 느끼는 자신의 감정을 있는 그대로 인정하고

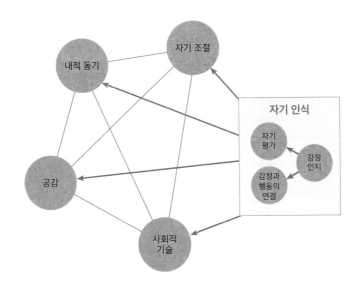

감성지능의 필수 조건과 감정 인지의 관계 감성지능의 필수 조건인 자기 인식의 출발점은 감정 인지다. 감정을 온전히 받아들이고 자신의 감정을 정확히 알아차리는 능력은 감성지능의 나머지 모든 조건들을 가능케 하는 가장 핵심적인 능력이다.

알아차리는 것을 뜻한다. 대니얼 골먼은 감정 인지를 감성지능의 진정한 시작점으로 보며, 자기 인식의 나머지 두 요소뿐 아니라 감성지능의 모든 필수 조건들이 원활히 작동하게끔 한다고 강조했다. 감정 인지를 통해 자기 인식이 발달하고, 이를 기반으로 자기 조절, 내적 동기, 공감, 사회적 기술과 같은 감성지능의 필수 조건들이 유기적으로 작동한다는 것이다.

이와 같은 감성지능의 필수 조건과 하위 요소들의 상호작용을 분석해보면, 자신의 감정을 받아들이고 공감하는 태도가 삶의 중심을 이루는 가장 중요한 능력임을 알 수 있다. 자기 공감 능력은 단순히 내면의 안정감을 키우는 역할에 그치는 것이 아니라 삶의 다양한 영역에서 성공을 이끌어내는 중요한 동력인 셈이다.

왜 내 감정을 알아야 할까?

내 감정을 온전히 받아들이고 나에게 공감하는 능력은 삶의 복잡한 문제를 해결하고 잠재력을 깨우는 마스터키와 같다. 이 마스터키가 없다면 어떻게 될까? 자신을 있는 그대로 받아들이지 못하며, 수치심과 두려움을 느낀다는 사실조차 부정하게 된다. 이러한 태도는 자신과의 관계를 망칠 뿐 아니라 삶의 다양한 영역에서 연쇄적인 실패로 이어진다.

이때 자신에게 비현실적으로 높은 기준을 강요하고, 그 기준에 미치지 못하는 자신을 탓하면 완벽주의가 득세한다. 반대로 자신의 가치를 과도하게 부풀리고 완벽하다는 착각 속에 빠져 자기애 성향Narcissist을 보일 수 있다. 자기 자신에게 공감하지 못하면 문제를 제대로 인식해서 해결할 방법을 찾지 못한다. 결국 삶의 방향을 잃어버리고 사소한 문제조차도 큰 위기로 느껴져 감정이 통제 불능 상태로 치닫게 된다.

또한 진솔한 인간관계를 맺지 못하며 타인의 감정을 깊이 이해하지 못한다. 종종 다른 사람에게 공감하는 척하는 연기를 하지만 그 안에는 진정성이 없다. 이러한 '연극적 공감'은 내면에 공허함과 피로감을 남기며 표면적인 관계에 머물게 한다.

안타깝게도 나는 해가 갈수록 자신에게 공감하지 못하는 사람들을 더 자주 만난다. 진료실에서 "지금 어떤 감정을 느끼고 계신가요?"라는 질문을 했을 때 "잘 모르겠어요"라고 답하는 경우가 많아졌다. 고통은 느끼지만 그 고통이 슬픔인지 분노인지 혹은 불안인지 명확히 알지 못한다. "그냥 답답해요", "뭐가 문제인지 모르겠어요"라고 말하는 목소리에는 스스로에 대한 깊은 단절감이 묻어난다. 특히 우울이나 불안이 만성화된 환자일수록 이러한 경향이 두드러지는데 힘든 감정 앞에서 자신에게조차 공감받지 못하는 자기 소외를 경험하는 것이다.

우리는 세상과 조화를 이루면서도 자신의 본질을 잃지 않고 살아가야 한다. 부정적인 감정을 선명하게 인식할수록 삶은 더 나은 방향으로 나아간다. 있는 그대로의 감정을 인정하고 받아들일 때 우리는 진정으로 중요한 것이 무엇인지, 그리고 과감히 내려놓아도 되는 것들이 무엇인지 명확히 알게 된다. 그 순간 우리는 진정성을 바탕으로 더 큰 가치를 추구할 수 있다.

억눌린 감정과
화해하라

우리가 가장 두려워하는 감정 안에
우리가 가장 원하는 치유가 숨어 있다.

_페마 초드론

자기 공감에 실패해서 외면당한 감정은 결코 사라지지 않는다.
감정은 본래 우리를 보호하는 내면의 수호자이지만 억누르고
통제하려는 순간, 파괴적인 힘을 키워 삶을 위협한다. 감당할
수 없는 수준으로 터져 나오거나, 은밀히 스며들어 마음을 공
허와 무감각으로 물들인다. 작은 자극만으로도 과거의 상처를
생생히 되살리고 현재를 무너뜨리는 시한폭탄이 되기도 한다.

혹시 내가 분노조절장애일까?

감정 폭주Emotional Overload는 우리가 인식하지 못했거나 억눌러
왔던 감정들이 한꺼번에 폭발하면서 통제 불가능한 상태에 빠

감정 인식	VS	감정 폭주
• 감정을 알아차리고 이해함 • 자기 공감 • 감정이 자연스럽게 소멸		• 감정에 압도되고 지배당함 • 자기 소외 • 감정이 고통을 자극하며 잔류

감정 인식과 감정 폭주

지는 현상이다. 이는 자신에게 큰 혼란을 야기할 뿐 아니라 주변 사람들에게도 예상치 못한 상처를 남기고 불화를 증폭시킨다. 뇌과학적으로 보면 감정 폭주는 전두엽이 기능을 잃고 편도체가 과도하게 활성화된 것으로, 정상적인 판단을 내릴 수 없는 상태를 의미한다. 스트레스 호르몬인 코르티솔Cortisol의 급격한 분비와도 관련이 있다. 때문에 심박수가 증가하고 호흡이 가빠지며, 눈물이 나거나 고함을 치는 등 과격한 행동을 일으킬 수 있다. 심지어 극단적인 선택으로 이어질 위험도 있다.

많은 사람들이 부정적인 감정을 회피하는 이유는 그것에 압도되거나 지배당할 것이라는 두려움 때문이다. 그러나 역설적으로 감정을 억누르면 오히려 감정 폭주를 부추긴다는 사실을 알아야 한다. 감정을 인식하고 받아들이면 감정은 메시지를 전달한 뒤 자연스럽게 사라진다. 이는 마치 압력이 차오를 때마다 밸브를 열어 조금씩 해소하는 이치와 같다.

두 아이를 키우는 엄마인 선예 씨는 자신이 분노조절장애를 겪고 있는 것은 아닌지 걱정하며 나를 찾아왔다. 그녀는 눈물을 흘리며 "저는 엄마 자격도 없는 나쁜 엄마인 것 같아요"라고 고백했다. 선예 씨는 늘 "좋은 엄마가 되어야 한다"라는 압박감 속에서 살았다. 육아서를 탐독하며 좋은 부모가 되기 위해 노력했지만 현실은 그녀의 기대와 달랐다. 아이들 앞에서 감정을 폭발하는 일이 잦았고 그 후에는 자책과 괴로움에 시달렸다. "좋은 엄마라면 화를 내지 않아야 해"라고 자신을 다그쳐보았지만, 내면에 억눌린 감정은 쌓여만 갔다. 선예 씨는 점점 무력감에 짓눌렸다. 어느 순간부터는 "더 이상은 못하겠다"라는 생각이 머릿속을 떠나지 않았다. 며칠 전에는 아이들 앞에서 감정을 주체하지 못하고 눈물을 터뜨리고 말았다. 그녀는 걱정스럽게 바라보는 아이들 앞에서 진정하려 애썼지만, 한 번 터진 눈물이 좀처럼 멈추지 않았다.

나는 먼저 선예 씨에게 분노조절장애가 아니라는 점을 알리며 안심시켰다. 그리고 자신의 감정에 공감하는 것이 얼마나 중요한지를 설명했다. "화를 내면 안 돼"라고 다그치는 것이 아니라 "내가 지금 화가 나는구나"라고 스스로 인정하는 것이 변화의 첫걸음이라고 말했다. 완벽한 엄마가 되어야 한다는 압박으로 인해 자신을 외면해왔지만 진정으로 좋은 엄마가 되기 위해서는 자신의 감정에 공감하고, 이를 조금씩 해결하는 습관을 들이는 것이 중요하다고 강조했다. 변화의 필요성을 느낀 선예 씨는 자기 감정을 들여다보며 자신과 소통했고, 아이들에게도 따뜻하고 안정적인 엄마가 될 수 있었다.

감정 폭주는 겉보기에는 단지 위험한 현상처럼 보이지만, 사실 그 안에는 나를 돕기 위한 감정의 선의가 담겨 있다. 문제를 외면하고 해결하지 않을 때, 감정은 극단적인 차선책으로라도 자신의 메시지를 전하려는 것이다. 감정 폭주를 경험한 사람들은 스스로를 비난하거나 자책하며 "내가 분노조절장애일까?"라는 걱정을 안고 나를 찾아온다. 하지만 이는 감정 조절 능력이 부족해서라기보다는, 지나치게 오랫동안 감정을 억누르고 외면해온 결과라고 볼 수 있다. 감정 폭주는 내면의 소리에 귀기울여달라는 나 자신의 간절한 요청인 셈이다.

감정을 잃어버린 삶

감정 통제로 인한 또 다른 자기 소외 현상으로는 감정불능증Alexithymia이 있다. 이는 자신의 감정을 인식하거나 표현하는 능력이 크게 저하된 상태를 뜻한다. 감정불능증 상태에 있으면 "인생이 공허하다"라거나 "사는 의미가 없다"는 말을 한다. 감정을 잃어버리면서 무기력하고 단조로운 일상에 갇혔기 때문이다. 때론 억눌린 감정이 신체적 고통으로 나타나는 신체화현상Somatization을 겪기도 한다.

긍정적 감정과 부정적 감정이 뇌에서 처리되는 영역은 상당 부분 겹친다. 이를테면 편도체는 긍정적 자극과 부정적 자극에 모두 반응하며, 감정 처리의 핵심적인 역할을 한다. 이는 뇌가 긍정적 감정과 부정적 감정을 별도로 처리하지 않는다는 것을 뜻한다. 다시 말해, 부정적인 감정만 선택적으로 억누르고 긍정적인 감정은 정상적으로 인식하며 반응하는 것은 불가능하다. 이런 뇌의 구조적 특성 때문에 불안, 우울, 분노, 슬픔과 같은 부정적 감정을 억누르면 즐거움, 행복감, 안정감과 같은 긍정적 감정도 함께 둔감해지는 것이다.

민준 씨는 몇 달간 무기력하고 목에 무언가 걸린 듯한 느낌으로 불편을 겪었다. 여러 병원에서 진료를 받고 CT검사까지 해보았지만 모든 결과는 정상이었다. 그러던 중 이비인후과 의사의 권유로 정신과를 찾았다. "사실 그 선생님이 왜 제게 여길 와보라고 한지 잘 모르겠어요." 진료실에 앉아 민준 씨는 어색한 표정으로 말했다. 평소 자신을 우울과 거리가 먼 사람이라고 여겨왔기에 그 권유가 생소하고 의아했다. 돌이켜보면, 민준 씨는 몇 년 전부터 불편한 감정이 올라올 때마다 "이런 건 신경 쓸 여유가 없어. 나는 더 중요한 일에 집중해야 해"라며 감정을 무시하고 바쁜 일상으로 덮어버리곤 했다. 스스로를 강한 사람으로 정의했던 그는 감정을 신경 쓰는 것을 허락되지 않은 사치로 여겼다. 감정을 인정하거나 드러내는 것을 나약함의 증거라고 생각하며 스스로를 합리화하기도 했다. 하지만 최근 들어 가슴이 점점 답답해졌고, 두통에 시달리는 날이 잦아졌다. 특히 목에 무언가 막혀 있는 듯한 불편함은 아무리 침을 삼키거나 물을 마셔도 사라지지 않았다.

나는 억눌렀던 감정이 신체 증상으로 나타날 수 있다는 점을 설명했다. "그럴 줄은 몰랐어요. 그냥 스트레스를 좀 받았나 싶었는데, 제 감정이 이런 방식으로 나타난 거라니……." 위중한 병이나 희귀병일지도 모른다는 걱정에 사로잡혀 있던 민준 씨는 자신의 증상이 감정이 보낸 신호라는 것을 깨닫고 안도의 한숨을 내쉬었다.

그는 감정을 외면하지 않고 있는 그대로 받아들이는 연습을 시작했다. 점차 그를 괴롭히던 증상들이 사라졌고, 이전과는 다른 생동감 넘치는 삶을 살게 되었다. 단순히 불편함만을 없앤 것이 아니라 자신을 깊이 이해하며 삶의 균형을 되찾는 소중한 경험이었다.

한편 소미 씨는 "사는 게 왜 이렇게 무의미한지 모르겠어요" 라는 말과 함께 진료실을 찾아왔다. 그녀의 얼굴은 무표정했고, 감정의 흔적을 찾기 어려웠다. 소미 씨는 자신이 우울하지는 않지만 공허하다고 했다. 사람들과의 관계에서도 거리감을 느꼈고, 친구들과 함께 웃고 이야기하는 순간조차 무언가 중요한 것이 빠져 있는 듯한 느낌이 들었다. "왜 살아야 하는지 모르겠어요. 당장 내일 죽어도 별로 아쉽지 않을 것 같아요." 소미 씨는 조심스럽게 말을 이었다. "오해하진 마세요, 선생님. 그렇다고 제가 자살하겠다는 건 아니에요. 그냥 어느 순간부터 '왜 살아야 하지?'라는 생각이 자주 들었어요."

몇 년 전 그녀는 공황장애를 겪었다고 했다. 치료가 필요했지만 혼자 이겨내려 했고, 숨 막히는 공포가 덮칠 때마다 "견뎌야 해. 그래야 내가 살아남을 수 있어"라는 생각으로 버텼다. 이 방법은 일시적으로 소미 씨를 지탱해주었지만 점차 그녀는 자신의 감정을 제대로 느낄 수 없게 되었다. 겉으로는 표정과 행동으로 즐거운 척할 수 있었지만, 그 안에는 진정한 기쁨이나 감동은 없었다. 나는 소미 씨에게 불안과 감정을 억눌러온 시간이 자신과의 연결을 단절시키고 내면을 텅 빈 상태로 만들었다고 설명했다. 불안을 억지로 참아내기보다는 필요할 때 적절한 치료와 도움을 받는 것이 중요하다는 점도 강조했다. 불편한 감정을 있는 그대로 바라보는 연습을 통해 소미 씨는 점차 자신의 내면과 연결되었다. "감정을 느낀다는 게 이렇게 중요한 줄 몰랐어요. 제가 살아 있다는 게 느껴져요"라며 밝게 미소 짓는 소미 씨의 모습은 이전과 확연히 달라져 있었다.

과거의 상처가 빚어낸 고통의 덩어리

억압된 과거의 부정적인 감정과 경험은 시간이 지남에 따라 고통체The Pain Body라는 형태로 누적되어 더 심각한 문제를 야기한다. 영적 지도자인 에크하르크 톨레Eckhart Tolle는 억눌리고 외면당한 부정적인 감정이 쌓여 고통체를 만든다고 했다. 고통체는 과거로부터 누적된 감정 덩어리로 사소한 자극에도 강렬한 고통을 일으킨다. 일반적인 상황에서는 그냥 넘겼을 법한 일조차 고통체가 활성화된 사람에게는 심각한 불행의 원인이 된다. 고통체가 현재 상황을 왜곡시키고 극단적인 반응을 이끌어내기 때문이다.

고통체의 발작이 시작되면 과거의 고통과 현재의 감정이 뒤섞이며 과거의 아픔이 생생히 되살아난다. 절망, 분노, 증오, 공포와 같은 견디기 힘든 감정이 한꺼번에 몰아닥친다. 발작이 끝난 후에는 자신조차 이러한 감정을 이해하지 못해 "도대체 내가 왜 그렇게 화가 난 거지?", "그때 그 상황을 왜 그렇게 비관적으로 바라봤을까?"와 같은 자책과 혼란을 겪는다. 톨레는 고통체가 부정적인 감정을 에너지원으로 삼아 스스로를 더욱 강화한다고 말한다. 여기에는 자신이 느끼는 부정적 감정뿐 아니라, 타인을 상처주고 괴롭히는 데서 얻는 부정적인 감정 에너지도 포함된다. 우리가 짜증, 불안, 우울함을 느낄 때 종종 다른 사람을 괴롭히거나 상처를 주고 싶은 충동이 생기는 이유가 바로 이 때문이다. 이러한 충동은 고통체가 활성화되고 있다는 신호로 볼 수 있다. 순간의 감정에 휘말리면 타인에게 심한 상처를 주거나 불필요한 갈등을 일으키고, 나아가 자기 자신과의 관계에도 치명타를 입힌다. 고통체의 발작으로 유발된 부정적인 감정이 고통체를 더욱 강화하고, 자기와의 단절을 심화시키는 것이다.

유정 씨는 부모님의 높은 기대 속에서 완벽을 요구받으며 자랐다. 겉으로는 성실하고 모범적인 아이처럼 보였지만 마음속에는 인정받고 싶은 갈망과 표현하지 못한 감정이 가득했다. 성인이 되어 사회생활을 시작한 유정 씨는 상사와의 관계에서 유독 어려움을 겪었다. 상사의 사소한 지적에도 민감하게 반응하며, 하루 종일 업무에 집중하지 못할 정도로 극심한 불안과 분노를 느끼곤 했다. 그런 자신의 과민반응이 이해되지 않아 스스로도 혼란스러워하기 일쑤였다. 이전에 상사와의 갈등으로 이직을 한 경험도 있었다. 그러던 중 결정적인 사건이 터졌다. 상사가 여느 때처럼 "다음에는 실수 없도록 하면 좋겠네요" 라고 말한 순간, 유정 씨는 무언가가 툭 하고 끊어지는 느낌을 받았다. 감정들이 한꺼번에 터져 나오며 날 선 목소리로 상사에게 "그렇게 말씀하실 필요는 없잖아요!"라고 되받아쳤다. 그 일이 있고 난 후 유정 씨는 "왜 그렇게 과민하게 반응했을까? 상사도 당황했을 텐데, 정말 왜 그랬지?"라며 깊은 자책에 빠졌다. 감정을 주체하지 못했던 자신이 낯설고 이해되지 않았다.

나는 유정 씨에게 그녀의 반응이 단지 현재 상황에서 비롯된 것이 아니라, 과거에 억눌린 감정들이 현재와 뒤섞여 나타난 것임을 설명했다. 특히 상사와 반복적으로 마찰을 겪은 이유는 부모님과의 관계에서 받은 부정적인 경험이 투사된 결과였다. 그녀는 그제야 어린 시절의 상처와 마주하게 되었다. 다음 진료에서 만난 유정 씨는 상사에게 진심 어린 사과를 했다는 이야기를 전했다. 나는 그녀의 용기를 칭찬하며 상사에게 사과한 것처럼 자신과도 화해할 필요가 있다는 점을 강조했다.

감정은 삶에서 무시할 수 없는 중요한 신호다. 억누르고 외면하면, 그 감정은 더 큰 고통으로 돌아와 우리를 흔든다. 감정을 이해하고 그 메시지에 귀 기울일 때, 내면의 상처를 치유하고 자신과의 관계를 회복할 수 있다. 감정 폭주든, 감정 불능증이든, 고통체로 인한 현상이든, 그 모든 이면에는 우리의 감정이 보내는 간절한 요청이 숨어 있다. 이제, 당신의 감정과 화해해보는 것은 어떨까?

뇌과학으로 보는
감정의 메커니즘

자기 감정을 다룰 줄 아는 사람은
세상에서 가장 강한 사람이다.

_세네카

감정이란 참 기묘하다. 기쁨에 하늘을 나는 듯하다가도 어느새 눈물바다 속으로 빠져들게 만든다. 말 한마디에 온몸이 들끓기도 하고 하찮은 일을 며칠씩 곱씹게 하기도 한다. 왜 우리는 이렇게 감정에 휘둘리는 것일까? 뇌에서 감정을 조절하는 지휘자들을 살펴보고, 감정이 솟구치고 진정되는 과정을 이해해보자. 더 나아가 마음챙김Mindfulness이 어떻게 감정을 다스리는 강력한 도구가 될 수 있는지 알아보자.

뇌는 우리를 보호하고 생존시키기 위해 진화해왔지만 뇌의 본능적 특성은 현대 사회에서 종종 불필요한 고통을 초래한다. 뇌의 두 가지 본질을 이해하는 것은 감정을 잘 다루는 방법이 된다. 첫 번째 특성은 앞서도 이야기한 부정성 편향이다. 여러 번의 칭찬보다 한 번의 비판이 마음에 더 깊게 남는 것도 이 때문이다. 존 가트맨John Gottman 박사의 연구에 따르면 부정적인 경험을 상쇄하려면 긍정적인 경험이 최소 다섯 배 이상 필요하다고 한다. 이를 '5대 1의 법칙'이라 부른다.

두 번째 특성은 시간적 탈중심화Temporal decentering다. 이는 의식이 지금 여기에 집중하지 못하고, 과거를 곱씹거나 미래를 걱정하며 흩어지는 현상을 뜻한다. 하버드 대학의 연구에 따르면 우리는 깨어 있는 시간의 약 47퍼센트를 현재와 동떨어진 상태로 보내며, 이처럼 현재에 집중하지 못할수록 삶의 만족감은 떨어지고 스트레스는 증가한다고 한다. 심지어 미래에 대한 긍정적인 상상조차 현재에 머무르는 것보다 행복감을 낮추는 경향이 있었다.

편도체와 전전두피질의 협력

뇌의 부정성 편향과 탈중심화에 휘둘릴 때 우리의 마음은 고통의 악순환에 빠져들기 쉽다. 마치 부정성을 향해 미끄러지는 워터슬라이드를 타는 것처럼 감정은 언제나 부정적인 쪽으로 떠밀려갈 준비가 되어 있는 듯하다. 하지만 다행히도 뇌는 신경가소성Neuroplasticity이라는 놀라운 능력을 지니고 있다. 우리가 의도적으로 노력하면 뇌의 구조와 기능을 변화시킬 수 있으며, 감정의 흐름도 조절할 수 있다는 이야기다. 그렇다면 뇌를 어떻게 변화시킬 수 있을까? 그 답을 찾기 위해 감정 두뇌의 두

가지 핵심 영역을 들여다보자.

감정의 첫 반응: 편도체

감정은 대뇌 변연계Limbic system에 깊숙이 자리 잡은 편도체 Amygdala에서 가장 먼저 반응한다. 변연계에는 기쁨, 슬픔, 분노, 행복, 불안 등 다양한 감정을 관장하는 신경망이 복잡하게 얽혀 있다. 그중 편도체는 자극이 유입되면 즉각적으로 반응해 전전두피질Prefrontal cortex에 긴급 신호를 보낸다. 그럼 도파민, 세로토닌, 옥시토신처럼 감정과 관련된 다양한 호르몬이 분비되며, 심장박동이 빨라지거나 호흡이 가빠지고 땀이 나는 등의 신체적 변화가 나타난다. 다만 편도체의 초기 반응은 원초적으로 위험을 빠르게 감지하고 즉각적으로 대처하도록 설계되어 있다. 감정 반응의 정교함과 합리성을 위해서는 뇌의 추가적인 평가가 필요한데 이를 담당하는 것이 바로 전전두피질이다.

감정의 조정자: 전전두피질

전전두피질은 편도체에서 보낸 신호와 더불어 실제 상황을 정밀히 분석한다. 학습된 정보와 저장된 감정 기억을 바탕으로 감정적 반응이 과도한지 또는 적절한지를 판단하는 것이다. 만약 편도체가 과잉 반응을 보였다면 이를 진정시키고, 반대로 편도체의 반응이 타당하다면 적합한 대응을 강화한다. 더 나아가 전전두피질은 변연계에서는 다루지 않는 동정심, 죄책감, 수치심과 같은 복잡하고 고차원적인 감정을 다룬다. 즉, 변연계가 처리하지 못하는 보다 정교한 감정과 사회적 판단을 가능하게 한다. 이러한 편도체와 전전두피질의 긴밀한 협력 속에서 감정은 형성된다. 편도체가 감정의 초기 반응을 담당한다면 전전두피질은 이를 정교하게 다듬어 최적의 결과를 이끌어내는 것이다.

한편 감정 두뇌의 협력 관계는 심리학자인 대니얼 카너먼이 제시한 정신 체계 이론, 즉 시스템1과 시스템2의 개념과도 긴밀히 연결되어 있다. 시스템1은 직관과 감정 중심으로 즉각적인 반응을 이끄는 정신 체계로 편도체가 담당하는 본능적인 감정 반응과 일치한다. 이를테면 불 꺼진 집에 들어가 사람처럼 보이는 형상을 감지했을 때 즉각적으로 경계심과 두려움을 느끼게 한다. 반면 시스템2는 느리고 신중하게 작동하며 논리와 판단에 기반하는데 이는 전전두피질의 감정 조절과 일맥상통한다. 이를테면 사람처럼 보이는 형상이 실제로는 옷걸이에 걸린 코트일 뿐임을 알고 편도체의 과잉 반응을 진정시킨다. 이와 같은 뇌의 특징을 이해하고 다음의 진료 사례를 살펴보자.

올바른 판단은 반응 유연성에서 온다

지온 씨는 남자친구와 다툰 뒤 생각할 시간을 갖기로 했다. 그런데 밤이면 깊은 생각에 잠겨 잠을 이루지 못했고 불안감과 우울감에 시달렸다. "혼자가 될지도 모른다"라는 두려움과 "이보다 더 나은 사람을 만나지 못할 것"이라는 생각에 괴로웠다.

불안감을 견디지 못한 지온 씨는 남자친구와의 약속을 무시한 채 감정적으로 행동하기 시작했다. 무작정 연락해 서운한 감정을 쏟아내고, 마음에도 없는 헤어짐을 선언했다가 번복하는 일이 반복되었다. 지온 씨의 행동은 남자친구와의 갈등을 더욱 심화시켰고 관계는 점점 파국으로 치달았다.

안타깝게도 인간의 뇌는 최대한 많은 행복을 느끼게끔 진화한 것이 아니라 생존을 우선하도록 진화했다. 모호한 상황은 편도체에 의해 생존에 위협적인 상황으로 해석되며, 고통을 피하거나 맞서 싸우는 반응을 이끌어내는 것이다. 지온 씨의 사례는 이러한 뇌의 본능적 반응을 잘 보여준다. 그녀의 편도체는 아직 확정되지 않은 상황을 이별로 과잉 해석했다. 이별하면 현재의 남자친구보다 더 좋은 사람을 만나지 못할 것이라는 근거 없는 가설을 사실처럼 받아들였고, 이로 인해 부정적인 감정이 증폭되었다. 고조된 감정을 억누르려고 했으나 실패했고, 결국 충동적인 행동으로 갈등이 심화되는 악순환을 겪은 것이다.

『빅터 프랭클의 죽음의 수용소에서』(청아출판사, 2020)의 저자이자 정신과 의사인 빅터 프랭클Viktor Frankl은 "자극과 반응 사이에는 틈이 있다. 그 틈 속에서는 우리가 반응을 선택할 힘이 있다. 우리의 성장과 자유는 우리의 반응에 달려 있다"라고 말했다. 이 틈, 즉 감정과 행동 사이의 공간이 넓어질수록 우리는 더 현명한 판단과 나은 선택을 할 수 있다. 이를 반응 유연성 Response flexibility이라고 한다. 고통스럽고 불확실한 상황에서 성

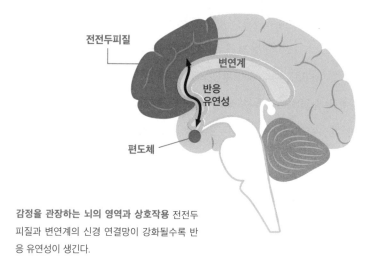

전전두피질

변연계

반응
유연성

편도체

감정을 관장하는 뇌의 영역과 상호작용 전전두
피질과 변연계의 신경 연결망이 강화될수록 반
응 유연성이 생긴다.

숙한 대처를 가능하게 하는 능력으로 충동적인 반응을 억제하
고, 감정과 행동을 균형 있게 조율해 삶을 긍정적인 방향으로
이끈다.

다시 말해 반응 유연성은 전전두피질과 변연계(편도체를 포함)
의 상호 작용에서 비롯된다. 이 두 영역 간의 신경 연결망이 강
화되고 긴밀한 협력이 이루어질수록 반응 유연성이 커지고, 객
관적이고 성숙한 방식으로 상황을 바라볼 수 있다. 지온 씨가
반응 유연성이 높은 사람이었다면 그녀의 전전두피질은 편도
체의 감정 신호를 객관적으로 재평가할 수 있었을 것이다. 가
령 "아직 이별이 확정되지 않았다"라는 점을 인식하고 "이별하
게 되더라도 오히려 삶에 긍정적인 전환점이 될 수 있다"라는
유연한 해석을 통해 고통을 완화할 수 있었을 것이다.

감정을 조절하기 위한 훈련법, 마음챙김

훌륭한 치료자는 환자의 반응 유연성을 강화시키는 역할을 한다. 환자가 자신의 감정과 적절한 거리를 유지하고 상황을 객관적으로 바라볼 수 있도록 돕는 것이다. 이를 통해 더 현명한 판단과 유익한 행동을 선택할 수 있기 때문이다. 그런데 치료자의 도움 없이도 스스로 반응 유연성을 강화할 수 있는 방법이 있다. 바로 마음챙김이다.

마음챙김의 아버지라 불리는 존 카밧진Jon Kabat-Zinn 박사는 마음챙김을 "의식적이고 비판단적으로 현재의 순간에 주의를 기울이는 것"이라고 정의했다. 아마 이것은 다소 추상적으로 느껴져 잘 와닿지 않을 것이다. 그래서 나는 이해하기 쉽도록 앞서 말한 뇌과학적 설명과 연결해 마음챙김을 구체적으로 알려주고자 한다.

판단하는 마음과 고통의 뇌과학

사람의 마음은 끊임없이 판단한다. 옳고 그름, 좋고 나쁨, 편안함과 불편함을 가르며 결론 내리려고 한다. 판단은 본능적으로 편도체에서 시작된다. 편도체는 외부 자극을 즉각적으로 감지하고, 생존에 필요한 반응을 빠르게 이끌어내야 하기 때문이다. 누군가의 말투, 한순간의 표정 혹은 예기치 못한 사건 속에서 편도체는 위험 신호를 탐지한다. 다만 즉각적인 반응은 때로 과잉 해석으로 이어지며 고통을 불필요하게 증폭시킨다. 누군가의 무심한 한마디를 듣고 "그 사람이 나를 무시한 것 같다" 라고 해석한다면 이는 편도체가 내린 판단일 가능성이 크다. 이 판단은 부정적인 감정의 연쇄작용을 불러오며 고통의 파장을 만든다. 그런데 사실 고통의 핵심 원인은 사건 자체가 아니라 편도체의 과잉 반응과 이를 강화하는 습관인 '끝없는 판단'에서 비롯된다는 것을 이해해야 한다.

판단하는 마음에 휘말린 상태, 즉 마음놓침Mindlessness은 뇌과학적으로는 편도체의 과잉 반응에 지배된 상태를 의미한다. 마음놓침 상태에서는 특정한 감정이나 생각에 사로잡혀 끝없이 판단하거나 곱씹는 과정을 반복한다. 그 결과 편도체는 더욱 기승을 부리고 최악의 시나리오에 몰두한다. 의식은 현재와 이곳에 머물지 못하며, 과거의 후회와 미래에 대한 불안을 오가며 방황한다. 이로 인해 상황을 객관적으로 평가하거나 새로운 관점에서 바라볼 수 없다. 균형 잡힌 판단과 현명한 대처가 어려워지고 실질적인 문제 해결 또한 불가능해진다.

현성 씨는 만성 불안을 앓으며 사소한 일에도 깊은 생각에 빠지는 습관을 지니고 있었다. 직장에서 상사가 보낸 짧은 이메일 한 줄도 그의 마음속에서는 복잡한 시나리오로 확장되었다. "혹시 내가 뭘 잘못했지?", "상사가 나를 싫어하는 건 아닐까?", "이번 프로젝트에 문제가 있었던 걸까?" 이러한 질문들이 머릿속에서 끝없이 맴돌며 고통스럽게 했다. 나는 현성 씨에게 곱씹는 습관을 멈추고, 현재에 머물며 반응 유연성을 키우는 것이 중요하다고 조언했다. 하지만 그는 이를 받아들이지 못했다. "그건 너무 단순한 해결책 같아요. 깊이 생각하지 않으면 중요한 걸 놓치게 되고, 문제가 더 커질 것 같아요. 힘들어도 제가 잘못한 게 무엇인지 찾아야 한다고 생각해요." 그러나 반복적인 생각은 감정을 더욱 불안정하게 만들 뿐 실질적인 해결책을 찾는 데 도움이 되지 못했다. 결국 현성 씨는 이메일에 답장을 쓰는 것조차 겁이 나서 일을 미루었고, 상사와의 관계는 더 악화되었다.

현성 씨처럼 만성 불안과 우울을 겪는 사람들은 상황이나 감정을 곱씹는rumination 습관을 지닌 경우가 많다. 이들은 곱씹기를 통해 상황이 해결되거나, 더 나은 답을 찾을 수 있을 것이라고 믿는다. 좋지 않은 상황에서 평정심을 찾거나 관망하는 힘을 키우는 것이 중요하다는 설명을 해도 여전히 회의적이다. 문제를 즉각적으로 해소하거나 빨리 해결하려는 강한 욕구에 사로잡혀 있기 때문이다. 이 욕구는 바른 것이며 자신에게 유일한 해결책이라는 확신에 가득 차 있다.

판단하지 않는 마음과 치유의 뇌과학

현성 씨가 판단하지 않는 마음, 즉 마음챙김 상태에 도달하려면 편도체가 만들어내는 주관적인 해석과 과잉 반응에서 벗어나야 한다. 뇌과학적으로는 전전두피질과 편도체 간의 상호작용이 강화된 상태를 의미한다. 전전두피질은 편도체의 과도한 경고 신호를 조율해 균형 잡힌 반응을 이끌어낸다. 감정의 소용돌이에 휩쓸리는 대신 감정과 적절한 거리를 유지하는 것이다. 마치 드론을 띄워 조망하듯 넓은 시야로 자신의 감정과 생각을 객관적으로 관찰하고, 상황을 보다 명확하게 이해하도록 이끈다.

마음챙김 수련은 감정 두뇌의 협력 기능을 강화하는 뇌 기능 훈련이다. 이는 과거와 미래에 얽매인 주의력을 지금 여기로 돌리는 연습을 포함한다. 다시 말해 고통스러운 감정에서 벗어나 현재의 호흡에 집중하는 것은 편도체의 과잉 반응을 거부하고, 주의를 스스로가 원하는 곳으로 옮기는 힘을 훈련하는 것이다. 이 힘은 전전두피질이 관장하는 핵심 기능으로 주의 조절력attentional control이라고 부른다. 실제로 뇌 영상 연구에서 마음챙김 훈련이 전전두피질의 활성화를 촉진하고, 변연계의 과잉 반응을 억제하는 것으로 밝혀지기도 했다.

판단과 곱씹기의 악순환을 끊는 과정은 현성 씨에게 쉽지 않은 도전이었다. 자신을 보호하려고 발버둥 치는 편도체의 본능을 설득하고 진정시키는 것은 생각만큼 간단하지 않았다. 익숙한 방식에서 벗어나 새로운 시도를 한다는 두려움도 존재했다. 곱씹기를 멈추는 일이 마치 문제를 외면하고 방치하는 것처럼 느껴지기도 했다. 하지만 그는 용기를 내 현재에 머무는 연습을 시작했다. 불안한 생각이 몰려올 때마다 잠시 멈추어 깊은 숨을 들이쉬며 스스로에게 이렇게 말했다. "지금 여기로 돌아오자. 문제에서 거리를 두는 것이 해결의 시작이야." 처음에는 이 단순한 시도조차 낯설고 어렵게 느껴졌다. 그러나 현성 씨는 끈기 있게 반복하며 자신을 다독였다. 시도를 거듭할수록 변화의 가능성을 느꼈고, 어느덧 감정과 적절한 거리를 두고 있는 자신을 발견했다. 그는 이제 문제를 차분히 바라보고 실질적인 해결책을 찾아갈 수 있었다.

감정은 우리를 살아 있게 만드는 원동력이자 혼란에 빠트리는 원흉이기도 하다. 따라서 감정의 메커니즘을 이해하고 이를 조율하는 방법을 배우면 더 건강한 삶을 살 수 있다. 마음챙김은 단순히 평온을 유지하는 기술이 아니라, 감정을 이해하고 다루는 방식을 근본적으로 변화시키는 도구다.

마음챙김은 의학이다

방황하는 주의력을 돌려세울 수 있는 것은
판단력, 인격 그리고 의지력이다.
이 능력이 없는 사람은 자신의 주인이 될 수 없다.

_윌리엄 제임스

사람들은 대개 마음챙김을 단순히 철학적 개념이나 종교적 색
채가 가미된 명상으로 오해한다. 그러나 마음챙김은 뇌과학
에 기반을 둔 의학적 치료법으로 국제 정신의학 협회International
Psychiatric Association, IPA와 같은 권위 있는 기관 및 여러 임상 가이
드라인에서 권장된다. 일시적으로 심리적인 안정감을 주는 것
이 아니라, 뇌의 구조와 기능을 변화시켜 정서적 문제를 효과
적으로 관리할 수 있게 하기 때문이다. 2014년 미국 의사협회
지JAMA Internal Medicine에 발표된 리뷰 및 메타분석은 마음챙김의
효과를 포괄적으로 평가한 중요한 연구로 주목받았다. 총 47개
의 독립적 연구를 포함해 약 3,515명의 참가자를 분석한 결과,
마음챙김이 불안, 우울, 스트레스와 같은 심리적 문제를 개선

하는 데 효과적이며, 기존의 심리 치료법 및 약물치료와 유사한 수준으로 증상을 완화시켰음을 보여주었다.

다만 마음챙김이 강력한 치료적 도구인 것은 분명하지만 약물치료를 완전히 할 수 있다는 뜻은 아니다. 정서적 고통이 심한 상태이고 마음챙김이 충분히 연습되지 않았다면 즉각적인 효과를 기대하기 어렵기 때문이다. 하지만 이 경우에도 약물치료와 마음챙김을 조화롭게 병행하면 약물치료만 하는 것보다 더 효과적인 치유를 기대할 수 있다.

간단해도 효과는 강력하다

삶은 파도와도 같다. 부드럽게 우리를 감싸는 잔잔한 물결이 있는가 하면, 예고 없이 몰아치는 격랑도 있다. 그런 순간에도 중심을 잡을 수 있는 힘이 있다면 우리는 어떤 시련 앞에서도 용기를 얻어 나아갈 수 있다. 마음챙김은 단순히 스트레스를 완화하거나 순간적인 위안을 주는 기술이 아니다. 혼란 속에서도 자신을 지지하고 더 나은 방향으로 나아가게 하는 원동력이다. 꾸준히 실천할수록 내적 안정감이 강화되고 흔들리지 않는 강인한 인격을 만들어준다.

마음챙김은 일상 속에서 누구나 쉽게 실천이 가능하다. 복잡한 절차나 특별한 도구도 필요하지 않다. 그저 판단을 내려놓고 지금 여기에 주의를 기울이는 것만으로 충분하다. 마음챙김은 크게 공식 수행과 일상 수행으로 나뉘는데, 공식 수행은

30분 이상의 시간을 필요로 하기에 다소 부담스러울 수 있다. 많은 사람들이 마음챙김에 거부감을 느끼는 이유도 오랜 시간 가부좌를 틀고 수행해야 할 것 같은 압박감 때문이다. 긴 수행은 심층적인 내면 탐구나 트라우마 치유와 같은 특수 상황에서 큰 효과를 발휘하기에 유용하지만, 일상적으로 마음챙김 능력을 강화하려는 목적일 때는 필수적이지 않다.

일상 수행은 언제 어디서나 단 몇 분의 짧은 시간으로 부담 없이 실천할 수 있기에 지금 당장 시도해볼 만하다. 살갗을 스치는 바람을 느끼거나 음식을 천천히 음미하는 순간처럼 단순한 경험도 마음챙김의 대상이 된다. 특히 일상 수행은 바쁜 현대인의 삶에 적합하다. 언뜻 보기에는 긴 시간을 들이는 공식 마음챙김이 더 효과적일 것 같아도 그렇지 않다.

심리학과 교수 우테 레기나 휠스헤거Ute Regina Hülsheger가 직장인을 대상으로 진행한 연구에서도 이 점이 입증되었다. 참가자들은 하루에 5~10분 정도의 간단한 마음챙김을 실천했다. 이들은 자신의 호흡에 주의를 기울이며 현재 순간에 집중하거나, 일상적인 경험(커피 마시기, 양치하기, 걷기)을 세부적으로 알아차리는 방식으로 마음챙김을 했다. 복잡한 절차나 많은 시간을 필요로 하는 방식은 철저히 배제되었음에도 불구하고 그 효과는 상당했다. 참가자들은 전보다 부정적인 감정을 더 효과적으로 관리할 수 있었고, 스트레스 상황에서도 침착함을 유지했다. 정서적 소진(번아웃)도 감소해서 스트레스가 많은 업무 환경에서도 능률적으로 업무를 수행할 수 있었다. 현재 순간에 집중

함으로써 긍정적인 경험을 더 많이 누렸고, 이는 직무 만족도
의 유의미한 상승으로 이어졌다.

운동처럼 매일 하면 정신의 면역을 만든다

마음챙김은 실행 방식과 효과 면에서 운동과 닮았다. 운동을
처음 시작할 때 가벼운 스트레칭으로 몸을 푸는 것처럼 마음챙
김도 부담 없는 짧은 실천으로 시작하면 된다. 일회성의 격렬
한 운동보다 꾸준한 일상 운동이 건강 관리에 더 효과적이듯,
마음챙김도 긴 수행보다는 짧고 자주 반복되는 실천을 통해 더
큰 효과를 볼 수 있다. 단순한 방법일지라도 마음챙김을 꾸준
히 실천하다 보면 주의력과 반응 유연성이 강화되고 내면을 단
단히 지탱할 수 있다.

그렇다면 마음챙김을 어떻게 시작하면 좋을까? 가장 쉽고
친숙하게 시도할 수 있는 방법은 바로 호흡을 통한 마음챙김이
다. 우리는 늘 숨을 쉬고 있지만 평소 자신이 어떻게 숨을 쉬는
지 세밀하게 인식하는 경우는 드물다. 호흡을 통한 마음챙김은
자연스럽게 숨을 들이마시고 내쉬며 몸에서 일어나는 변화를
면밀히 알아차리는 과정이다.

호흡으로 하는 마음챙김

먼저 호흡의 감각을 가장 뚜렷하게 느낄 수 있는 곳에 주의
를 기울여보라. 코끝에 스치는 미세한 바람, 가슴이 오르내리

는 느낌, 아랫배가 부풀었다 납작해지는 움직임 등 호흡의 흐름이 가장 명확하게 느껴지는 부위를 찾는 것이 핵심이다. 이 감각은 사람마다 다르고, 마음챙김을 할 때마다 달라질 수도 있다. 많은 명상이나 마음챙김 가이드에서 숨을 천천히 쉬라고 안내하기도 하는데 억지로 호흡 속도를 늦추려 애쓸 필요는 없다. 호흡이 억지스러워지면 오히려 호흡에 집중하기 어려워지기 때문이다. 흥분해 있거나 스트레스를 많이 받아 호흡이 빨라진 상태가 아니라면 굳이 호흡 속도를 늦추지 않아도 된다.

호흡의 흐름을 알아차리기 위해서는 하던 행동, 생각, 감정 등을 잠시 멈추어야 한다. 관성적으로 굴러가던 정신에 의도적으로 브레이크를 거는 것이다. 편안한 자세로 숨을 들이마시고 내쉬면서 호흡에 주의를 기울여라. 이렇게 주의를 기울여도 주변의 소음이나 몸에서 느껴지는 다른 감각, 감정, 생각 등에 주의가 흩어질 수 있다. 하지만 걱정할 필요는 전혀 없다. 주의력이 분산되는 것은 마음챙김의 자연스러운 일부이며 오히려 주의력을 키울 수 있는 기회다. 실제 수십 년간 마음챙김을 수련한 사람도 완전한 몰입 상태를 경험하는 것은 수초에 불과하다고 한다. 주의력이 흩어진 것을 알아차리고, 다시 초점을 맞추는 과정에서 마음챙김 능력은 더 강해진다. 단순히 흐트러지지 않으려 애쓰는 것이 아니라 흩어짐을 수용하고 그것을 새로운 시작점으로 삼는 것이 핵심이다. 이 원리는 근력 운동과도 비슷하다. 근육을 계속 수축시키기만 한다면 경련이 일어나고 효율적으로 단련되지 않는다. 근육을 이완하고 다시 수축하는 과

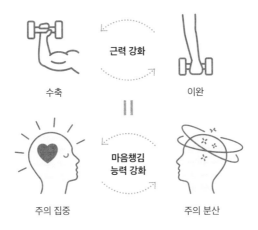

마음챙김 능력이 강해지는 원리

정이 있어야만 근력은 점진적으로 강화된다. 이와 마찬가지로 마음챙김도 주의가 흐트러졌다가 다시 모아지는 과정을 반복할 때 더욱 강화된다.

호흡을 통한 마음챙김을 할 때 두 가지 효과를 동시에 누릴 수 있다. 첫 번째는 알아차림을 통해 강화되는 주의력이다. 이때 앞서 언급한 반응 유연성이 증가하며 자신의 생각과 감정을 효과적으로 다룰 수 있다. 두 번째는 의식적인 호흡이 가져다주는 신체적·정신적 안정이다. 호흡을 알아차리는 과정에서 자신도 모르게 평소보다 깊고 천천히 숨을 쉬는데, 이는 신경계를 안정시키는 데 탁월한 효과를 발휘한다. 특히 복식호흡은 안정감을 극대화한다.

호흡은 크게 흉식호흡과 복식호흡으로 나뉜다. 흉식호흡은 가슴으로 숨을 들이마시고 내쉬는 방식으로, 스트레스 상황에서 빠르고 얕은 호흡으로 변해 불안감을 증폭시킨다. 심지어 공황발작이나 실신으로 이어지기도 한다. 반면 복식호흡은 숨을 들이마실 때 아랫배가 부풀고, 내쉴 때 아랫배가 납작해지는 방식으로 불안이나 스트레스를 줄이고 신경을 안정시키는 데 매우 효과적이다. 때문에 마음챙김을 할 때는 복식호흡이 선호된다. 다만 복식호흡이 익숙하지 않아서 호흡에 신경을 쓰느라 오히려 집중에 방해가 된다면, 익숙한 흉식호흡으로 마음챙김을 하는 것이 낫다. 중요한 것은 호흡의 형태나 방식보다 현재의 순간에 집중하는 경험 자체다.

호흡을 통한 마음챙김에 엄격하게 지켜야 할 자세는 없다. 다만 지나치게 경직된 자세는 몸의 긴장과 통증을 유발하므로 피하는 것이 좋다. 그렇다고 너무 늘어진 자세를 취하면 집중이 흐트러질 것이다. 불편하지 않으면서도 깨어 있을 수 있는 편안한 자세를 찾는 것이 바람직하다. 자신에게 맞는 자세를 찾으려면 명상에 권장되던 칠지좌법七支坐法을 참고하라.

1 **다리**: 양다리는 가부좌(양쪽 발을 허벅지에 올린 자세)를 튼다. 만약 가부좌가 되지 않는다면 한쪽 발만 허벅지 위에 올려놓아도 된다. 그것도 불편하다면 양반다리로 편안하게 앉는다.

2 **척추**: 자연스럽게 곧게 펴 중심을 잡는다.

3 **손**: 양손의 손바닥을 위로 향하게 해서 허벅지 위에 올리거나 손을 포갠 뒤 배 앞에 둔다.

4 어깨: 힘을 빼고 견갑골을 당겨서 가슴을 편다.

5 턱: 턱을 안으로 살짝 당겨 목을 길게 유지하고 뒤통수
의 긴장을 푼다.

6 눈: 두 눈은 감거나, 반쯤 감은 듯 떠서 2~3m 전방의
허공을 응시한다.

7 얼굴: 얼굴 근육을 편안히 풀어두고 혀끝은 가볍게 입천
장에 붙인다.

지나치게 완벽한 자세를 고수하려고 애쓸 필요는 없다. 무엇
보다 자신의 신체와 마음에 편안함과 안정감을 느끼는 자세를
유지하는 것이 중요하다. 다만 한 번 자세를 취하고 나면 마음
챙김이 끝날 때까지는 가급적 자세를 바꾸지 않도록 한다. 자
주 움직이거나 자세를 고치면 호흡을 알아차리는 데 방해가 되
기 때문이다. 차라리 몸의 작은 불편함을 알아차리고 다시 호
흡으로 주의를 돌리는 연습을 하라.

긴 시간을 투자할 필요는 없다. 시작은 부담 없이 짧은 시간
부터 하면 된다. 일반적으로 5~10분 정도로 가볍게 시작한 뒤,
점차 20분까지 늘려가는 것이 이상적이다. 이는 풀코스 마라톤
을 준비할 때 가벼운 조깅부터 시작하는 것에 비유할 수 있다.
처음부터 무리하지 않는 것이 가장 중요하다.

일상의 순간으로 하는 마음챙김

호흡뿐만 아니라 우리가 매일 반복하는 일상의 순간도 마음

챙김의 훌륭한 대상이 된다. 가령 걷기를 통해 마음챙김을 실천해볼 수 있다. 한 걸음 한 걸음 내딛는 동안 발이 지면에 닿는 감촉을 느껴보라. 땅의 단단함, 부드러움 혹은 경사의 변화에서 오는 미묘한 차이까지 알아차릴 수 있다. 몸이 균형을 유지하며 중심을 이동시키는 과정을 느끼고, 발바닥에서 느껴지는 감각에 집중해보라. 걷는 동안 들려오는 바람 소리, 지나가는 자동차 소리 혹은 신발이 땅에 닿는 소리까지 모두 지금 이 순간 당신을 살아 있게 만드는 요소다. 이처럼 단순한 걷기도 의식적으로 경험함으로써 현재와의 연결을 강화할 수 있다.

식사 역시 마음챙김의 기회가 된다. 음식을 입안에 넣기 전 접시에 놓인 음식의 색깔과 질감을 살펴보라. 한입 베어 물었을 때 느껴지는 향과 맛, 씹히는 소리 그리고 혀에 남는 여운까지 세심하게 알아차려보라. 씹고 삼키는 과정에서도 몸이 어떻게 반응하는지 느껴보라. 음식 한 조각, 음료 한 모금에도 깊이 몰입하면 식사라는 단순한 행위가 의미 있는 경험으로 변한다. 뿐만 아니라 손끝에서 느껴지는 촉감, 눈앞에 있는 사물의 세부적인 형태에 집중하는 것도 마음챙김 훈련이 될 수 있다.

위기 속에서 빛을 발하는 마음챙김의 힘

서현 씨는 20분 정도 되는 매일의 출퇴근길에 마음챙김을 연습한다. 걸을 때마다 발이 지면을 딛는 감각, 무게 중심의 변화 등에 주의를 기울이며 현재를 온전히 느낀다. 어느 날 서현 씨는 자신이 직장의 중요한 프로젝트에서 배제되었다는 사실을 알았다. 스트레스를 많이 받았지만 평소 연습하던 대로 마음챙김으로 안정을 찾으려고 노력했다. 점심시간을 이용해 걸을 수 있을 만한 장소를 찾았고 걸음을 내디딜 때마다 발바닥에서 느껴지는 감각의 변화에 집중했다. 간단히 걷기에 집중한 것만으로도 서현 씨는 자신을 짓누르던 낙오감과 소외감에서 벗어날 수 있었다.

우진 씨는 손 지압기를 활용해 마음챙김을 훈련한다. 그가 손 지압기를 쓰기 시작한 것은 우연한 기회를 통해서였다. 가족들과의 다툼 후 우진 씨는 감정적으로 몹시 불안하고 혼란스러운 상태였다. 어찌할 바를 모르고 방 안을 서성이던 그는 우연히 책상 위에 놓인 손 지압기를 발견했다. 별다른 의도 없이 지압기를 손에 쥐고 눌렀다 풀었다를 반복했더니 어느 순간 마음이 진정되고 주의가 손바닥의 감각으로 옮겨가는 것을 느꼈다. 시간이 흐를수록 자신을 뒤흔들던 불행한 생각에서도 벗어날 수 있었다. 여기서 아이디어를 얻은 우진 씨는 손 지압기를 마음챙김 도구로 활용하기 시작했다. 그는 이제 지압기를 단순한 물건이 아니라 자신에게 안정감을 주는 동반자처럼 느낀다. '안정이'라는 애정 어린 별명을 붙여 항상 지니고 다녔고, 불안하거나 스트레스를 받을 때마다 지압기를 통해 마음을 다스렸다. 손바닥의 감각에 집중하는 단순한 행동이지만, 우진 씨에게는 내면의 평정으로 돌아오게 하는 강력한 도구가 되었다.

마음챙김은 위기 상황에서 그 진가를 발휘한다. 계획이 틀어져 혼란스러울 때, 누군가와의 갈등으로 마음이 흔들릴 때 혹은 복잡한 생각으로 잠 못 이루는 밤에도 마음챙김은 내면의 평정을 되찾는 데 큰 도움을 준다. 다만 평소에 마음챙김을 연습하지 않은 상태에서 고통의 순간에 이를 실행한다면 기대한 효과를 얻기는 어렵다. 마음챙김이 효과적이지 않다고 느끼는 사람들의 대부분은 평상시의 연습 없이 위기 상황에서만 이를 시도했던 경우다. 마음챙김은 즉각적인 해결책이 아니라 평소 꾸준히 다져온 훈련이 있을 때 그 힘을 발휘한다는 것을 잊지 말라. 마음이 불안정할 때는 현재 순간으로 주의를 돌리는 것조차 쉽지 않을 것이다. 때문에 혼란스러운 감정과 고통에서 벗어나기 위해서는 숙련된 연습이 필요하다. 이는 마치 평지에서 자전거를 타는 것과 비탈진 경사에서 자전거를 타는 것의 차이에 비유할 수 있다. 평소 안정적인 상태에서 마음챙김을 연습해 기본기를 충분히 다져놓아야만 비탈진 위기 상황에서도 흔들리지 않고 그 효과를 누릴 수 있는 것이다.

마음챙김은 내면의 안식처와 같다. 삶의 시련은 누구에게나 찾아오지만, 든든한 안식처가 있다면 우리는 언제든 고요히 머물며 쉼을 얻고, 문제를 마주할 힘을 얻는다. 우리는 마음챙김을 실천하는 과정에서 자신을 더 깊이 이해하고, 있는 그대로의 나를 받아들이는 법을 배우게 된다. 자신에게 잘 맞는 방식으로 마음챙김을 시작해보라. 처음에는 작은 발걸음처럼 보이겠지만, 반복적인 실천은 점차 습관이 되어 삶의 큰 변화를 이끌어낼 것이다.

따라 하기 좋은 마음챙김 훈련법

감정적 혼란 속에서 자신과 멀어지는 순간, 원래 상태로 얼마나 빠르게 회복하느냐가 우리의 행복을 좌우합니다. 마음챙김은 자기 친화력을 지키고 회복하는 강력한 도구입니다. 사실 우리는 신체의 손상보다 내적 평온이 흔들리는 순간을 훨씬 더 빈번하게 겪습니다. 하지만 우리는 몸의 건강에 비해 자신과의 관계를 돌보는 데 소홀했습니다. 마음챙김을 훈련하는 궁극적인 이유는 분명합니다. 스스로에게 가장 든든한 보호자가 되어주고, 그 어떤 이보다도 유능한 치료자가 되어주기 위함입니다.

호흡 마음챙김 가이드

· 잠시 멈추기: 지금 하고 있던 모든 행동, 생각, 감정을 잠시 내려놓습니다. 몸은 편안하지만 마음은 깨어 있을 수 있는 자세로 앉습니다.

· 의도 되새기기: 천천히 깊은 복식호흡을 하며, 마음챙김을 실천하겠다는 의지를 마음속에 새깁니다.

· 호흡에 집중하기: 숨을 들이쉬고 내쉬는 순간마다 공기가 몸

안으로 들어오고 나가는 감각에 온전히 집중합니다.

- 감각에 집중하기: 호흡이 가장 뚜렷하게 느껴지는 신체 부위, 예를 들어 코끝, 콧구멍, 가슴, 아랫배 등에 주의를 기울입니다.
- 떠오르는 생각 받아들이기: 집중을 흐트리는 감각이나 생각, 감정이 있다면 그것을 밀어내거나 따라가지 않고 그대로 인정하며 부드럽게 흘려보냅니다.
- 다시 호흡으로 돌아오기: 다시 호흡에 주의를 돌려 현재의 순간에 머무릅니다.

걷기 마음챙김 가이드

- 시간을 확보하기: 10분 이상 온전히 자신을 위해 걷기 마음챙김에 집중할 시간을 마련합니다. 하던 행동과 생각을 잠시 멈추고 호흡에 주의를 기울입니다.
- 의도 되새기기: 왜 이 훈련을 시작했는지 마음챙김을 통해 얻고 싶은 의도를 조용히 떠올립니다.
- 감각에 집중하기: 걷기 시작 전 잠시 멈추어 서서, 몸 전체에서 느껴지는 감각에 마음을 집중해봅니다.
- 걷는 감각 느끼기: 한 발을 들어 올리고, 움직이고, 내려놓고, 체중을 싣는 과정을 천천히 의식합니다. 움직임의 세밀한 감각을 주의 깊게 느껴보고, 반대쪽 발에서도 같은 과정을 반

복합니다.

- 호흡과 함께하기: 숨과 걸음의 리듬을 맞추어봅니다. 발을 들어 올릴 때 숨을 들이쉬고, 내려놓을 때 내쉽니다. 몸과 호흡이 하나로 연결되는 느낌을 경험합니다.
- 하나의 감각에 집중하기: 집중하기 쉬운 감각에 초점을 맞춥니다. 발바닥의 촉감, 허벅지나 종아리 근육의 움직임 등 자신에게 편안한 감각에 주의를 기울입니다.
- 떠오르는 생각 받아들이기: 집중을 흐트리는 감각이나 생각, 감정이 있다면 그것을 밀어내거나 따라가지 않고 그대로 인정하며 부드럽게 흘려보냅니다.
- 다시 걷기로 돌아오기: 방황하던 주의를 돌려 다시 걷기의 감각으로 돌아옵니다. 한 걸음 한 걸음, 지금 이 순간에 온전히 머뭅니다.

오감을 활용한 일상 속 마음챙김 가이드

오감을 자극할 수 있는 물건을 준비합니다. 좋은 느낌을 불러오는 물건이라면 더욱 좋습니다.

* **시각**: 평화로운 이미지, 마음을 사로잡는 사진이나 물건
* **청각**: 음악, 싱잉볼 소리, 마음챙김 가이드 음성
* **후각**: 아로마 오일, 향초, 비누 등
* **미각**: 초콜릿, 차, 건포도 등 음미할 수 있는 음식

＊ **촉각**: 호두알, 조약돌, 부드러운 인형, 슬라임, 지압기 등

- 잠시 멈추기: 지금 하고 있던 모든 행동, 생각, 감정을 잠시 내려놓고 천천히 호흡을 가다듬습니다.
- 의도 되새기기: 마음챙김 훈련을 통해 얻고 싶은 의도를 떠올립니다.
- 감각에 집중하기: 준비한 물건에서 느껴지는 감각에 집중합니다. 예를 들어 향을 깊이 음미하거나, 손끝에서 느껴지는 촉감에 마음을 모아봅니다.
- 호흡과 함께하기: 깊게 숨을 들이쉬고 내쉬며 감각에 주의를 집중합니다.
- 떠오르는 생각 받아들이기: 집중을 흐트리는 감각이나 생각, 감정이 있다면 그것을 밀어내거나 따라가지 않고 그대로 인정하며 부드럽게 흘려보냅니다.
- 다시 감각으로 돌아오기: 방황하던 주의를 돌려 다시 집중하던 감각으로 돌아옵니다.

2분 마음챙김 가이드

구글 엔지니어였던 차드 멩 탄이 쓴 『너의 내면을 검색하라』(알키, 2012)에서 소개된 간단한 마음챙김 방법으로 짧은 시간만 들이면 되니 시도해보세요.

- 쉬운 방법: 2분 동안 하던 일을 멈추고 천천히 호흡합니다. 숨을 들이쉬고 내쉬는 감각에 주의를 기울이며 마음을 가다듬습니다.
- 더 쉬운 방법: 아무런 목적 없이 단 2분 동안 그저 존재해보세요.

마음챙김을 위한 환경과 도구

마음챙김 수행에 특별한 도구가 반드시 필요한 것은 아니지만 자신에게 맞는 적절한 도구와 환경을 활용하면 수행의 질을 향상시킬 수 있습니다. 향기, 소리, 촉각, 시각 등 다양한 감각 자극을 통합적으로 사용해 마음챙김의 경험을 더욱 풍요롭게 만들어보세요. 엄격한 규칙을 따르기보다 자신의 상황과 필요에 맞게 유연하게 적용하면 됩니다. 자신에게 잘 맞는 방법을 찾아 행한다면 마음챙김 수행은 즐거운 습관으로 자리 잡을 것입니다.

향기와 진정 효과 활용하기

- 인센스 스틱Incense Stick: 유해성이 없는 제품을 선택해 사용하세요. 마음챙김을 시작하기 전 신선한 공기를 방으로 들이며 공간을 정화하는 용도로 활용합니다. 밀폐된 공간에서는 피우지 않아야 합니다. 은은한 향은 공간을 정돈하고 심리적 안정감을 제공하는 데 도움을 줍니다.
- 아로마 오일: 라벤더, 샌달우드, 프랑킨센스 등 안정 효과가

있는 에센셜 오일을 활용하세요. 디퓨저로 은은한 향기를 퍼뜨리거나, 휴대용 롤온을 활용할 수도 있습니다.

소리와 진동 효과 활용하기

- 싱잉볼Singing Bowl: 싱잉볼에서 나오는 맑은 소리와 진동은 몸과 마음을 진정시키는 데 매우 효과적입니다. 준비 과정에서는 긴장을 풀어주고, 수행 중에는 내면의 고요를 찾는 데 도움을 줍니다.

- 가이드 음성 및 음향: 유튜브, 모바일 어플 또는 마음챙김 관련 음악 파일에서 제공하는 가이드 음성이나 배경 음향을 활용하세요. 또는 자신에게 편안함을 주는 음악을 듣는 것도 좋습니다.

촉각과 시각 자극 활용하기

- 촉각 자극: 인형, 호두, 돌과 같은 작은 물건을 손으로 만지며 마음챙김에 임해보세요. 촉각 자극은 주의가 산만해질 때 현재로 돌아오도록 돕는 연결고리 역할을 합니다. 촉각 자극을 위해 반려동물과 함께 마음챙김을 하는 분들도 있습니다. 반려동물을 쓰다듬으며 부드러운 촉감을 느끼는 것은 정서적 안정에 도움을 줄 수 있습니다.

- 시각 자극: 평온함을 느낄 수 있는 색감의 장식물이나 초점을

맞출 수 있는 작은 촛불을 앞에 두면 시각적 안정감을 높일 수 있습니다. 부드러운 조명이나 자연에서 영감을 받은 시각적 매개체를 활용해보세요.

오프라인 클래스 활용하기

더 깊이 있는 마음챙김을 해보고 싶다면 오프라인 마음챙김 클래스를 찾아보는 것도 좋은 방법입니다. 전문 치료자의 안내를 받으면 체계적이고 심화된 수행을 경험할 수 있습니다.

감정에 이름을 붙여라

감정을 표현할 단어를 잘 모른다는 것은
단지 묘사 능력이 부족하다는 뜻만은 아니다.
삶을 만들어가는 작가로서의 능력이 부족한 것이다.
_마크 브래킷

수치심을 느끼는 순간 "내가 부끄럽다. 난 형편없는 인간이야"
라고 생각한다면 고통에서 벗어날 길이 없다. 반면 힘겨운 감
정이 어떻게 느껴지는지 의식하고 거기에 '수치심'이라는 이름
을 붙여준다면 달라진다. 감정의 소용돌이 안에서 빠져나와
감정을 다룰 수 있다. 단지 감정에 이름을 붙여주는 것만으로
감정을 다스릴 수 있다니 믿기지 않을 테지만, 이는 감정에 이
름표 붙이기Affective labelling라는 명칭으로 입증된 과학적인 기법
이다.

일례로 심리학, 정신의학, 생물행동과학과 교수로 재직 중인
매튜 리버먼Matthew D. Lieberman이 이끄는 연구팀의 연구를 살펴
보자. 연구팀은 트라우마를 겪고 있는 사람들에게 경험하고 있

는 감정에 이름을 붙이도록 했는데, 그 결과 대상자들이 호소하는 감정적 고통의 수위가 낮아졌다. 효과는 뇌 영상 연구로도 입증되었다. 감정에 이름을 붙이기 전후로 fMRI를 촬영해 뇌의 활성도를 비교했는데, 감정을 말로 표현하자 편도체의 지나친 활성이 감소했던 것이다. 더불어 전전두엽의 활성은 증가했다.

매튜 리버먼은 『사회적 뇌, 인류 성공의 비밀』(시공사, 2015)에서 감정에 이름을 붙이는 행위에 관한 또 다른 연구도 보여준다. 그는 거미 공포증 환자 88명에게 거미가 든 상자 앞으로 걸어가도록 하면서 그룹을 나누어 각각 다른 말을 하도록 지시했다. 첫 번째 그룹은 "내 앞의 거미는 작고, 나는 두렵지 않다"라고 말하게 했다. 실제 느끼는 공포와 다른 표현을 하도록 한 것이다. 두 번째 그룹은 거미와 전혀 상관없는 말만 하도록 했다. 세 번째 그룹은 "내 앞에 무서운 거미가 있다. 나는 두렵다"라며 실제 느끼는 감정을 표현하게 했다. 그리고 일주일 뒤 참가자들에게 다시 거미 가까이 걸어가라는 지침을 내렸다. 결과는 놀라웠다. 자신의 감정을 있는 그대로 표현했던 세 번째 그룹의 참가자들이 가장 두려움을 적게 느꼈고, 거미에 가장 가까이 접근할 수 있었던 것이다.

감정에 이름을 붙이는 것의 효과를 이해했다면 감정을 어떻게 표현해야 할지 궁금할 것이다. 그 방법의 뇌과학적 원리와 구체적인 실천법을 여기서 알려주고자 한다.

감정을 명명하는 것의 효과와 방법

심리학자이자 뇌과학자인 리사 펠드먼 배럿은 감정에 휘둘리지 않는 삶을 살기 위해서는 자신의 감정 경험을 섬세하게 표현할 수 있는 능력을 갖추어야 한다고 말했다. 그녀는 감정에 대한 연구를 진행하면서 사람마다 자신의 감정을 구별하는 정도가 천차만별이라는 사실을 알게 되었다. 몇몇 피험자들은 부정적인 감정을 느낄 때 "슬프다", "겁이 난다", "불안하다", "화난다", "짜증 난다", "걱정스럽다", "언짢다" 등과 같이 자신의 감정을 섬세하게 구별했다. 하지만 대부분의 피험자들은 이 모든 감정을 뭉뚱그려서 "기분이 나쁘다"라고 표현했고 긍정적인 감정을 표현할 때도 마찬가지였다. 리사 펠드먼 배럿은 이 차이를 감정 입자도Emotional granularity라는 개념을 사용해 설명했다. 경험한 감정을 섬세하게 구별할 수 있는 사람들을 감정 입자도가 높은 사람이라고 명명한 것이다.

감정 입자도가 높은 사람은 자신의 감정을 조절하는 능력이 뛰어났다. 부정적인 상황에서도 긍정적인 태도를 잃지 않았으며 스트레스 상황을 더 잘 견뎠다. 신체 건강과 정신적 건강 상태를 측정했을 때도 더 좋은 결과를 보였다. 감정에 이름을 붙이는 행위가 감정에 집중되어 있던 의식을 이성으로 전환시켜 올바른 판단을 내리고 대처하게 한 것이다. 즉, 변연계의 흥분은 가라앉고 전전두피질에 정확한 정보가 전달된다.

감정 입자도는 후천적인 연습을 통해 높일 수 있다. 감정에

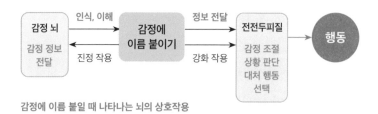

감정에 이름 붙일 때 나타나는 뇌의 상호작용

이름표 붙이기는 좋은 연습법이다. 감정 입자도가 낮은 사람의 경우 처음부터 정확한 표현을 찾으려고 지나치게 애쓸 필요는 없다. 정확한 표현을 찾아내는 데 집착하다 보면 오히려 감정에 휘말릴 수 있기 때문이다. "나는 불편함을 느낀다"라고 표현해도 괜찮다. 하버드 의대 임상심리학자이자 정신과 의사인 크리스토퍼 거머Christopher K. Germer는 많은 사람들에게 감정에 이름 붙이는 법을 가르치며, 누구나 연습을 거듭하면 감정을 풍부하게 표현할 수 있다는 사실을 발견했다. 심지어 감정불능증이던 사람도 감정을 잘 표현할 수 있게 되었다.

　감정에 붙여지는 이름은 자신이 느끼는 감정을 잘 전달하는 것이 가장 중요하므로 자기만의 독창적인 표현을 사용해도 된다. 이때 명사보다는 형용사가 감정을 더 잘 전달한다. 이를테면 "두려움" 보다는 "등골이 오싹한"이 낫고, "초조함" 보다는 "발등에 불이 떨어진"이 더 와닿는 것처럼 말이다. 또한 "두렵다"와 같은 과거형보다는 "두려워하고 있다"와 같은 현재 진행형을 사용하면 감정을 더 생생하게 묘사할 수 있다. 나아가 감정과 자신을 분리시키고 그 자체로 인식하려면 "나는 불안하다" 보다 "나는 불안을 느끼고 있다" 혹은 "이것은 불안이다"로 표현하는 것이 좋다.

감정에 이름표 붙이기는 호흡과 동시에 진행하기도 한다. 호흡을 병행하면 감정을 다루는 동안 안정을 유지하는 데 도움이 된다. 방법은 마음챙김의 가장 기본적인 틀과 동일하다. 멈추고, 관찰하고, 호흡으로 돌아오면 된다. 불편한 감정이 느껴진다면 하던 일을 멈추고 호흡에 집중한다. 어떤 감정이 느껴지는지 관찰하고 이름을 붙여본다. 이름을 붙일 때에는 온화하고 호기심 어린 태도를 지니는 것이 감정을 포용하는 데 유리하다. 두세 차례 이름을 붙인 뒤 다시 호흡에 집중한다. 감정이 진정될 때까지 수초 간격으로 호흡과 이름 붙이기 사이로 주의를 오간다.

찰나의 긍정적인 감정을 오래 붙잡아두려면

강훈 씨는 자칫 하면 우울증으로 악화될 수 있는 감정 습관을 가지고 있었다. 자주 수치심을 느꼈고 그때마다 자신을 비난했다. 나는 강훈 씨에게 수치심이라는 감정에 이름을 붙여볼 것을 권했다. 강훈 씨는 우선 어떤 상황에서 주로 수치심을 느끼는지 관찰했고 수치심을 느낄 때 자신이 어떤 반응을 하는지도 살폈다. 강훈 씨는 주로 다른 사람에게 예상치 못한 주목을 받을 때 수치심을 느꼈다. 그럴 때면 가슴이 뛰고 호흡이 가빠지며 등이 화끈거렸고 "난 형편없는 인간이야!"라는 생각이 머릿속을 지배했다. 주변 사람들을 피하고 신경질적인 모습을 보이기까지 했다. 강훈 씨는 이런 신호가 수치심과 관련되어 있다는 것을 그제야 깨달았다.

이후 그는 불쾌한 감정이 올라올 때면 하던 일을 멈추고 심호흡에 집중했다. 그리고 어떤 감정이 느껴지는지 가만히 관찰했다. 수치심이 느껴지면 "나는 수치심을 느끼는 중이다. 이것은 나를 할퀴게 하는 수치심이다. 이것은 수치심이다"라는 문장을 되뇌었다. 강훈 씨가 이름 붙인 감정이었다. 그렇게 호흡과 이름 붙이기를 몇 차례 오간 끝에 감정은 진정되었다. 연습을 거듭할수록 그는 수치심에 대한 두려움이 줄었고 느긋해질 수 있었다. 습관적인 자기 비난에서도 멀어진 것은 물론이다.

감정에 이름을 붙이면 부정적인 감정에 치우쳐 있는 뇌의 불균형을 조정할 수 있다. 긍정적인 감정에 "유쾌하다", "평온하다"와 같은 이름을 붙이면 찰나로 지나가는 긍정적인 감정을 더 오랫동안 음미할 수도 있다. 자신의 감정을 더 잘 이해하고 명확히 설명할 수 있다면 타인의 감정을 대할 때 공감도가 올라간다. 감정은 나를 가장 잘 알릴 수 있는 수단인 동시에 타인을 가장 잘 이해할 수 있는 수단인 것이다.

자신의 감정에 침묵하면 삶은 무너지기 쉽다. 감정에 이름을 붙여주는 간단한 행위만으로 감정의 폭발적 분출이나 억압의 고통에서 벗어날 수 있다. 자기 친화적인 삶을 살기 위해서는 감정에 대해서 배워야 한다. 틈틈이 스스로에게 물어보라. "나는 어떤 감정을 느끼고 있지?" 그것을 가장 잘 표현할 수 있는 말을 떠올리는 것은 삶을 바로 세우는 일과 같다.

감정을 건강하게 다루는 법

감정에 이름 붙이기는 일종의 마음챙김 기법으로 현재 순간에 경험하는 감정을 있는 그대로 인식하고 이름을 붙이는 과정입니다. 이는 감정을 억누르지 않고 이해하도록 하며 자신과 진정성 있는 관계를 맺는 데 도움을 줍니다. 감정에 이름표 붙이기를 따라 하기 쉽게 7단계로 정리했으니 실천해보세요.

1. 몸의 감각에 주목하기

편안하고 조용한 장소를 찾아 바른 자세로 앉습니다. 발바닥이 땅에 닿는 느낌, 척추의 곧음, 어깨의 긴장 상태 등 몸에서 느껴지는 전체적인 감각에 주의를 기울입니다. 약 5분 이내로 이 상태를 유지하며 감각을 알아차립니다. 중간에 집중이 흐트러지면 부드럽게 주의를 다시 가져옵니다.

2. 호흡 감각 알아차리기

몸 전체의 감각에서 호흡 감각으로 주의를 옮겨옵니다. 코로 들어오고 나가는 공기의 흐름, 가슴과 배의 움직임 등을 느끼며 약 5분간 호흡에 집중합니다. 중간에 집중이 흐트러지면 부드럽게 다시 호흡으로 돌아옵니다.

3. 감정 알아차리기

이제 호흡에서 벗어나 지금 느끼고 있는 감정을 알아차립니다. 지금 어떤 감정을 느끼고 있는지 가장 강렬한 감정부터 미묘한 감정의 흔적까지 있는 그대로 알아차려봅니다.

만약, 감정이 선명하게 느껴지지 않는다면 감정과 신체적 감각을 먼저 탐색해도 좋습니다. 신체 부위에서 느껴지는 압박감, 따뜻함, 차가움 등의 감각에 주목하며 그 감각이 어떤 감정과 연결되는지 탐색을 이어갑니다. 가령 가슴이 시린 느낌에 주목하다 보면 그것이 외로움이나 소외감을 의미함을 찾을 수 있습니다. 혹은 가슴이 답답한 느낌을 발견해 낸 뒤 그것이 불안이라는 것을 알아차릴 수도 있습니다. 중간에 집중이 흐트러지면 부드럽게 다시 주의를 가져옵니다.

4. 감정에 이름 붙이기

감정의 이름을 말로 표현하거나 마음속으로 되뇝니다. 예를 들어 "나는 지금 불안하다", "슬픔이 느껴진다", "짜증이 올라온다"처럼 말하면 됩니다. 복합적인 감정이 느껴질 경우에는 여러 감정을 구체적으로 나열해봅니다. "나는 불안하면서도 혼란스럽다", "나는 평온하면서도 약간 쓸쓸하다"라고 표현하면 됩니다.

5. 감정과 신체적 감각 연결하기

감정이 신체에 어떻게 나타나는지 주의를 기울입니다. "불안이 가슴의 답답함으로 느껴진다", "화가 나서 어깨가 긴장된다"와 같이 말해보세요. 몸에서 느껴지는 감각을 판단하거나 평가하지 말고 있는 그대로 알아차립니다.

6. 호흡과 감정 연결하기

깊고 안정된 호흡을 하며 감정을 바라봅니다. 숨을 들이쉬며 감정을 받아들이고 내쉬며 감정을 부드럽게 놓아줍니다. "받아들인다", "놓아준다"와 같은 간단한 문구를 되뇌도 좋습니다.

7. 반복과 강화

새로운 감정이 떠오르면 다시 이름을 붙이고 관찰합니다. 감정을 억누르지 않고 일정 시간 동안 자연스러운 변화를 그대로 지켜봅니다.

'낙타의 코'와 같은 부정적인 감정

탈무드에는 '낙타와 천막'이라는 우화가 있습니다. 낙타에 짐을 싣고 사막을 건너던 상인이 날이 어두워지자 좁다란 천막을 치고 밤을 묵게 되었을 때의 이야기입니다. 추운 공기를 견디며 잠을 자고 있는데 낙타도 견디기 힘들었는지 상인이 자고 있는 천막 안으로 슬그머니 코끝을 집어넣습니다. 이상한 소리에 눈을 뜬 상인은 "낙타의 코쯤이야, 괜찮겠지" 생각하고 다시 잠을 청했습니다. 그런데 시간이 조금 지난 후 느낌이 이상해 일어나 보니 이번에는 낙타의 머리가 천막 안에 들어와 있는 게 아니겠어요? 하지만 이번에도 "낙타가 오죽 추우면 그럴까"하고 그대로 잠들었습니다. 얼마 지난 다음 상인은 무거운 것에 눌리는 느낌에 눈을 떴습니다. 낙타의 큰 몸이 통째로 천막 안에 들어와 있는 상태였지요. 상인은 결국 천막 밖으로 밀려나 추위에 떨며 밤을 새워야 했습니다.

"낙타의 코를 조심하라"라는 말이 있습니다. 사소한 듯해서 방심했다가는 나중에 걷잡을 수 없는 상황에 처하게 된다는 교훈을 주지요. 부정적인 감정은 마치 당신의 천막을 노리는 낙타와 같습니다. 살다 보면 어느새 부정적인 감정이 자신을 갉아먹기 시작했다는 것을 알아차릴 때가 있기 마련입니다. 가만히 당신의 천막에 들이미는 '낙타의 코'를 발견한 것이다. 이것은 부정적인 감정이 당신에게 보내는 초기 경고입니다. 이를 무시하면 어느새 당신은 온 정신을 부정적인 감정에 점령당하게 될 것입니다. 그렇게 되면 당신은 자신이 원하는 대로 살지 못하고 감정에 지배당하게 됩니다. 심지어 '낙타와 천막' 우화의 상인처럼 당신이 삶 주인이었다는 것도 망각하게 될지도 모르지요. 이렇게 한번 천막을 빼앗기면 천막을 다시 되찾는 일은 오랜 시간이 걸리는 법입니다.

마음이 "이렇게 행복해도 될까?"라고 묻는다면

감정을 잘 관리한다는 것은 두 가지 측면에서 살펴볼 수 있습니다. 첫째, '낙타가 코만 들이민 상황'에서 재빨리 이를 발견하는 행위입니다. 많은 사람들이 감정, 특히 부정적인 감정을 억압하고 통제해야 한다고 생각하지만 감정을 잘 관리한다는 것은 사실 그것과 정반대로 잘 관찰하는 일입니다. 감정은 멈추어 서서 보지 않으면 잘 보이지 않기 때문에 우선 한 발자국 뒤로 물러서야 합니다. 낙타가 코만 들이민 상황을 있는 그대로 바라볼 수 있어야 하는 것이지요.

둘째, '낙타의 코'가 발견되었을 때 감정을 어떻게 다루어야 하는지 잘 아는 것입니다. 만약 당신이 불안하다는 것을 알아차렸다면 무엇을 걱정하는지 어떻게 자신을 도울 수 있는지 계획해야 합니다. 불안이 하는 말을 잘 경청하면 불안은 자신의 소임을 다했다는 사실에 안심하고 천막 밖으로 물러날 것입니다. 그때 불안이 물러간 자리에는 당신이 채우고 싶은 것들을 채우면 됩니다. 그 자리를 대신하는 것은 평온함, 안정감, 기쁨, 연결감 등이 될 테지요.

심리학자이자 작가인 브레네 브라운은 사람들이 삶의 긍정적인 측면을 보고도 긍정적인 감정에 흠뻑 빠져들지 못한다는 것을 발견했는데, 이를 두려움 때문이라고 설명했습니다. 보편적으로 사람들은 기쁨을 느낄 때 영원하지 않을까 봐 불안해합니다. 또 안도감과 감사함을 느낄 때조차 언제까지 상황이 지속될 수 있을지 몰라서 두려워하지요. 생존을 위해서만 존재하는 뇌는 우리가 기쁨과 감사를 느끼는 순간까지도 "너 지금 정말로 행복해도 되는 거야?"라고 의심합니다. 이때 당신은 뇌에게 "그럼! 당연하지! 어떻게 맞이한 기쁨인데!", "난 충분히 행복해도 돼!"라고 망설임 없이 답할 수 있어야 합니다. 그렇게 하지 않고 그저 뇌가 하자는 대로 우리의 감정을 맡겨둔다면 행복한 사람이 되는 일은 요원합니다. 아마 남은 삶의 대부분을 최악의 시나리오만 상상하는 데 허비하게 될지도 모릅니다.

4장

나를 믿고 나아가는 법

자기 신뢰

뇌에게 안전하다는
신호를 전달하는 법

감사하는 마음은 걱정에서 자유로
자유에서 사랑으로 나아가게 한다.

_레프 톨스토이

세계적인 복싱선수 무하마드 알리Muhammad Ali는 진정한 챔피언은 링 위에서가 아니라, 자기 자신을 극복하는 과정에서 만들어진다고 말했다. 그의 말은 삶의 본질을 정확히 꿰뚫고 있다. 삶은 결국 스스로를 이겨내고 새로운 가능성을 열어가는 과정이다. 그런데 왜 우리는 진정으로 원하는 삶이나 멋진 도전을 마주했을 때 망설이고 뒤로 물러서는 것일까? 무엇이 우리의 발걸음을 멈추게 하고, 행복한 삶을 가로막는 것일까? 외부의 장애물이나 환경적인 제약 때문이 아니다. 바로 우리 안에 깊이 숨어 있는 두려움과 의심 때문이다. 두려움과 의심은 보이지 않는 벽이 되어 우리의 앞길을 막고 가로막아 가능성에 도달하지 못하게 만든다. 뇌의 부정성 편향이 만들어낸 그림자인 셈이다.

인류는 불과 2000~3000년이라는 짧은 기간 동안 비약적인 발전을 이루었다. 뇌의 진화 속도는 급변하는 시대의 변화 속도를 도저히 따라잡을 수 없었다. AI, 빅데이터, 블록체인과 같은 첨단 기술이 혁신적인 변화를 이끌고 있는 4차 산업혁명 시대에 살고 있지만 뇌는 여전히 선사시대의 유산에 머물러 있다. 엄밀히 말해 뇌는 행복이나 자기 친화적인 삶에 큰 관심이 없다. 그저 신체를 보호하고 생존하기 위한 방향으로 진화했을 뿐이다. 이런 이유로 본래 두려움은 우리를 보호하려는 장치로 작동했지만 현대에 들어와서는 변화와 도전에 맞설 용기를 빼앗고 우리를 안전지대comfort zone에 묶어두는 족쇄가 되기도 하는 것이다.

내면을 돌보기 위한 전제조건

이제 우리에게 더 중요한 것은 일차원적인 생존이 아닌 그 이상의 진정한 행복이다. 나 자신으로 의미 있고 충만하게 살아가는 삶, 자기 친화적인 삶이 필요하다. 인본주의 심리학자 스콧 배리 카우프만Scott Barry Kaufman은 『트랜센드』(책세상, 2021)에서 "안전한 기반을 갖게 된 사람은 위험을 감수하고 새로운 아이디어와 존재 방식을 탐구하는 동시에 진정으로 원하는 사람이 될 수 있는 기회를 누릴 수 있다. 하지만 안전한 기반이 없으면 타인의 보호, 사랑, 애정 및 존중에 지나치게 의존하게 되고, 이는 성장과 발달 및 삶의 의미를 훼손할 수 있다"라고 말했다.

또한 신경과학자 스티븐 포지스Stephen W. Porges가 주창한 다미주신경이론Polyvagal theory에서는 안전감이 삶을 풍요롭고 의미 있게 하는 핵심 요소라고 설명한다. 신경계는 위협과 안전 신호를 지속적으로 탐지하며 이 신호에 따라 자율신경계의 상태를 조절한다. 위협을 감지하면 교감신경계가 활성화되어 투쟁-도피의 생존 모드로 전환된다. 즉각적인 위험에 대처하도록 하며 동시에 변화와 도전에 대한 두려움을 증폭시킨다. 이는 복잡한 사고와 자기 발견을 제한하는 부작용을 가져오기도 한다.

반면 안전감을 느끼면 부교감신경계가 활성화되어 몸과 마음이 이완과 회복 상태로 전환된다. 이 상태에서는 뇌가 방어 대신 연결과 도전을 선택한다. 보호 본능이 약화되면서 내면을 탐구할 여유가 생기고, 진정한 욕구와 목표를 마주할 수 있다. 즉, 안전감은 생존 이상의 자기 친화적인 삶을 위한 전제조건인 것이다.

이와 관련해 심신의학 연구자인 폴 제이 밀스Paul J. Mills 박사는 감사가 심혈관 건강과 자율신경계 기능에 미치는 영향을 연구했다. 그는 심부전을 진단받은 환자 186명을 대상으로 감사 일기를 작성한 그룹과 그렇지 않은 그룹을 비교했다. 8주간의 실험 결과, 감사 일기를 작성한 그룹은 심박변이도Heart Rate Variability, HRV가 유의미하게 증가하고, C-반응성 단백질CRP과 같은 염증 지표가 감소했다. 감사를 실천하는 행동이 부교감신경계를 활성화하고 스트레스 반응을 완화한 것이다.

나는 이 연구를 통해 감사가 뇌에 "안전하다"라는 신호를 전달하는 강력한 도구라는 통찰을 얻었다. 생존이 위협받는 전쟁터와 같은 상황에서는 감사를 느끼기 어렵듯이, 뇌는 우리가 감사에 집중하는 순간을 위협에서 벗어난 안전한 상황으로 간주하는 것이다. 감사에 몰입하면 신경계는 과도한 생존 반응을 멈추고 안정 상태로 전환한다. 단순히 감정의 변화에 그치지 않고 뇌와 신경계의 생리적 반응에도 깊은 영향을 미쳐 신체적·정신적으로 실질적인 안정감을 제공한다.

감사 일기가 효과가 없었던 이유

혜진 씨는 오랫동안 범불안장애*로 고통받아왔다. 끊임없는 두려움과 걱정 속에 살며 늘 지치고 소진된 상태였다. 나는 감사 일기를 권유했는데, 그녀는 이미 시도해보았지만 효과를 보지 못했다고 답했다. "감사 일기를 쓰는 것이 좋다고 해서 열심히 써봤는데 소용이 없었어요. 심지어 감사 일기를 쓰는 순간에도 마음 한구석에서 불안이 사라지지 않더라고요."

혜진 씨는 누구보다 성실하게 감사 일기를 작성했지만, 그 과정에서 감사의 의미를 깊이 느끼거나 온전히 몰입하지 못했

---

* 범불안장애Generalized Anxiety Disorder, GAD는 과도하고 지속적인 불안과 걱정을 특징으로 하는 불안 장애의 한 유형이다. 일상적인 상황에서도 불안과 걱정을 느끼며, 걱정의 강도와 빈도가 현실적 필요를 초과하는 경우가 많다.

다. 이는 불안을 잘 느끼는 사람들에게 특화된 신경학적 반응 때문이기도 하다. 불안을 잘 느끼는 사람들의 뇌는 편도체의 과도한 지배를 받으며 일상에서조차 안전하다고 느끼는 순간이 거의 없다.

이러한 뇌 구조는 감사 일기를 쓰는 순간에도 영향을 미친다. 감사가 내포한 '안전함'이나 '풍요로움' 보다는 여전히 위협 요소를 찾는 데 주의를 기울이게 한다. 그녀는 감사 일기를 열심히 써야 한다는 의무감에 사로잡혀 있었지만 감사의 본질에 충분히 몰입하지는 못했다. 그러고는 기대했던 효과를 얻지 못해 실망했던 것이다.

나는 혜진 씨에게 감사의 실천이 단순히 기분을 전환하거나 긍정적인 마음가짐을 유지하는 행위가 아니라는 점을 설명했다. 감사는 뇌에 직접적으로 "안전하다"라는 신호를 보내 불필요한 생존 반응을 멈추도록 하는 일이라는 것을 깨닫도록 했다. 또한 일기라는 형식은 단지 감사를 반복적으로 실천하기 위한 장치일 뿐 특정한 형식에 얽매일 필요도 없다고 말했다. 다양한 방식으로 감사를 실천하면서 자신에게 가장 자연스럽고 편안한 방법을 찾아보길 권했다. 혜진 씨는 그 순간, 감사 일기를 쓰는 동안에도 진정으로 감사에 몰입할 여유가 부족했다는 사실을 알아차렸다. 감사 일기에 대한 의무감과 효과에 대한 의심은 감사의 본질을 온전히 느끼지 못하게 하고 있었다. "감사라는 게 단순히 좋은 일을 떠올리는 게 아니라 그 감정 안에 오래 머무르는 것이었군요."

시간이 지나면서 혜진 씨는 변화를 경험했다. 단순히 감사를 기록하는 데 그치지 않고 감사의 감정에 빠져들어 온전히 감사를 음미하고 그 시간을 누리게 되었다. 감사의 순간들이 마치 그녀의 내면을 부드럽게 감싸며 따뜻한 빛을 비추는 것처럼 감사의 풍요와 안락함을 체험한 것이다.

두려움은 보호를 가장한 장애물이 될 때가 많다. 감사는 장애물을 부수고 나다운 삶을 살게 한다. 매일 조금씩 감사에 몰입하며 내면에 귀를 기울여라. 두려움과 의심이 사라지고 용기와 신뢰, 충만한 행복이 당신을 나아가게 할 것이다.

감사할수록 변하는 뇌

모든 위대한 일은
작은 감사의 마음에서 시작된다.
_윈스턴 처칠

겁쟁이처럼 생존에 집착하는 뇌를 어떻게 지금 이 시대에 맞게 최적화할 수 있을까? 뇌의 신경가소성을 활용하면 된다. 뇌는 학습과 경험을 통해 스스로 변화하고 재조직될 수 있다. 이때 감사는 변화를 이끄는 강력한 촉매제다.

감사를 실천할수록 뇌는 위험과 결핍 대신 안전과 풍요에 초점을 맞추도록 훈련된다. 꾸준한 감사의 실천은 뇌에 "안전하다"라는 신호를 더 깊이 각인시킨다. 위협과 스트레스에 몰입하던 신경 회로를 성장을 추구하는 자기 친화적인 신경 회로로 전환시킨다. 결과적으로 뇌는 점차 안정적이고 균형 잡힌 상태로 발달하며 우리에게는 삶에 대한 신뢰와 긍정적 태도가 자연스럽게 자리 잡는다.

부정성에서 긍정성으로 변화하기

뇌과학자 앨릭스 코브Alex Korb는 감사가 뇌의 전대상피질anterior cingulate cortex, ACC을 변화시킨다고 밝혔다. 전대상피질은 생각과 감정을 조율하는 역할을 하며 정보를 어떻게 처리할지 결정하는 중요한 부분이다. 그는 우리가 감사함을 느끼는 것이 뇌의 전대상피질에게 "이봐, 이 긍정적인 정보를 무시하지 말고 좀 더 관심을 가지라고!" 하는 메시지를 보내는 것과 같다고 설명했다. 감사를 느낄 때 전대상피질은 긍정적인 측면을 민감하게 받아들이도록 재구성된다. 긍정적 자극을 처리하는 신경 회로가 탄탄하게 구축되고, 감사를 인식하고 반응하는 능력 또한 발달한다. 감사가 일상의 루틴으로 자리 잡으면 뇌는 감사한 게 많은 뇌로 탈바꿈된다. 이 단계에 이르면 감사가 더 많은 감사를 불러오는 선순환도 이루어진다. 더 이상 감사할 대상을 찾으려 애쓰지 않아도 뇌가 자동적으로 감사할 요소를 포착하고 반응하는 것이다.

실제로 강남세브란스 병원 정신건강의학과 김재진 교수는 감사가 뇌에 미치는 영향을 알아보기 위해 277명을 대상으로 연구를 진행했다. 우선 참가자들에게 각각 5분간의 감사 명상과 원망 명상을 시행하도록 했다. 감사 명상은 조용한 환경에서 편안한 자세로 앉아 눈을 감고, 인생에서 감사할 만한 사람이나 사건을 떠올리며 그 감정을 깊이 느끼는 방식으로 진행되었다. 한편 원망 명상은 환경은 동일하지만 자신에게 부정적인 영향을 준 사람이나 사건을 떠올리며, 그로 인한 원망과 분노의 감정을 집중적으로 느끼도록 진행되었다. 이후 fMRI을 통해 참가자들의 뇌에 일어난 변화를 분석했더니 감사 명상을 한 후에는 긍정적인 감정을 처리하는 뇌 회로가 강력하게 활성화되었고, 부정적인 감정을 처리하는 회로의 연결성은 감소했다. 반대로 원망 명상을 한 뒤에는 부정성 감소와 같은 유익한 변화가 나타나지 않았다. 이 결과는 감사의 실천이 뇌의 작동 방식을 재편해 담대하고 긍정적인 뇌로 변화시킨다는 것을 잘 보여준다.

자기 신뢰를 키우는 감사

감사를 실천하면 뇌는 마치 도수가 잘 맞는 안경을 쓰게 된 것처럼 이전에는 보이지 않던 자신만의 강점과 자원을 또렷이 포착한다. 예전에는 스쳐 지나갔을 작은 성취나 기쁨도 이제는 강렬한 보상으로 뇌에 새겨진다. "나는 충분히 괜찮은 사람이야", "나는 해낼 수 있어"라는 확신이 차곡차곡 쌓이면, 부정성에 억눌리던 뇌가 점점 더 긍정적인 경험을 편안하게 받아들인다. 예상치 못한 변수 앞에서도 "이건 그냥 새로운 도전이지!"라며 웃어넘길 여유가 생긴다. 위협보다는 기회가 먼저 보이고, 문제 속에서도 가능성을 발견한다. 두려움으로 위축되었던 에너지는 감사를 통해 다시 자유롭게 흐른다. 도전 앞에서 망설이던 마음이 "할 수 있다"라는 믿음으로 바뀐다. "나에게 이런 일이 왜 일어날까?"라는 생각 대신 "이 경험을 통해 내가 배울 수 있는 건 뭘까?"라고 자문하게 된다.

감사가 빚어낸 자기 신뢰는 우리 앞에 성장과 자기 초월의 문을 활짝 열어준다. 그로부터 얻어진 성취는 다시 감사의 계기가 되어 감사와 자기 신뢰가 서로를 강화하는 시너지 효과를 만들어낸다. 감사는 수많은 자기계발서와 성공학 강의에서 빠지지 않고 등장하는 덕목이다. 하지만 너무 당연하게 들려서일까? 쉽게 실천되지 않았다. "감사할 게 없는데 도대체 무엇을 감사하라는 거지?"라는 의문이 들거나, 진부한 도덕적 충고처럼 느껴질 때가 많았을 것이다. 감사는 허울좋은 낙관주의자가 던질 법한 비현실적인 충고가 아니다. 단순한 기분 전환이나 마음가짐을 넘어 뇌를 재구성하는 방법임을 깨달았으면 한다.

감사 실천법

감사 일기

긍정심리학자 마틴 셀리그만은 지난 2005년에 누구나 감사 일기를 쓸 수 있도록 웹사이트를 개설했습니다. 수천 명의 사람들이 사이트에 접속해 감사 일기를 썼는데, 그중에는 심각한 수준의 우울증 환자 50명도 포함되어 있었습니다. 일주일이 지난 후 살펴보았을 때 50명의 중증 우울증 환자의 평균 우울 지수는 심각한 수준에서 경미한 수준으로 내려가 있었습니다. 더 놀라운 점은 단 일주일 동안 감사 일기를 썼을 뿐인데도, 우울 지수가 6개월 이상 낮게 유지되었다는 것입니다.

심리학자이자 명상가인 샤우나 샤피로Shauna L. Shapiro는 감사 일기를 쓸 때 여러 가지 감각을 활용하는 것이 효과적이라고 조언합니다. 감각을 통해 경험에 더 깊이 몰입하면 감사의 감정을 훨씬 더 생생하고 강렬하게 느낄 수 있기 때문입니다. 샤피로는 감사한 기억을 떠올릴 때 그것이 어떤 맛이었는지, 어떤 색이었는지, 어떤 냄새가 있었는지, 어떤 촉감을 느꼈는지 등 구체적인 감각들을 활용하라고 말합니다. 긍정적인 기억과 함께 감사의 감정을 되새기면 뇌에 "안전하다"라는 메시지가 더 선명하게 각인될 것입니다.

감사 일기는 그날 감사한 세 가지를 떠올려 기록을 남기면 됩니다. 직접 해보았을 때 5분도 걸리지 않았으니 한번 실천해보세요.

예시 감사 1. 오늘 내가 향이 진하고 따뜻한 커피로 내 정신을 깨울 수 있었다는 사실에 감사한다. 할 수 있다는 마음과 내가 나를 일으켜 세울 수 있다는 느낌을 주었다.

감사 저축

바이오해커로 유명한 데이비드 아스프리Dave Asprey는 감사를 실천할 수 있는 방법으로 '감사 단지 채우기'라는 방법을 소개했습니다. 매일 감사한 일을 종이에 적은 후에 접어서 유리병에 넣는 방식입니다. 눈에 보이지 않던 감사한 일을 직접 눈으로 보기 때문에 시각적인 효과를 얻을 수 있습니다. 직접 실천해보았을 때 마치 행복을 저축하는 것과 같은 뿌듯한 기분을 느꼈습니다. 또 감사 단지에서 무작위로 종이를 펼쳐보는 재미도 있었습니다. 마음이 힘든 날에는 이전에 적어둔 감사를 다시 꺼내 읽으며 기분을 환기시킬 수도 있었습니다.

감사 편지

고마운 사람들이 있어도 감사를 표현하는 일은 다음으로 미루어지기 십상입니다. 당신의 삶에 빛을 더해 준 존재에게 감사의 마음을 전해보세요. 손 편지도 좋고 마음이 담긴 메일이나 문자도 좋습니다. 때로는 감사를 보내는 대상이 나 자신일 수도 있습니다. 철학자이자 심리학자인 윌리엄 제임스William James 는 인간의 본성 깊은 곳에 진심 어린 감사를 받고자 하는 열망이 자리하고 있다고 말했습니다. 나 자신과 내 삶의 특별한 이들에게 감사의 마음을 전하며, 그들 내면에 따스한 충족감을 선물해주세요.

감사 마음챙김

1) 준비 단계

- **조용한 공간 찾기**: 방해받지 않는 조용한 장소를 선택하세요. 편안히 앉거나 누워도 좋습니다.
- **시간 정하기**: 아침, 점심 또는 잠들기 전, 하루 중 자신에게 맞는 시간을 정해 실천하세요.
- **끄기**: 알림이 방해되지 않도록 모든 기기를 무음으로 설정하세요.

2) 실천

- **호흡에 집중하기**: 천천히 깊게 숨을 들이마시고 내쉬면서 현

재의 순간에 집중합니다. 긴장을 풀고 마음이 차분해지는 것을 느껴보세요.

- **감사할 대상 떠올리기**: 오늘 하루 중 감사할 만한 일을 떠올려 보세요(예: 맛있는 음식, 친절한 배려, 건강 등). 특정한 사람, 상황, 또는 기억을 떠올리며 그 순간의 의미를 되새기세요.

- **감정에 몰입하기**: 감사할 대상을 떠올렸다면 그 순간이 주는 감정을 느껴보세요(예: 행복, 안도, 사랑, 평온). 감사의 감정을 더 깊이 느낄 수 있도록 "지금 이 순간에 감사하다"라고 마음속으로 되뇌어보세요.

- **현재의 감각에 집중하기**: 감사의 감정이 몸과 마음에 어떤 변화를 가져오는지 느껴보세요(예: 머리가 가벼워짐, 마음의 따뜻함, 나른한 느낌).

- **마무리하기**: 몇 분간의 감사에 집중한 후 천천히 눈을 뜨고 몸의 긴장을 풀며 마무리하세요. 자신에게 "이런 시간을 가져줘서 고맙다"라고 말하며 끝맺습니다.

나는 왜 이토록
스트레스에 취약할까?

현대 사회는 편도체를 늘 자극해
스트레스에 약한 뇌를 만들어내고 있다.
_브루스 매큐언

현대인의 삶에서 스트레스는 떼려야 뗄 수 없는 그림자다. 끝없는 업무부터 복잡한 인간관계, 예측할 수 없는 위기 상황까지 우리는 매일 스트레스라는 장애물을 마주한다. 이때 자기신뢰는 강력한 방패가 된다. 이 방패가 제대로 작동하려면 스트레스를 다룰 수 있는 명확하고 실질적인 대처 전략이 필요하다. 여기에서는 먼저 스트레스의 정체를 파헤치고, 스트레스가 어떻게 우리의 방어 체계를 무너뜨리고 있는지 살펴볼 것이다.

사람들은 흔히 거부감을 느끼는 온갖 문제를 스트레스라고 부른다. 하지만 스트레스는 단순히 원인만 지칭하는 것이 아니라, 그로 인해 발생하는 감정, 생각, 각종 신체적인 반응까지 포괄하는 개념이다. 표준국어대사전에 따르면 스트레스는 "적응하기 어려운 환경에 처할 때 느끼는 심리적·신체적 긴장 상태"라고 정의된다. 스트레스가 단순히 외부 요인에 의해 결정되는 것이 아니라, 환경과 개인 사이의 상호 작용에 의해 좌우된다는 점을 강조하는 것이다. 스트레스는 매우 주관적인 경험으로 그 강도와 형태는 당사자가 스트레스 상황을 어떻게 인식하고 반응하는지에 따라 달라진다.

스트레스 독성을 결정하는 요인

스트레스는 본질적으로 "감당할 수 없다"라는 인식에서 비롯된다. 스트레스는 급성 스트레스와 만성 스트레스로 나뉘는데, 급성 스트레스는 하나의 강렬한 사건이 심리적·신체적 자원을 압도할 때 발생한다. 갑작스러운 교통사고, 사랑하는 사람의 죽음, 예기치 못한 해고 등이 여기에 속한다. 만성 스트레스는 개별적으로는 크지 않은 스트레스들이 시간이 지나면서 서서히 쌓이고, 서로 얽히며 개인의 한계를 넘어선 것을 일컫는다.

현대인의 스트레스는 순간적인 충격보다는 누적되는 부담이 더 큰 문제를 일으킨다. 육아, 업무, 학업, 재정, 인간관계, 건강 스트레스 등 다양한 스트레스 요인들을 동시다발적으로 경험하며, 각각의 스트레스 상황은 단기간에 해결하기도 어렵다. 결국 스트레스로 인한 후유증은 사건 자체의 강도뿐만 아니라 그 지속 시간과 개인의 스트레스 저항력(심리적 회복력, 문제 해결 능력, 주변 사람들의 정서적 지지, 건강한 라이프 스타일 등)에 따라 크게 달라지기 마련이다. 즉, 엄밀히 따지면 직접적으로 우리를 해치는 것은 스트레스 요인stressor 그 자체가 아니다. 스트레스에 대한 우리의 반응, 더 구체적으로는 뇌의 반응 때문이다. 모든 스트레스 반응은 뇌에서 시작되며 뇌가 상황을 어떻게 해석하고 처리하느냐에 따라 그 영향이 결정된다.

가장 흔한 스트레스 요인 중 하나인 인간관계를 생각해보자. 나에게 직접적으로 악영향을 주는 것은 '그 사람'이 아니라 '그 사람에 대한 내 뇌의 반응'이다. 같은 사람을 대해도 뇌가 상황을 해석하는 방식에 따라 결과는 완전히 달라진다. 많은 사람들이 이 중요한 핵심을 놓쳐서 스트레스를 제대로 관리하지 못하고, 고통에서 벗어나지 못할 것이라는 체념에 빠진다.

스트레스는 크게 두 가지 방식으로 관리할 수 있다. 첫 번째는 스트레스를 유발하는 원인을 제거하는 것이다. 목이 마르면 물을 마시고 배가 고프면 음식을 먹는 것처럼 간단한 원리다. 다만 상당수의 스트레스 원인은 우리가 통제할 수 없는 성질을 지녔기에 이런 해결법은 한계가 있다. 가령 당신이 과거에 일어난 부정적인 사건 때문에 스트레스를 받는다면 과거로 돌아가 그 일을 없앨 수 있을까? 더군다나 스트레스 원인을 제거하는 것이 반드시 최선이 아닌 경우도 있다. 이를테면 당신이 싫어하는 직장 동료가 있다고 해서 무턱대고 좋은 직장을 그만두지 않는 것처럼 말이다. 이때는 차라리 스트레스 원인을 무시하는 편이 전체적인 삶에는 긍정적이다. 게다가 우리가 경험하는 스트레스 원인은 너무 많고 복합적이라서 일상에서 그 모두를 제거하는 것은 현실적으로 불가능하다.

스트레스를 관리하는 두 번째 방식은 스트레스 원인에 대한 뇌의 반응을 변화시키는 것이다. 이 접근법은 첫 번째 방식보다 근본적이고 광범위한 해결책을 제시한다. 문제는 스트레스 상황에 직면했을 때 뇌가 반사적으로 투쟁-도피 반응을 보이기 때문에 이를 단번에 바꾸는 것이 어렵다는 점이다. 더군다나 스트레스가 끊이지 않는 현대 사회에서는 스트레스 독성을 해독할 시간이 턱없이 부족하다.

선사시대에는 스트레스 상황이 거의 없으며 생존이 위협되는 상황에서만 간헐적으로 발발했다. 또 그 상황이 종료되면 자연스럽게 휴지기가 주어져서 생존 반응으로 인한 손상을 충분히 회복할 수 있었다([표1] 참조). 그러나 현대에서는 하나의 스트레스 반응이 미처 해소되기도 전에 또 다른 스트레스가 겹쳐지며 생존 반응이 만성화된다. 더욱이 선사시대처럼 생존을 위협하는 상황이 아님에도 그에 준하는 반응이 끊임없이 일어난다. 이러한 반응은 완전히 사라지지 않은 채 우리 삶에 영향을 미치며, 생존 반응으로부터 자유로운 순간을 한시도 허락하지 않는다. 교감신경이 우위하는 과흥분 상태로 하루하루를 살아가는 것이다. 이렇게 장기간 뇌의 생존 반응이 폭주하면 우리 몸은 과부하 상태에 빠진다. 그러다 한계에 봉착하면 스트레스 반응이 전면적으로 중단되어 버리는데, 이것이 바로 번아웃이다([표2] 참조). 몸과 정신이 더 이상 감당할 수 없는 상태로 완전히 소진되는 것이다.

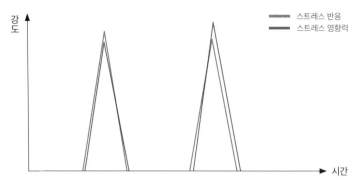

[표1] **선사시대의 스트레스 상황과 반응** 스트레스 반응과 휴지기가 균형을 이루고 있다.

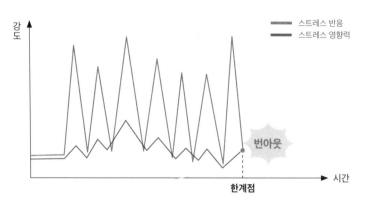

[표2] **현대 사회에서의 스트레스 상황과 반응** 지속적인 스트레스 반응으로 휴지기가 주어
지지 않는다.

당신이 유리멘탈일 수밖에 없는 이유

해소되지 못한 스트레스는 우리 몸 전체에 심각한 위험을 초래
한다. 지속적인 스트레스는 온몸에 염증을 유발하며, 면역력을

저하시켜 신체의 방어 체계를 무너뜨린다. 세포의 DNA가 손상되며 노화가 가속화된다. 장기적으로는 암, 심혈관 질환, 자가면역 질환, 뇌졸중, 치매 그리고 여러 정신 질환에 이르기까지 다양한 질병을 유발한다. 여기서 스트레스 반응이 뇌 손상을 유발한다는 것에 주목해야 한다. 1968년 신경과학자 브루스 매큐언Bruce. S. McEwen과 록펠러 대학 연구팀은 스트레스 호르몬이 뇌에 심각한 영향을 미친다는 것을 최초로 밝혀냈다. 이 발견을 필두로 '스트레스로 인한 뇌 변형'에 대한 연구가 오늘날까지 활발히 진행되고 있다. 결론부터 말하면 스트레스 독성으로 변형된 뇌는 더 자주 더 격렬하게 스트레스 반응을 일으키는데, 이른바 '유리멘탈' 상태로 변하는 것이다.

우리 몸의 스트레스 반응은 뇌의 시상하부에서 시작된다. 시상하부가 스트레스 신호를 감지하면 뇌하수체로 전달하고, 뇌하수체는 스트레스 호르몬(코르티솔) 분비를 담당하는 부신에 명령을 내린다. 이 과정을 통해 부신에서 코르티솔이 분비된다. 코르티솔은 혈액을 타고 전신을 순환하며 심박수를 높이고, 에너지를 동원하며, 생존하기 위한 일련의 신체적 반응을 유도한다.

스트레스 반응은 특정 시간 동안만 작동하도록 설계되어 있다. 스트레스 반응이 시작된 뒤 약 25분 후에 최고조에 달하며, 이후에는 다시 시상하부와 뇌하수체로 돌아가 "반응을 멈추라"라는 메시지를 보낸다. 스트레스 반응이 충분히 이루어졌으니 이제 그만하라는 신호다. 불필요한 독성 반응을 최소화하면서

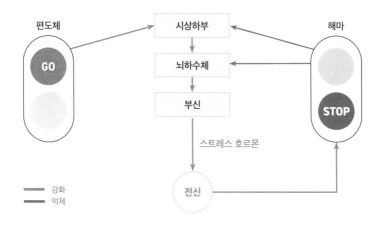

뇌에서 일어나는 스트레스 반응

도 생존을 도모할 수 있도록 효율적으로 설계된 것이다.

편도체와 해마도 중요한 역할을 한다. 편도체는 시상하부의 스트레스 반응을 강화시키고, 해마는 이와 반대로 스트레스 반응을 진정시키는 역할을 한다. 본래 이 두 구조는 균형을 이루며 정상적인 스트레스 반응 체계를 유지한다. 그러나 만성적으로 스트레스에 노출되면 편도체가 과도하게 활성화되면서 스트레스 반응이 더욱 강렬하고 빈번하게 일어난다. 동시에 해마의 크기는 줄어들고, 억제 기능이 점차 쇠퇴한다.* 결과적으로 스트레스 반응 체계가 망가지면서 사소한 자극에도 과도한 스

---

* 뇌 영상 연구에 따르면, 심한 우울증 환자의 해마는 만성적인 스트레스 반응으로 인해 건강한 사람들에 비해서 4~5퍼센트 부피가 작았다.

트레스 반응이 유발된다. 또한 스트레스 독성을 견디거나 회복할 수 있는 능력도 크게 저하된다. 다만 희망은 존재한다. 독이 독을 부르는 스트레스의 악순환에서 당신을 보호하고 치유할 방법이 있다. 다음 장에서는 당신의 뇌와 몸에 평화를 선사할 실질적인 해법을 다룰 것이다.

스트레스,
위협인가 도전인가

알고 보면 의미 있는 삶이란
스트레스가 많은 삶이기도 하다.
_켈리 맥고니걸

삶은 스트레스와 그것에 대한 반응으로 구성된다. 행복을 단순히 스트레스 없는 삶이라고 정의한다면 당신은 영영 행복할 수 없을 것이다. 전방위적으로 스트레스에 노출되어 살아가는 현대인의 삶은 마치 끝없이 가파른 언덕 위로 바위를 밀어 올려야 하는 시시포스의 운명처럼 느껴진다. 스트레스는 정말 우리에게 주어진 형벌일까?

최근 연구들은 스트레스를 적대적으로만 보는 관점에 의문을 제기하고 있다. 악의 축으로 취급되던 스트레스도 이제 그 오명을 벗을 때가 된 것이다. 나는 종종 스트레스 상황에서 벗어난 뒤 오히려 불행을 느끼는 사례들을 목격하곤 한다. 가령 은퇴를 앞두고 있거나 은퇴 이후 우울감을 호소하는 환자들을

많이 만났다. 육아 스트레스에서 해방된 뒤 빈둥지 증후군을 겪는 부모도 드문 사례가 아니다. 한편 철저히 스트레스로부터 차단된 삶을 사는 사람들도 있는데, 그들은 히키코모리ひきこもり라고 불린다. 집 안에 틀어박혀 스트레스 상황으로부터 원천 차단되어 지내는 게 히키코모리의 삶의 방식이다. 하지만 이들은 건강해 보이지도 행복해 보이지도 않는다.

사람들의 오해와 달리 스트레스 자체가 항상 해로운 것만은 아니다. 악명 높은 투쟁-도피 반응으로만 스트레스를 정의할 수 없기 때문이다. 어떤 스트레스는 분명히 우리의 삶을 더 깊고 풍성하게 만들어준다. 의미 있고 진정성 있는 삶을 살았던 사람들을 떠올려보라. 그들 중 스트레스 없는 삶을 산 사람은 단 한 명도 없다. 오히려 이들의 평생 누적 스트레스Lifetime Stress를 조사해보면 평균보다 훨씬 높은 수준이라는 것을 알 수 있다. 스트레스는 잠재력을 억누르는 방해물이 될 수도, 숨겨진 잠재력을 끌어내는 동기가 될 수도 있는 셈이다.

스트레스를 피하는 것이 스트레스 관리라고 생각하는 건 흔한 오해다. 현대 사회에서 스트레스를 완전히 피하는 것은 사실상 불가능에 가깝고, 설령 그게 가능하다고 해도 그것이 신체와 정신에 유익하다고 보기는 어렵다. 오히려 스트레스를 없애려는 지나친 노력이 우리 몸의 자연스러운 회복 능력을 약화시킬 수도 있다.

반면 스트레스에 대한 뇌의 반응을 변화시키는 관리법은 스트레스를 나를 괴롭히는 적이 아닌 성장으로 이끄는 친구로 만든다. 대처 능력과 회복력이 강화되고 새로운 환경에 적응하는 법도 배우게 된다. 나아가 더 큰 스트레스가 닥쳐도 흔들리지 않는 내적 균형도 생긴다. 위협 반응을 최소화하고, 도전 반응을 극대화하며 스트레스를 성장의 발판으로 삼는 것이다. 스트레스에 대한 반응을 결정짓는 핵심 요소는 자기 신뢰와 목표달성능력이다. 이 두 요소가 조화를 이룰 때 스트레스는 단순한 장애물을 넘어 성장의 기회로 바뀐다.

스트레스를 건강한 도전으로 만드는 2가지 요소

자신에 대한 믿음이 강한 사람은 스트레스 상황에서도 긍정적이고 능동적인 태도를 보인다. 예를 들어 어려운 업무나 과제가 주어졌을 때 "나는 이걸 해낼 수 있어!", "내가 이 상황을 바꿀 수 있어"라는 적극적인 자세로 문제에 접근한다. 실패 가능성을 고려하면서도 성공 가능성에 더 무게를 두고, 스트레스를 극복 가능한 도전으로 바라본다. 이러한 정신적 여유는 "나는 잘해낼 수 있고, 설령 실패해도 다시 일어설 수 있다"라는 내적 믿음에서 비롯되는 것이다. 이는 스트레스를 다스리고 해결하는 데 큰 자산이 되며, 추후에 목표 달성과 회복을 위한 에너지를 제공한다.

반면 자기 신뢰가 부족한 사람은 시도해보기 전에 실패를 먼저 예상한다. 스트레스 상황에서 쉽게 포기하거나 회피하려는 경향이 강하다. "나는 어차피 안 될 거야", "내가 해도 아무 소용 없을 거야"와 같은 부정적인 생각에 갇혀 무력감을 느낀다. 문제 해결을 위한 노력 대신 운명이나 우연과 같은 외부 요인에 의존하려고 한다. 이런 태도는 스트레스 상황을 더 악화시키며 문제 해결의 가능성을 차단해버린다.

자기 신뢰가 스트레스 관리를 위한 심리적 기반이라면, 목표달성능력은 이를 구체적으로 실행에 옮기는 힘이다. 단순히 의욕이나 동기를 넘어서 실현 가능한 계획을 세우고 행동으로 옮기는 실행력을 포함한다. 목표달성능력이 높은 사람은 스트레스 상황에서도 자신이 할 수 있는 구체적인 행동 방안을 설계하고 단계적으로 실행해나간다. 이를테면 어려운 프로젝트를 맡은 경우 "무엇을 할 것인가?"라는 질문에 대한 구체적이고 실행 가능한 답을 찾아낸다. 문제를 더 작은 단위로 나누고, 각 단계별 목표를 설정한 뒤 하나씩 해결해나가는 방식을 취한다. 이러한 접근법은 스트레스 상황을 압도적인 위협이 아닌, 도전 가능한 단계적 과제로 전환하는 데 효과적이다.

반대로 목표달성능력이 낮은 사람은 문제 해결을 위한 실행 계획조차 세우지 못해 무력감에 빠질 가능성이 크다. 이들은 문제를 현실적으로나 체계적으로 접근하지 못한 채 방치해 스트레스를 더욱 가중시킨다.

행복을 위해 스트레스를 선택하라

자기 신뢰와 목표달성능력은 스트레스 상황을 극복하고 더 나은 삶을 만들어가는 데 필수적인 요건이다. 자신을 믿는 사람은 도전과 실패를 두려워하지 않고 행동으로 옮길 용기를 얻는다. 한편 목표달성능력이 없다면 자기 신뢰는 실행력 없는 믿음으로 그칠 수 있다. 행동으로 이어지지 못한 자신감이 자기 신뢰를 무너뜨리는 것이다. 반면 목표를 달성하며 얻는 성취감은 자기 신뢰를 강화하고 더 큰 도전을 향해 나아갈 원동력을 제공한다. 자신을 믿는 힘이 행동으로 옮겨지고, 행동이 성취로 이어지며, 이 성취는 다시 자기 신뢰를 강화하는 선순환을 만들어내는 것이다.

홀로코스트 생존자이자 정신과 의사였던 빅터 프랭클은 자기 신뢰와 목표달성능력이 스트레스 극복에 어떻게 작용하는지를 잘 보여준다. 그는 나치 강제수용소에서 비인간적인 환경과 극도의 스트레스를 견디며 인간 존재의 의미와 삶의 목적에 대해 깊이 고민했다. 그 고뇌를 담은 저서『빅터 프랭클 죽음의 수용소에서』는 전 세계적으로 수많은 사람들에게 삶의 지침서가 되었다. 프랭클은 삶에서 가장 중요한 것은 자신에 대한 믿음을 잃지 않는 것이며 그것이 자신이 살아남을 수 있었던 가장 큰 이유라고 밝혔다. 다른 포로들은 점점 무기력감에 빠져 절망했지만 그는 스스로를 믿고 자신이 할 수 있는 일에 초점을 맞추었던 것이다. 예를 들어 프랭클은 수용소라는 열악한 환경에서도 삶의 의미를 찾으려 노력했다. 자신이 겪고 있는 고통이 불필요한 것이 아니라 더 큰 목표를 이루기 위한 것이라고 믿었다. 그의 믿음은 정신적 회복탄력성을 높였고, 극한의 스트레스 상황에서도 도전 반응을 유지할 수 있게 했다. 또한 프랭클은 단순히 자기 신뢰에 머물지 않았다. 그는 극도로 제한된 환경 속에서도 목표를 설정하고 이를 실행에 옮겼다. 하루하루의 생존을 단기 목표로 삼았고, 끝까지 살아남아 자신의 경험을 세상에 알려 널리 선한 영향력을 전파하겠다는 장기 목표를 세웠다.

그는 실천 가능한 행동을 설계하고 실행했다. 감정적으로 무너지지 않기 위해 매일 자신의 학문적 지식을 활용해 자신만의 강연을 상상하거나, 미래에 강연할 내용을 구성했다. 또한 가족과 재회하는 모습을 떠올리며 심리적 지지 기반으로 삼았다. 이러한 실행력은 단순히 살아남는 것을 넘어 삶의 의미를 확장시키는 동력이 되었다.

빅터 프랭클은 가장 끔찍한 환경에서도 위협 반응 대신 도전 반응을 선택한 대표적인 인물이다. 그의 사례는 가장 극한의 상황에서도 삶의 의미를 발견하고 성장할 수 있음을 일깨워준다. 우리가 처한 환경은 통제할 수 없지만 어떻게 반응할지는 선택할 수 있음을 보여준다. 작은 목표들을 하나씩 달성하면서 얻은 성취감은 그의 자기 신뢰를 더욱 강화했다. 그는 이렇게 말했다. "인간에게 모든 것을 빼앗아도 단 한 가지는 빼앗을 수 없다. 바로 어떠한 상황에서도 자신의 태도를 선택하고 자신의 길을 선택할 자유다."

스트레스는 피할 수 있는 것이 아니고 피해야 하는 것도 아니다. 당신의 선택에 따라 스트레스는 뇌를, 자아를, 삶을 상향시키는 계기가 될 것이다. 아주 강력한 스트레스라면 새로운 당신이 탄생하는 서막이 될 것이다. 당신의 자아, 꿈, 행복, 가치, 정신, 몸 그 모든 것은 당신의 스트레스를 통해 빚어진다. 이제는 용기 있게 스트레스를 선택하라. 행복은 쾌락을 쫓고 고통을 피하는 데서 오는 것이 아니라, 고통에 직면해 자신에게 이로운 반응을 선택할 때 찾아오기 때문이다.

스트레스가 만드는 강한 나

버팔로 대학의 심리학 교수인 마크 시리Mark D. Seery는 연구를 통해 역경이 우리를 강하게 만들어왔음을 증명했습니다. 그는 버팔로 대학생들을 대상으로 두 가지 실험을 진행했습니다.

첫 번째 실험은 147명의 학생을 대상으로 5분간 스트레스를 유발하는 냉압 과제cold pressor task를 주는 것으로 진행했습니다. 통증을 유발하기 위해서 물의 온도는 1도로 유지했고 다음과 같은 지시사항을 주었습니다. "한 손을 찬물에 넣고 움직이지 마세요. 최대한 오래 넣고 있다가 더 이상 견딜 수 없을 때 언제든 빼도 좋습니다." 냉압 과제로 인한 통증 강도, 역치, 인내를 측정하기 위함이었습니다. 이와 더불어 각 학생들이 평생 동안 받았던 누적 스트레스에 대해서도 조사했습니다.

그 결과 심한 역경을 한 번도 경험해보지 못한 학생들보다 적당히 역경을 경험한 학생들이 냉압 과제에서 더 좋은 결과를 보였습니다. 살면서 적당한 역경을 경험한 학생은 스트레스 상황을 위협적으로 판단하기보다는 도전적인 상황으로 판단했던 것이지요. 이들은 스트레스로 인한 통증과 불쾌함을 덜 느꼈고 더 오랫동안 스트레스를 견딜 수 있었습니다. 역경을 통해 스트레스를 더 잘 다루는 사람으로 성장한 것입니다.

두 번째 실험에서는 216명의 학생을 대상으로 실험이 이루어졌습니다. 학생들에게 심·혈관 반응을 측정할 수 있는 기기를 착용하게 한 뒤 2분간 지능 검사를 시행하면서 스트레스를 유발했습니다. 검사를 진행하는 동안에 심장과 혈관의 반응을 측정했는데, 심장의 반응은 심박출량으로, 혈관의 반응은 총 말초혈관저항*으로 측정했습니다. 이 두 요소를 통해 학생들이 스트레스 상황에서 긍정적인 스트레스 반응을 보였는지, 부정적인 스트레스 반응을 보였는지 관찰했습니다. 첫 번째 실험과 마찬가지로 두 번째 실험에서도 심한 역경을 한 번도 경험해보지 못한 학생들보다 적당히 역경을 경험한 학생들은 긍정적인 스트레스 반응을 보였습니다.

두 실험을 종합적으로 살펴보았을 때 역경 속에는 성장과 자유, 창조의 가능성이 분명 존재하는 것으로 보입니다. 마조히스트처럼 고통을 숭배하는 것은 아니지만 역경이 그저 한낱 장애물이나 고통으로만 끝나지 않는다는 것은 하나의 위로가 됩니다. 역경이 없었다면 더 강해지지도, 더 나아지지도, 가장 나다운 자신으로 성장할 기회도 없을 것입니다.

---

* 말초혈관저항 반응/심박출량 반응 = 위협/도전 지수

인생의 복리가 되는
스트레스 활용법

고난 속에서도
배우는 사람만이 강해진다.
_프리드리히 니체

지금까지 스트레스에 무심코 보였던 반응들이 뇌를 변화시키며 오늘의 당신을 만들어왔다. 이제 스트레스를 다시 보아야 할 때다. 당신은 스트레스라는 시험대 앞에서 무너질 운명이 아니다. 인생의 태도를 선택하고 자신의 삶을 주체적으로 만들어가는 존재임을 기억하라.

스트레스를 어떻게 해석하느냐에 따라 몸 전체의 생리적 반응은 근본적으로 달라진다. 이는 스트레스 반응의 핵심 조절자인 시상하부−뇌하수체−부신Hypothalamic-Pituitary-Adrenal, HPA축으로도 설명할 수 있다. HPA축은 스트레스 상황에서 두 가지 주요 호르몬인 DHEA*와 흔히 스트레스 호르몬이라 알려진 코르티솔을 분비한다. 두 호르몬 모두 체내에서 중요한 역할을 담당하므로 어느 하나가 이롭거나 해로운 것은 아니다. 다만 그 비율에 따라 신체와 뇌가 경험하는 반응은 완전히 달라진다.

스트레스 상황에서 나오는 2가지 호르몬

스트레스를 위협으로 인식할 때 HPA축은 주로 코르티솔을 분비한다. 코르티솔은 본래 생존 가능성을 높이는 데 필수적인 호르몬이지만 만성적으로 분비될 경우 각종 스트레스 독성을 일으킨다. 반면 스트레스를 도전적인 상황으로 인식할 때, DHEA가 코르티솔에 비해 더 우세하게 작용한다. DHEA는 코르티솔의 과분비로 인한 생물학적, 신경학적, 면역학적 독성을 상쇄시킨다. 그 결과 신경 보호와 면역 강화, 스트레스 회복 능력을 높이는 역할을 한다.

결국 이 두 호르몬의 비율은 스트레스 반응의 결과를 예측하는 핵심 지표가 된다. 이를 스트레스 반응의 성장지수Growth Index라고 한다(Growth Index=Cortisol/DHEA). 코르티솔이 우세할수록 성장지수는 낮아지고, 스트레스 독성이 증가하며 신체와 정신에 부정적인 영향을 준다. 반대로 DHEA가 우세하면 성장지수가 높아지고 스트레스 독성이 줄어들어, 정신 건강과 신체

---

* 디하이드로에피안드로스테론Dehydroepiandrosterone: 부신에서 생성되는 스테로이드 호르몬으로 스트레스 반응 조절, 면역 기능 강화, 노화 억제 등 다양한 역할을 담당한다. 스트레스 상황에서 코르티솔과 함께 균형을 이루며, 신체의 긍정적인 반응을 유도하는 데 중요한 역할을 한다.

상태는 물론 삶의 질 전반에 긍정적인 영향을 미친다.

앞서 스트레스에 대한 위협 반응이 유리멘탈로 이어진다고 언급했다. 위협적인 요소에 과민 반응하면서 뇌는 점점 더 스트레스에 압도당하는 상태로 변해간다. 해마가 손상되고, 편도체가 과도하게 활성화되며, 이마엽Prefrontal Cortex의 기능이 저하되는 등 뇌의 구조와 기능에 부정적인 영향을 미친다. 결과적으로 학습과 기억 능력, 문제 해결 능력, 감정 조절 능력이 점차 저하된다.

반면 스트레스를 도전으로 해석하면 뇌의 주요 영역들 간의 협력이 강화된다. 해마를 보호하고 활성화하며, 편도체와 이마엽 간의 조정과 협력이 원활해진다. 문제 해결 능력과 동기부여가 강화되고, 부정적인 감정을 빠르게 진정시키는 능력도 향상된다. 이러한 협력 덕분에 뇌는 스트레스 상황에서도 긍정적인 측면에 집중하며 생산적인 반응을 보여준다. 스트레스 저항력이 강화되는 것이다.

스트레스 반응의 나비효과

스트레스 반응은 반복적으로 누적되면서 뇌의 구조와 기능을 끊임없이 재편한다. 이는 곧 스트레스 반응이 우리의 삶에 복리처럼 작용한다는 사실을 뜻한다. 스트레스 반응으로 재구성된 뇌는 이후의 삶 전체의 궤적에도 큰 파급력을 미친다. 위협 반응이 누적되면 뇌는 스트레스에 점점 더 민감해지고 취약한 상태로 변질된다. 공포와 무력감에 사로잡힌 뇌는 위협 신호에 과민 반응하며 학습, 기억, 문제 해결 능력이 손상된다. 스트레스 저항력을 상실하고, 부정적인 감정에 지배당한다. 결국 스트레스 반응은 일회성 사건이 아니라, 뇌와 삶 전체를 재구성하는 연속적 과정이다. 당신이 스트레스에 반응하는 방식에 따라 당신의 뇌는 점점 더 약해지거나, 혹은 점점 더 강력해질 것이다. 이 선택은 현재의 삶에만 영향을 미치는 것이 아니라 미래를 결정짓는 중요한 열쇠가 된다.

도전 반응은 직무, 학업, 스포츠 등 다양한 분야에서 긍정적인 성과를 이끌어내는 중요한 원인으로 입증되었다. 연구에 따르면 직장에서 도전 지향적인 태도를 지진 사람들은 높은 수준의 집중력과 문제 해결 능력을 발휘했다. 이는 직무 몰입, 업무 만족도 그리고 성과 향상과 밀접하게 연관된다. 학생들의 경우 도전적인 과제를 긍정적으로 받아들일 때 학습 동기와 자기 효능감이 높아지며, 이는 학업 성적 향상으로 이어졌다. 또한 운동선수들은 도전적인 상황에서 긍정적으로 반응할수록 스트레스 관리와 집중력이 향상되었고 극한의 경기에서도 최고의 성적을 달성했다. 도전 반응이 심리적인 차원에서만 긍정적인 영향을 미치는 것이 아니라, 신체 전반에도 유익한 생리적 반응을 이끌어내기 때문이다. 도전 반응의 핵심적인 생리적 특징은 폭발적인 에너지 공급을 위해 혈류량을 극대화한다는 점이다. 심장이 더 빠르고 강하게 뛰며, 한 번의 수축으로 더 많은 혈액을 공급한다. 동시에 혈액순환이 촉진되고 심혈관계 건강이 증

스트레스에 따른 상반된 반응 비교

항목	스트레스 위협 반응	스트레스 도전 반응
자기 신뢰	약하다	강하다
목표달성능력	부족	충분
상황 판단	위협적, 통제 불가능	도전적, 극복 가능
목표	생존, 자기 방어	성장, 성취
심리 상태	공포, 무력감, 분노, 수치심	자신감, 흥분, 열정, 생기
행동 패턴	소극적, 회피	적극적, 문제 해결력
호르몬 분비	코르티솔 > DHEA	코르티솔 < DHEA
건강	스트레스 독성으로 인한 건강 악화	스트레스 기반 건강 증진
뇌에 미치는 영향	• 해마 기능 저하 • 편도체 과활성화 • 스트레스에 취약한 뇌	• 해마 활동성 강화 • 이마엽 용적 증가 • 스트레스에 강한 뇌
자기 친화력	약화	강화

진된다. 통증을 완화하고 면역 기능을 향상시키는 효과도 포함된다. 스트레스 상황에서도 회복 속도가 빨라지고 노화가 지연되는 효과를 보인다. 스트레스를 잘 다스리면 건강을 해치는 것이 아니라 오히려 스트레스 덕분에 생명을 연장할 수 있는 셈이다.

모든 스트레스 상황은 위협과 도전의 두 얼굴을 지니고 있다. 당신이 그중 어떤 면을 더 크게 보느냐에 따라 삶의 방향은 완전히 달라진다. 스트레스 반응의 영향은 결코 현재의 순간에서 끝나지 않는다. 매 순간의 선택이 나비효과처럼 쌓여 우리의 뇌, 몸, 삶 전반에 커다란 파급력을 미친다. 따라서 위협 반응이 습관화된 상태를 가볍게 여겨서는 안 되며, 도전 반응을 의도적으로 선택하고 뇌를 강화하는 방법을 진지하게 모색해야 한다. 스트레스가 당신을 무너지게 할지, 아니면 더 강하게 할지는 당신의 선택에 달려 있다.

스트레스의 유익성 발견하기

스트레스 사건 이후 단순한 회복 이상의 성장이 이루어지는 경우가 있습니다. 이를 외상 후 성장Post Traumatic Growth, PTG 혹은 유익성 발견Benefic Finding, BF이라고 부릅니다.

유익성 발견은 누구나 시도할 수 있는 간단하면서도 강력한 방법입니다. 연구에 따르면 유익성 발견은 다양한 스트레스 상황에서 단순히 역경을 극복하는 것을 넘어, 더 충만하고 단단한 삶을 향해 나아가도록 돕습니다. 이는 단순히 "긍정적으로 생각하자"라는 막연한 접근과는 다릅니다. 어려운 경험을 새롭게 해석하고, 그 안에서 의미를 발견하며 교훈을 찾아가는 데 초점이 맞추어져 있습니다. 예를 들어 힘든 시기를 겪으며 내면의 강인함을 깨닫거나, 그 경험을 통해 자신이 더 성장할 수 있는 가능성을 보는 순간들이 그렇습니다.

또한 유익성 발견은 스트레스 관리 능력을 눈에 띄게 향상시킵니다. 스트레스를 단순히 피해야 할 존재로 보는 대신 도전할 수 있는 기회로 바라보는 관점이 형성됩니다. 연구에 따르면 유익성을 발견한 사람들은 부정적인 경험 속에서도 성장의 기회를 찾아내는 데 탁월한 능력을 보였습니다. 예컨대 예상치 못한 어려움 속에서도 자신의 숨겨진 강점을 새롭게 깨닫거나, 기존에 없던 창의적인 해결책을 발견하는 모습을 보였습니다.

마지막으로 유익성 발견은 삶의 방향성을 정립하게 만듭니다. 힘든 경험을 새롭게 바라보면 삶에 새로운 목표와 의미를 부여할 수 있습니다. 가령 큰 실패를 성장의 발판으로 삼거나, 아픔을 통해 다른 사람을 돕게 되는 경우가 이에 해당합니다.

새로운 의미를 발견하려는 과정은 때로는 불편하거나 어색하게 느껴질 수 있습니다. 마치 내가 겪은 고통이 부정당하거나, 그 무게가 가볍게 여겨지는 듯한 기분이 들기도 할 것입니다. 이런 반응은 당신이 아직 준비되지 않았다는 신호입니다. 유익성 발견은 고통을 외면하거나 억지로 정신승리하려는 노력이 아닙니다. 이 과정은 준비가 되었을 때 자연스럽게 이루어져야 하므로 신에게 조금 더 시간을 주며 기다려주세요. 진정성 없이 만들어낸 의미는 오히려 감정을 억압하고 치유를 방해할 수 있습니다. 다만 아직 준비가 되지 않았더라도, 고통이 결국 당신의 삶에 긍정적인 전환점이 될 수 있다는 사실은 믿어도 좋습니다. 당신의 이야기는 아직 끝나지 않았고, 새로운 장을 열어갈 힘은 당신 안에 있으니까요.

마음이 열리고 진정성 있게 시도할 준비가 되었다면, 아래의 과제를 통해 스트레스의 또 다른 의미를 발견해보세요. 유익성 발견에서 지나치게 일상적이거나 사소한 스트레스는 대상이 될 수 없습니다. 가령 시끄러운 소음이라든지 사람들이 밀집한 지하철을 탈 때 느끼는 스트레스와 같은 것들은 적당하지 않습니다. 그보다는 쉽사리 해결되지 않고 오랫동안 삶에 상당한 영향을 주고 있는 사건이 적합합니다. 다른 사람으로부터 상처를 받았던 일이나 원하던 목표가 좌절되었던 경험, 신체적 혹은 정신적인 질환으로 아팠던 일, 소중하게 여기던 것을 잃어버렸던 경험 등을 적어보세요.

유익성 발견하기

아래에 당신이 경험한 스트레스 사건이나 도전을 간단히 적어보세요.

예) 직장에서의 갈등, 건강 문제, 관계의 어려움 등

사건: _____

_____

_____

_____

_____

_____

_____

이제 2분 동안 이 사건의 새로운 의미를 발견해봅시다. 아래 질문을 따라 적어보세요.

1. 이 경험에서 무엇을 배울 수 있었나요?

예) "나의 감정을 관리하는 능력을 키웠다."

_____

_____

_____

2. 이 사건이 나에게 어떤 긍정적인 변화를 가져왔나요?

예) "더 강한 사람으로 성장했다."

_____

_____

_____

3. 이 사건이 나의 우선순위와 가치관에 어떤 영향을 주었나요?

예) "가족과 보내는 시간이 얼마나 중요한지 깨달았다."

_____

_____

_____

4. 이 사건을 통해 더 나은 관계나 기회를 얻었나요?

예) "새로운 친구를 사귀었고, 그들과 더 깊은 유대를 형성했다."

_____

_____

_____

5. 이 사건이 나의 자아와 삶에 준 긍정적인 영향은 무엇인가요? 한 문장으로 정리해보세요.

예) "이 경험은 나를 더 강하게 만들었고, 새로운 기회를 발견하는 법을 배우게 했다."

_____

_____

_____

6. 이 사건에서 얻은 유익성을 통해 앞으로 무엇을 할 수 있을까요?

예) "새로운 도전을 더 두려움 없이 받아들이겠다."

_____

_____

_____

쉽사리 떠오르지 않는다면 아래 예시들을 참고해보세요. 이 예시들은 스트레스 사건에서 긍정적인 의미를 발견하는 데 멋진 아이디어와 영감을 줄 것입니다. 각 항목을 읽으면서 "이거 나한테 해당되나?" 하고 가볍게 떠올려보세요. 그런 다음, 이를 바탕으로 당신만의 특별한 유익성을 찾아내고 그 의미를 당신만의 언어로 표현해보세요.

\\\

예시

자아와 관련된 유익성 발견

- 강인함 발견: "나는 내가 생각했던 것보다 더 강한 사람임을 알게 되었다."
- 문제 해결 능력 향상: "새로운 방식으로 문제를 접근하고 해결하는 법을 배웠다."
- 감정 관리 능력 강화: "내 감정을 더 잘 이해하고 다스릴 수 있는 힘이 생겼다."

관계와 관련된 유익성

- 진정한 관계 발견: "어려운 상황 속에서 진정한 친구가 누구인지 깨달았다."
- 가족 유대 강화: "가족의 소중함을 알게 되었고 서로를 더 잘 이해하게 되었다."

- 공감 능력 향상: "다른 사람들의 고통과 어려움을 더 잘 이해하고 공감할 수 있게 되었다."

삶의 방향성과 관련된 유익성

- 새로운 기회 발견: "이 사건이 새로운 길을 탐색할 기회가 되었다."
- 목표 재정립: "삶의 방향성을 재설정하고, 나만의 새로운 목표를 세웠다."
- 삶의 재조명: "이 경험을 통해 내 삶의 가치와 우선순위를 다시 정의할 수 있었다."
- 삶의 소중함 인식: "지금 이 순간이 얼마나 소중한지 깨닫고, 더 감사하게 되었다."

삶의 기술과 관련된 유익성

- 대처 기술 습득: "스트레스를 다루는 새로운 전략을 배우게 되었다."
- 자립 능력 강화: "혼자서도 상황을 해결할 수 있는 자립심이 커졌다."
- 회복 탄력성 향상: "다가올 도전에서도 다시 일어설 수 있는 힘과 용기를 얻었다."

삶의 철학과 관련된 유익성

- 삶의 의미 발견: "어려움을 통해 삶의 본질을 이해하고 새로운 가치를 발견했다."
- 영적 성장: "고난을 통해 내 영혼은 단단해졌고 내면의 평화를 얻었다.
- 인내와 희망: "시련을 견디며 희망의 빛을 찾는 방법을 배웠다."

피해자 역할에서 벗어나라

고집스럽게 사건의 어두운 면만을 보려 한다면, 더 깊은 소외감과 절망감에 스스로를 가두게 될 뿐입니다. 그렇게 갇혀버리는 것이 정말로 당신이 바라는 일인지 한번 생각해보세요. 혹시 자신의 행복을 바라는 순수한 마음을 꺾어버릴 정도로 '피해자 역할'에 머물고 싶은 것은 아닐까요? "나는 희생자이고 따라서 책임은 내 몫이 아니다"라는 자기 위안은 현재의 어려움에 직면하거나 해결해야 할 부담을 잠시 덜어줄 수 있습니다. 하지만 이러한 심리적 방어기제는 순간적인 안정감을 줄 뿐, 개인의 성장과 회복을 차단하며 무력감과 자기 불신으로 이어질 위험이 큽니다. 연구에 따르면 피해자 역할은 즉각적으로 심리적 부담을 덜어주는 속성 때문에 중독성을 지니는 것으로 나타났습니다. 하지만 당신이 진정으로 자신을 사랑한다면, 이러한 중독의 유혹에서 벗어나 더 나은 삶을 선택해야 합니다.

뿐만 아니라 최근 몇 년간 'PTSD Post-Traumatic Stress Disorder'나 '외상 후 스트레스 장애'라는 단어가 지나치게 남용되고 있습니다. 종종 일상적이고 일시적인 스트레스 사건조차도 트라우마라고 표현하며, 심지어 긍정적인 측면도 충분히 찾을 수 있는 가치중립적인 사건도 그렇게 묘사하곤 합니다. 반면 '외상 후 성장'이라는 단어를 사용하는 경우는 거의 보지 못했습니다. 이런 현상은 스트레스와 역경을 바라보는 우리 사회의 왜곡된 시각을 잘 보여줍니다.

스트레스를 트라우마로 규정하는 순간, 무의식적으로 자신을 외상 후 스트레스 장애 환자로 여길 수 있습니다. 물론 단기적으로는 고통을 정당화하며 위안을 얻을 수 있습니다. 그러나 이와 동시에 일종의 자기불구화Self-handicapping 현상을 일으키게 됩니다. 자기불구화란 스스로 자신에게 무의식적인 장애물을 만들어 어려움을 극복하지 못하도록 제약을 거는 심리적 메커니즘입니다. 자신도 모르게 스트레스 상황을 극복할 기회를 차단하며, 문제에서 벗어나지 못하도록 자신을 묶어두는 결과를 가져올 수 있습니다. 이런 함정에 빠지지 않도록 조심하세요.

작은 성공이 가져다주는
자기 신뢰

작은 성취를 축적할 때
자기 신뢰는 자연스럽게 자란다.

_로빈 샤르마

우리는 거대한 변화를 통해서만 자신을 신뢰 할 수 있을 것이라고 착각하지만 사실 그 방법은 의외로 단순하다. 아주 작은 행동 하나가 자기 신뢰의 스위치를 딸깍하고 켜줄 수 있다. 하루 5분의 스트레칭, 물 한 잔의 의식적인 섭취, 혹은 한 줄의 감사 기록처럼 사소해 보이는 행동이 자기 신뢰의 시작점이다. 이 행동들은 너무나 작고 사소해서 "과연 이런 것들이 나를 믿게 할 수 있을까?" 하고 의심스러울 수 있지만 의외로 이런 작은 행동이 "나는 해낼 수 있다"라는 감각을 만들어내고 더 큰 도전과 변화를 받아들일 용기를 준다.

동기부여 연설가 멜 로빈스Mel Robbins는 작은 행동 하나가 삶을 어떻게 변화시키는지를 보여주는 산증인이다. 한때 그녀는 깊은 우울과 무기력 속에 빠져 있었다. 하루를 시작하는 것조차 버겁고 거울 속 자신을 바라보는 일도 고통스러웠다. 그러던 어느 날 "내가 나를 응원하면 어떨까?"라는 생각으로 작은 행동을 시작했다. 아침에 일어나자마자 거울 앞에 서서, 몇 초간 거울에 손을 대며 자신과 하이파이브를 나누는 것이다. 처음에는 솔직히 어색하고 조금 우스꽝스럽게 느껴졌다고 한다. 하지만 멜은 자신과의 이 작은 약속만큼은 반드시 지키겠다고 마음먹었다.

"하이파이브는 내가 나 자신을 믿는다는 가장 강력한 메시지였어요." 단 몇 초간의 손짓이었지만. 이 단순한 행동이 그녀의 뇌 보상 시스템을 자극해 도파민을 분비시켰다. 매일 아침의 간단한 의식은 "나는 나를 믿고 응원한다"라는 메시지를 마음 깊이 새기게 했다. 하이파이브를 하면서 멜은 무너졌던 자기 신뢰를 회복했고 무기력의 늪에서 벗어나 자신을 일으켜 세울 수 있었다.

나를 믿게 하는 씨앗, 작은 성공

석호 씨는 몇 달 전까지 침대에서 일어나는 것조차 버거웠다. 우울증으로 인한 무력감은 그의 일상을 무너뜨렸고, 머릿속은 온통 "나는 못해"라는 부정적인 생각으로 가득 차 있었다. 친구와의 약속도, 회사에서의 업무도 모두 부담스럽게 느껴졌다. 석호 씨는 나의 권유로 작은 도전을 시작해보기로 했다. 첫 도전은 아주 단순했다. "아침에 일어나 물 한 잔 마시기." 처음엔 이 간단한 행동조차 힘겹게 느껴졌지만 그는 스스로와 약속했다. "이건 나를 위한 거야. 딱 한 번만 해보자." 그렇게 첫날 침대 맡에 놓아둔 물컵을 들어 한 모금의 물을 마셨다. 그 순간 그는 미묘한 성취감을 느꼈다. 작디작은 일이었지만 "해냈다"라는 느낌이 그를 살짝 미소 짓게 만들었다.

그다음 날도 그리고 그다음 날도 석호 씨는 이 작은 성공을 반복했다. 일주일이 지나자 그는 다른 도전을 추가할 수 있었다. "아침에 창문 열고 환기하기." 이 두 가지 목표를 매일 실천하며 그는 조금씩 활기를 되찾았다. 시간이 지나면서 석호 씨의 목표는 점점 더 다채로워지고, 한층 높은 수준으로 발전했다. 매일 5분씩 걷기, 하루 한 끼 건강한 식사 만들기와 같은 도전도 추가했다. 작은 성공들이 쌓일수록 석호 씨는 "해낼 수 있는 힘을 가진 사람"으로 자신을 다시 정의할 수 있었다.

작은 성공이 강력한 이유는 즉각적인 성취감을 제공하기 때문이다. 운동이 끝났을 때 해냈다는 그 강렬한 기분을 떠올려 보라. 짧은 순간 우리의 뇌는 보상 시스템을 활성화하고 도파민을 분비한다. 도파민은 단순히 기분을 좋게 만드는 데 그치지 않고 "더 해보고 싶다"라는 동기를 부여하며 다음 성공으로 이어지는 문을 열어준다.

성공 경험이 축적될수록 우리의 뇌는 긍정적으로 재구성된다. 뇌의 보상 회로가 강화되고 자기 신뢰를 키우는 신경망이 형성된다. 작은 성공은 단순한 성취가 아니라 뇌를 훈련하는 과정인 셈이다. 스트레스와 실패에 대한 두려움을 줄이고, 도전과 성취를 긍정적으로 받아들일 수 있는 능력을 키운다. 결국 작은 성공은 점진적 성취Enactive Mastery로 이어진다. 우리는 종종 거대한 목표를 세우고 그 크기에 압도되어 시작조차 하지 못하는 경우가 있다. 이럴 때 작은 성공은 불안과 두려움을 잠재우는 해독제가 된다. 목표를 작고 구체적으로 나누고, 하나씩 달성하는 과정에서 "나는 할 수 있다"라는 믿음이 천천히 그러나 확고하게 쌓인다.

"오늘도 해냈다!"라는 기록의 힘

오프라 윈프리Oprah Winfrey는 "기록은 단순한 습관이 아니라 자신을 발견하는 과정"이라고 했다. 그녀의 말처럼 기록은 우리의 성취를 선명히 보여주는 도구다. "오늘도 건강한 식단 성공!"이라는 짧은 뇌의 보상 시스템을 강렬히 자극한다. 기록 그자체가 보상이 되어 작은 성공을 더 많이 반복하고 싶어지는 동기를 부여하는 것이다. 기록은 우리의 내면을 다독이고 격려하는 역할도 한다. "오늘도 해냈다!"라는 간단한 문구는 불안과 두려움을 누그러뜨리고 더 큰 도전을 위한 심리적 여유를 만들어준다.

작은 성공은 기록을 통해 더욱 생생하게 체화되며, 강력한 자극제로 작용해 뇌를 깨운다. 해마와 전두엽을 활성화시켜 성공의 기억을 더욱 선명하고 오래도록 유지하게 만든다. 특히 손으로 적는 기록은 감각 운동 피질을 자극해 성공 경험을 깊숙이 각인시킨다. 한마디로 기록은 "나 해냈어!"라는 긍정적인 신호를 뇌 구석구석에 퍼뜨려 자기 신뢰를 강화하는 촉매제라고 할 수 있다.

기록의 또 다른 매력은 바로 성장과 변화를 추적할 수 있다는 데 있다. 시간이 지나 기록을 펼쳐볼 때 과거의 나와 지금의 내가 마주하는 순간은 꽤 짜릿하다. "3개월 전에는 매일 운동하기가 그렇게 힘들었는데 지금은 자연스러운 일상이 됐네"라는 깨달음은 감동을 안겨준다. "나, 꽤 괜찮게 잘하고 있잖아"라고 자신에게 미소 지을 수 있는 기쁨, 기록이 주는 값진 선물이다. 나를 신뢰하는 사람으로 거듭나는 일은 거창한 계획에서 시작되지 않는다. 바로 지금, 작은 행동들이 쌓여 만들어진다. 여기에 기록의 힘을 더하면 그 효과는 배가된다. 지금 펜을 들고 오늘의 작은 성공을 적어보라. "오늘도 해냈다!"라는 확신은 자신에 대한 믿음을 키워줄 것이다.

자기 신뢰를 키우는 3단계 기록법

- **시간:** 자기 전 혹은 하루를 시작하기 전에 적어보세요. 다만 매일 꾸준히 실천하세요. 짧고 간단하게 적어도 괜찮습니다.
- **도구:** 노트, 다이어리, 메모앱, 음성 녹음 등 편한 도구를 선택하세요.

1. 오늘의 작은 성공

오늘 해낸 작은 성공 한두 가지를 적어보세요.

> 예) "아침에 침대 정돈 완료!", "업무 중 동료에게 친절한 피드백을 건넸다."

2. 나의 강점

오늘 행동 속에서 발견한 나의 강점 한 가지를 적어보세요.

> 예) "꾸준히 노력하는 내 모습을 볼 수 있었다", "도움이 필요한 사람에게 먼저 다가가는 내 배려심이 돋보였어."

3. 내일의 나에게

내일을 위한 응원 한마디를 적어보세요.

> 예) "내일은 더 자신감을 가지고 도전하자!", "작은 걸음도 멋진 성취야. 계속 나아가보자!"

운동으로
스트레스의 무게를 덜어내라

운동은 몸을 강하게 만들 뿐 아니라
자신을 믿는 강한 정신력을 만들어준다.
_세레나 윌리엄스

피로와 스트레스는 먼지처럼 우리의 활력을 잠식한다. 운동은
그 먼지를 털어내고 생기를 불어넣는 마법 같은 힘을 지녔다.
단순히 스트레스를 해소하는 데 그치지 않고, 자신감을 북돋우
며 삶의 통제감을 되찾게 한다. 더 나아가 뇌의 구조와 기능을
업그레이드해 스트레스 상황에서도 흔들리지 않는 강인함을
만들어낸다. 소설가 한강, 테슬라 창립자 일론 머스크Elon Musk,
미국의 전 대통령 테오도어 루즈벨트Theodore Roosevelt, 테니스 선
수 세레나 윌리엄스Serena Williams에 이르기까지 다양한 분야에서
두각을 나타낸 이들은 공통적으로 운동이 성공과 커리어의 중
요한 원동력이었다고 입을 모은다.

운동은 불확실한 삶 속에서 확실성을 만들어내는 가장 쉬운

방법이다. 매일 나와의 약속을 지키고 목표를 하나씩 달성해나가며 느끼는 통제감은 내가 내 삶을 주도하고 있다는 확신으로 이어진다. 이 확신은 내면의 강인함을 키우고, 스스로를 보호하고 돌볼 수 있다는 믿음을 쌓아 올린다.

운동이 자기 신뢰를 강화하는 메커니즘

30킬로그램을 감량한 지훈 씨는 체중 변화와 함께 삶의 전반적인 변화를 경험했다. 처음 나를 찾아왔을 때 그는 여러 번의 다이어트 실패로 인해 우울감과 무력감에 젖어 있었다. 자신감은 바닥을 쳤고 "나는 아무리 노력해도 결국 실패할 거야"라는 생각이 머릿속을 떠나지 않았다. 다시 다이어트를 시작하고 싶다는 마음은 간절했지만 실패에 대한 두려움이 그의 발목을 잡고 있었다. 지훈 씨는 다이어트뿐만 아니라 다른 삶의 문제들에서도 주저하고 힘들어했다. 더 이상 자신을 믿고 의지할 수 없는 상태에 놓여 있었기 때문이다. 나는 지훈 씨에게 작은 성공을 쌓아가며 자기 신뢰를 회복해보라고 조언했다. 그는 아주 작은 목표를 세우는 것부터 시작했다. "오늘은 10분만 운동하고 한 끼만 제대로 관리해보자." 이렇게 작은 목표들을 하나씩 달성하며 자신에 대한 믿음을 서서히 회복해나갔다.

운동을 꾸준히 하면서 지훈 씨는 눈에 띄는 외형적 변화를 경험했다. 체지방은 줄고 골격근량은 늘었다. 예전엔 거울 속의 자신을 보면 실망스럽기만 했지만 이제는 희망과 자부심을 느낄 수 있었다. 그는 감량 전의 사진을 일부러 거울에 붙여두었다. 자신의 변화를 매일 확인하면서 자신감을 키워나갔다. 이제 그는 일상에서 맞닥뜨리는 문제들 앞에서 더 이상 방황하거나 주저하지 않는다. 자신의 삶을 능동적으로 이끌어가고 있으며, 운동은 그의 삶에서 없어서는 안 될 중요한 일상이자 소중한 루틴이 되었다.

운동은 '작은 성공'을 쌓아가는 현명한 방법이다. 규칙적으로 운동하는 사람들은 더 자주 성취감을 느끼며, 작은 성공의 기쁨은 사고를 확장하고 시야를 넓히는 데 도움을 준다. 운동으로 달라진 몸은 자연스럽게 마음까지 긍정적으로 변화시킨다. 매력적이고 건강해진 자신의 모습을 보며 긍정적인 자기 이미지가 형성된다. 또 운동은 궁극의 자기 돌봄으로 스스로에게 "봐, 내가 널 잘 챙기고 있어, 걱정 마!"라고 말하는 일이다. 마치 믿을 만한 만한 보호자에게 돌봄을 받고 있는 것처럼 안정감을 느끼게 해준다.

스트레스의 외적 해독제

운동은 스트레스 독성을 해독하는 역할을 한다. "눈에는 눈, 이에는 이"라는 말처럼 스트레스를 신체적 스트레스인 운동으로 해소하는 것이다. 이는 우리 몸의 적응적 반응Adaptive Response으로 스트레스 상황에서 몸과 마음이 균형을 되찾는 과정을 일컫는다. 도전 반응은 스트레스 상황에서 반응과 회복이라는 두 단계로 이루어진다. 첫 번째 반응 단계에서는 발생한 스트레스에 대응하기 위해 몸이 즉각적으로 풀가동 상태에 들어간다. HPA축의 활성화와 함께 코르티솔이 분비되고, 몸은 스트레스라는 적에 대비하기 위해 방어 태세를 갖춘다.

그 후 스트레스 상황이 끝나면 회복 단계가 시작되며 이때 적응적 반응이 일어난다. 부교감신경계가 활성화되면서 몸이 균형을 되찾고 HPA축은 안정화된다. 코르티솔 분비가 정상 수준으로 돌아오며, 반응 단계에서 발생한 독성이 해독되고 세포와 조직도 복구된다. 놀랍게도, 이때 단순히 스트레스 이전 상황으로 돌아가는 것이 아니라 오히려 이전보다 더 강화된다. 적절한 스트레스가 전화위복이 되어 잠재력을 끌어올리고, 긍정적인 변화를 이끄는 기폭제가 되는 것이다.

다만 적응적 반응이 제대로 이루어지지 않으면 우리 몸과 마음은 번아웃이라는 늪에 빠진다. 스트레스의 과도한 자극이 오히려 HPA축의 기능을 마비시키고 스트레스에 대한 반응 자체가 무뎌진다. 스트레스 상황에 제대로 대응할 수 없으며, 균형을 회복하는 능력 또한 저하된다. 이를 예방하고 스트레스를 잘 관리하기 위해서는 평소에 도전 반응을 훈련하는 것이 중요한데, 그중 운동은 가장 접근하기 쉽고 효과적인 방법이다. 조금만 따져보면 운동 자체가 하나의 스트레스 상황이라는 것을 알 수 있다. 바쁜 일상 속에서 시간을 쪼개 운동할 시간을 내야 하고, 익숙치 않은 동작을 배우며, 평소보다 더 많은 에너지를 써야 한다. 이러한 과정은 도전적일 수 있지만, 회복 단계를 거치는 동안 몸과 마음은 더욱 강력하고 최적화된 상태로 변화하며 치유된다.

규칙적인 운동은 HPA축을 점차 정상화시키고, 코르티솔 분비를 줄여 몸이 스트레스 독성에서 벗어나도록 돕는다. 뿐만 아니라 엔도르핀이나 세로토닌과 같은 행복 호르몬을 분비해 기분을 개선하고 스트레스를 더 건강하게 처리하도록 돕는다. 운동 후 오히려 피로감이 줄고 몸이 한결 가벼워지는 느낌을 받는 것도 이 때문이다. 또한 운동은 면역 체계를 강화해 스트레스가 남긴 상처를 치유하고, 회복할 수 있는 힘을 길러준다. 운동 중 분비되는 노르에피네프린norepinephrine 호르몬은 NK세포Natural Killer cell 같은 면역 세포를 강화해, 바이러스나 암 세포와 같은 위협에 효과적으로 대응할 수 있게 한다. 그리고 활성화된 열 충격 단백질HSP72은 스트레스로 인해 손상된 신체 조직과 뇌를 보호하는 데 핵심적인 역할을 한다.

운동이 우리를 도전 반응으로 이끈다는 것은 사실은 운동 전후의 DHEA 농도 변화를 통해서도 유추해볼 수 있다. 2018년에 진행된 한 연구는 운동이 기분 변화와 체내 DHEA 수치에 미치는 영향을 조사했다. 이 연구는 60명의 성인을 대상으로 30분간 실내 자전거를 타게 한 후, 운동 전·후의 혈중 DHEA 농도를 측정하는 방법으로 진행되었다. 결과는 인상적이다. 운동 후 참가자들의 DHEA 농도가 상승했을 뿐만 아니라 긍정적인 감정 또한 증가했다. 특히 DHEA의 변화폭이 클수록 긍정적인 정서의 증가도 더 두드러졌다. 아울러 운동 후에 참가자

들은 우울, 피로, 긴장, 분노 등의 부정적인 정서가 줄어들었다
고 보고했다. 이 연구는 운동이 심리적 회복력을 높이고 스트
레스 관리 능력을 향상시키는 강력한 수단임을 보여준다.

이처럼 운동이 스트레스와 기분 변화에 긍정적인 영향을 미
친다는 사실은 우울증 환자들에게 특히 중요한 의미를 지닌다.
우울증이 있는 사람들은 스트레스에 과민 반응하거나 비효율
적으로 대처하는 경우가 많아, 효과적인 관리 전략이 절실하다.
2020년 우울증으로 입원 치료를 받는 25명의 환자를 대상으로
진행한 연구를 살펴보자. 참가자들은 무작위로 두 그룹으로 나
뉘어 한 그룹은 유산소 운동 프로그램에 참여하며 치료를 받
았고, 다른 그룹은 기존의 우울증 치료만 받았다. 운동 그룹은
6주 동안 주 3회, 한 번에 30분 이상 중등도 강도의 운동을 했
다. 이후 모든 참가자들은 스트레스를 유발하는 과제를 수행하
며 코르티솔 분비량과 심리적 반응을 측정했다. 그 결과 운동
그룹은 상대적으로 스트레스 상황에서도 코르티솔 분비가 안
정적으로 유지되어, 운동이 HPA축 정상화에 효과적임을 증명
했다. 더불어 운동 그룹은 이전보다 정서적으로 더 큰 안정감
을 느끼며 스트레스를 효과적으로 처리할 수 있다고 응답했다.

운동으로 만드는 스트레스에 강한 뇌

운동의 스트레스 해독 효과를 입증하는 또 다른 연구 사례도
있다. 비만 여성의 뇌와 스트레스 반응에 운동이 어떤 변화를

가져오는지 살펴본 연구다. 23명의 비만 여성이 주 5회, 3개월 동안 유산소 운동과 근력 운동을 병행하는 프로그램에 참여했다. 그 후 운동 전후의 뇌 영상 데이터를 분석하여 편도체의 대사 활동을 확인하고 코르티솔 수치를 측정했다. 그 결과, 운동 그룹의 편도체 대사 활동이 약 20퍼센트 감소했다. 이는 운동이 편도체가 안정화에 기여했음을 시사한다. 또 운동 그룹의 참가자들은 심리적으로 더 안정감을 느끼고 정서적 웰빙이 증가했다고 보고하기도 했다. 연구자들은 규칙적인 운동이 뇌의 구조와 기능을 변화시켜 스트레스 저항력을 강화하고 정서적 안정감을 높이는 데 효과적이라고 결론지었다.

이와 같은 운동이 일으키는 놀라운 변화의 중심에는 뇌유래신경성장인자Brain-Derived Neurotrophic Factor, BDNF라는 단백질이 있다. BDNF는 운동을 통해 그 분비가 증가하는데, 신경세포의 생성을 촉진하고 신경망을 더 견고하게 연결해준다. 스트레스 반응에서 핵심적인 역할을 하는 해마는 BDNF의 혜택을 가장 많이 받는 뇌 영역이다. BDNF는 해마에서 손상된 신경망을 복구하고 새로운 신경세포를 만들어내며 기존 신경망을 강화한다. 스트레스 저항력을 키우기 위해 어디서부터 시작해야 할지 막막하다면 고민하지 말고 운동부터 시작해보라. 운동은 단순히 몸을 움직이는 것을 넘어 삶 전체를 움직이게 한다. 지금 바로 일어나 몸을 움직여보자.

강철멘탈을 만드는
마음챙김

어떠한 상황에서도
나 자신을 잃지 않겠다고 다짐하는 것이
바로 나의 길이다.
_프리다 칼로

많은 이들이 스트레스 앞에서 담대하고 강한 사람이 되기를 바란다. 하지만 단순히 바라는 것만으로는 아무것도 변하지 않는다. 이를 실현할 구체적인 노력이 필요하다. 변화를 원한다면 행동이 뒤따라야 하며, 스트레스에 대한 진정한 대비는 스트레스 상황이 닥친 이후가 아니라 그 이전부터 이루어져야 한다. 적이 눈앞에 닥쳤을 때 호신술을 배우려는 것이 어리석은 일인 것처럼 스트레스를 잘 다루는 능력도 평소의 준비에서 만들어진다.

운동과 더불어 스트레스에 흔들리지 않는 강철멘탈을 갖는 비결은 의외로 가까운 곳에 있다. 바로 당신의 일상에서 행하는 마음챙김이다.

감정과 행동 사이의 공간을 넓혀라

스트레스를 성장과 도전의 동반자로 여기는 강철멘탈은 마음챙김에서 시작된다. 마음챙김의 진정한 목표는 단순히 현재에 집중하는 것이 아니다. 우리가 감각, 감정, 생각에 자동적으로 반응하지 않도록 충분한 여유 공간을 확보하는 데 목표가 있다. 그 여유 공간을 뇌과학적으로는 반응 유연성이라고 말하고, 마음챙김에서는 의식적 간격Mindful Gap이라고 부른다.

이 개념을 스트레스 상황에 대입해보자. 스트레스 상황에서는 원인과 반응 사이에 의식적 간격이라는 완충 공간이 존재한다. 평온할 때는 이 공간이 넓어 선택의 여유가 있지만 스트레스 상황에서는 이 공간이 좁아지기 쉽다. 다만 평소 마음챙김을 꾸준히 수련해온 사람은 스트레스 상황에서도 일정한 여유 공간을 유지할 수 있다. 이 여유 공간 덕분에 스트레스에 압도당하지 않고 도전 반응으로 나아갈 수 있는 것이다. 강철멘탈은 단순히 담대한 태도만을 의미하지 않고 유연함을 포함한다. 이는 상황을 있는 그대로 수용하면서도 자신이 변화시킬 수 있는 지점을 찾아내는 능력이다.

반면 마음챙김 수련을 하지 않은 사람은 평소에도 의식적 간격이 충분하지 않아서, 스트레스 상황에 처하면 이 공간이 거의 사라진다. 그 결과, 반사적으로 위협 반응에 빠지고 감정적 폭발을 일으키며, 부정적인 대처로 이어져 스트레스를 악화시키는 악순환에 빠진다.

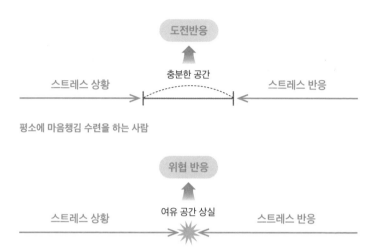

충분한 공간

도전반응

스트레스 상황 ──→ ‖ ⌒ ‖ ←── 스트레스 반응

평소에 마음챙김 수련을 하는 사람

여유 공간 상실

위협 반응

스트레스 상황 ──→ ✦ ←── 스트레스 반응

평소에 마음챙김 수련을 하지 않는 사람

스트레스의 내적 해독제

스트레스는 우리가 알아채지 못하는 사이에 온몸의 근육을 경직시킨다. 또 긴장감이 고조되는 상황에서는 자신도 모르게 호흡이 빨라지고 얕아지게 되는데, 이 상태를 흔히 '과호흡'이라고 부른다. 과호흡은 교감신경계를 자극하고 더 심한 긴장 상태로 몰아넣는다. 마음챙김은 이러한 불필요한 긴장을 자각하고 완화하는 데 도움을 준다. 자신의 호흡에 주의를 기울이며 깊고 규칙적인 호흡을 하면 몸은 점차 긴장을 풀고 이완된다. 이러한 신체적 반응은 마치 안전한 환경에서 무장을 해제하는 것처럼 뇌에 "이제 괜찮다"라는 신호를 보낸다. 이 신호는 긴장과 경계를 유발하는 교감신경계의 흥분을 가라앉히고, 대신 몸과 마음을 이완시키는 부교감신경계가 주도권을 잡을 수 있게 돕는다. 쉽게 말해 정기적으로 마음챙김을 실천하면 스트레스에 대처하고 회복하는 힘이 점차 강해진다. 아울러 자기 통제력과 자신에 대한 신뢰를 자연스럽게 쌓아갈 수 있다. 마음챙김 훈련의 효과는 과학적 연구에서도 확실히 뒷받침되고 있다.

정신종양학* 교수인 린다 칼슨Linda E. Carlson과 그의 동료들은 유방암과 전립선암 환자를 대상으로 8주간의 마음챙김 훈련을 진행했다. 연구 결과, 마음챙김이 스트레스 증상을 감소시키고 삶의 질을 향상시키는 데 효과적임이 입증되었다. 뿐만 아니라, 수면의 질, 운동 습관, 카페인 섭취 등 건강에 영향을 미치는 행동에서도 긍정적인 변화가 관찰되었으며, 환자들의 HPA축 기능이 정상화되는 결과를 보였다. 그녀의 또 다른 연구에서는 마음챙김의 이점이 프로그램 종료 후 6개월까지 지속되었다는 놀라운 발견도 있었다.

또 하나의 흥미로운 연구도 있다. 2018년 덴마크 시립 의료센터에서 진행된 이 연구는 스트레스가 많은 131명의 참가자를 대상으로 했다. 첫 번째 그룹은 마음챙김 기반 스트레스 감소 프로그램Midfulness Based Stress Reduciton, MBSR으로 8주간 치료를 받았고, 두 번째 그룹은 마음챙김이 아닌 다른 방식의 스트레

---

* 정신종양학Psycho-Oncology은 암 환자와 생존자의 정신적, 정서적, 사회적 문제를 다루는 의학 및 심리학의 융합 분야다. 암의 진단, 치료, 회복 과정에서 발생하는 심리적 스트레스와 그로 인한 삶의 질 변화를 이해하고, 환자 및 가족이 겪는 정신적 고통을 줄이는 것을 목표로 한다.

스 감소 프로그램으로 치료를 받았다. 그리고 나머지 그룹은 치료를 받지 않았다. 8주 후 치료 전후의 혈중 DHEA 농도를 비교한 결과, 마음챙김 치료를 받은 그룹에서 DHEA 수치가 가장 크게 증가한 것으로 나타났다. 또한 참가자들이 직접 보고한 스트레스 감소 효과도 이 그룹이 가장 두드러졌다.

마음을 다스리는 3초의 힘

스트레스를 받으면 숨이 가빠지고, 숨을 제대로 들이마시지도 못한 채 헐떡이며 내뱉는 상태가 반복된다. 이로 인해 혈액 내 이산화탄소 수치가 비정상적으로 낮아져 저탄산혈증hypocapnia 이 발생한다. 저탄산혈증은 마치 브레이크가 고장난 차처럼 교감신경계를 질주하게 만들며 한계치까지 몰아붙인다. 과호흡 → 저탄산혈증 → 교감신경 활성화 → 위협 반응의 증폭 → 불안감 증가 → 과호흡으로 이어지는 악순환으로 진입하는 것이다. 이 과정을 이해하려면 애니메이션 《인사이드 아웃 2》에서 불안이 폭주하는 모습을 상상해보자. 불안감이 점차 증폭되며 통제 불가능한 상태로 치닫는 모습은 과호흡이 초래하는 일련의 과정과 닮아 있다. 이때 호흡을 의식적으로 깊고 천천히 코로 들이마시고 입으로 내쉬며 호흡의 리듬을 안정시킬 수 있다. 이 과정은 혈액 내 이산화탄소 수치를 정상 수준으로 회복시키고, 과도하게 활성화된 교감신경계를 진정시킨다. 결국 이러한 방법을 통해 악순환의 고리를 끊고 신체와 마음의 균형을 되찾을 수 있다.

'3초 호흡법'은 스트레스 상황에서 쓸 수 있는 간단하고 효과적인 마음챙김 기술이다. 우선 코로 3초 동안 숨을 깊게 들이마신다. 이때 배가 부풀어 오르는 것을 느낀다. 공기가 폐에 가득 찬 상태에 도달하면 3초간 호흡을 잠시 멈추며 안정감을 느낀다. 다시 입으로 3초 동안 천천히 숨을 내뱉는다. 공기를 완전히 배출하며 이완되는 느낌에 집중한다. 들이마시기-유지-내쉬기를 각각 3초씩 반복하는 과정을 반복하면 된다.

강철 멘탈은 타고나는 것이 아니라 훈련을 통해 만들어지는 것이다. 운동이 뇌의 HPA축을 안정화하며, DHEA 농도를 높이고 BDNF 분비를 촉진하는 외적 해독제라면, 마음챙김은 내적 해독제라 할 수 있다. 마음챙김은 단순히 마음의 안정에 그치지 않고, 꾸준한 훈련을 통해 뇌의 구조와 기능을 점진적으로 변화시킨다.

실제로 마음챙김이 뇌의 신경가소성에 미치는 영향을 확인하기 위해 뇌 영상 데이터를 기반으로 한 다양한 메타분석이 이루어졌다. 그 결과, 마음챙김 수행 후 전전두엽 피질의 두께가 증가하면서 스트레스 독성 반응을 제어하는 능력이 강화된 것으로 나타났다. 동시에 위협 반응을 가속화하는 편도체의 회백질 밀도는 감소하고, 위협 반응을 저지하는 해마의 회백질 밀도는 증가했다.

그중 한 가지 연구를 소개한다면 하버드 의과대학과 매사추세츠 대학교 의과대학이 공동으로 진행한 분석 연구를 들 수 있다. 이 연구는 건강한 성인 16명을 대상으로 8주간의 마음챙김 기반 스트레스 감소 프로그램을 수행한 후, 뇌의 회백질 밀도 변화를 측정했다. 연구 결과, 마음챙김을 실천한 그룹에서 전두엽 피질, 특히 충동 조절을 담당하는 영역의 회백질 밀도가 유의미하게 증가했다. 또한 해마의 회백질 밀도가 증가하고 편도체의 회백질 밀도는 감소하는 변화도 관찰되었다. 연구자들은 이러한 결과를 통해 마음챙김이 감정 조절과 스트레스 반응을 조율하는 뇌 신경 회로를 강화하며, 정서적 안정과 스트레스 관리 능력을 효과적으로 향상시킨다고 결론지었다.

물론 마음챙김이 스트레스 상황 자체를 막아줄 수는 없다. 하지만 스트레스에 더 현명하고 능숙하게 대처할 수 있는 힘을 길러준다. 이는 단순히 고통에서 벗어나게 해주는 것 그 이상의 의미다. 적극적으로 도전을 받아들이고 어려움 속에 숨겨진 의미를 발견하며 행복을 창조할 수 있기 때문이다.

일례로 이라크와 아프가니스탄 작전에 참전한 외상 후 스트레스 장애PTSD를 앓고 있는 군인 23명을 대상으로 한 연구는 스트레스 상황이 끝난 후 우리가 어떤 선택을 해야 하는지에 대한 중요한 방향성을 제시한다. PTSD를 앓는 환자들 중 기존 치료법이 효과를 보지 못한 사례가 많았던 만큼, 연구진은 마음챙김을 기반으로 한 새로운 치료법을 시도했다. 이들은 16주 동안 마음챙김 기반 치료를 받으며, 치료 전후의 변화를 평가하기 위해 뇌 영상 검사를 병행했는데, 이를 비교해보니 편도체-전전두엽 간의 연결성이 강화된 것으로 나타났다. 특히 전두엽이 편도체를 효과적으로 억제하는 상향식top-down 조절이 활성화되었다. 또한 참가자들은 PTSD로 인한 과민 반응과 심리적 고통이 줄어들었다고 보고했다.

스트레스 상황에서 당신은 주로 어떤 반응을 보여왔는가? 스트레스가 나를 무너뜨릴 것인지, 내가 스트레스를 디딤돌 삼아 성장할 것인지는 평소의 생활 습관에 달려 있다. 운동을 꾸준히 하고 마음챙김을 실천하는 습관은 멘탈을 단단하게 만든다. 멘탈을 부단히 단련하는 사람과 그렇지 않은 사람은 시간이 흐를수록 삶의 궤적에서 큰 차이를 보일 수밖에 없다.

이 책을 쓰면서 나 또한 무척 스트레스를 받았다. 다만 스트레스를 받지 않았다면 완성하지 못했을 것이다. 또한 이 과정을 통해 치료자로서, 그리고 한 사람으로서 나는 더욱 성장하게 되었음을 느낀다. 애초에 스트레스에서 자유로운 사람은 없다. 스트레스를 능숙하게 극복하는 사람과 스트레스에 압도당하는 사람이 있을 뿐이다. 앞으로 어떤 사람이 될지는 당신의 결정에 달려 있다. 한 가지 다행인 것은 당신의 선택에 따라 뇌는 언제나 변화할 가능성을 지니고 있다는 사실이다. 당신은 결코 힘없는 존재가 아니다. 당신의 결단과 실천이 당신을 변화시킬 것이다.

자기 신뢰가 생기는 메커니즘

어려움을 극복하는 것은 자신만의 고유한 서사를 형성하는 과정입니다. 인간은 과거의 경험을 바탕으로 현재의 자신을 정의하고 미래를 상상하는 존재이지요. 역경을 극복한 기억은 단순히 과거의 한 사건으로 남지 않고, 앞으로의 삶에 지속적인 영향을 미칩니다. "나는 어려운 상황에서도 끝까지 해낼 수 있다"라는 강력한 자기 확신이 생기는 것입니다. 자신에 대한 부정적인 인식은 긍정적으로 전환될 수 있습니다. 힘든 상황 속에서도 끝까지 포기하지 않고 문제를 해결해 나가면서 자신의 가능성을 새롭게 평가하는 식이지요. 결국 우리는 단순히 어려움을 극복하는 것이 아니라 자신에 대한 인식을 긍정적으로 재구성합니다.

이 과정에는 전전두피질과 해마가 관여합니다. 전전두피질은 알겠는데 기억을 담당하는 해마는 왜 관여하냐고요? 우리가 문제를 해석하고 대처하는 과정에서 과거의 기억에 영향을 받기 때문입니다. 해마는 또한 단기 기억과 장기 기억을 연결하는 핵심적인 역할을 합니다. 단기 기억 중 남겨둘 만한 가치가 있는 것은 장기 기억으로 전환해 평생 동안 유지하지요. 특히 반복적인 경험이나 강렬한 감정적 동요가 일어난 사건들은 장기 기억으로 저장됩니다. 즉, 삶의 고난 속에서 겪은 치열한 감정의 서사와 좌절을 넘어선 순간에 느낀 감동은, 단순히 스쳐가는 기억이 아닙니다. 그것은 우리의 기억 속에 오래 동안 머물며 긍정적인 정체성과 흔들림 없는 자기 신뢰를 만들어줍니다.

5장

관계 속에서
자기 친화력 높이기

관계는 또 다른
형태의 자기 돌봄

확실한 성공 공식은 알려줄 수 없지만
실패의 공식은 알려줄 수 있다.
항상 모두의 비위를 맞추려 하라.
_허버트 스워프

어릴 때는 대개 수동적으로 인간관계를 맺었다. 누구와 가까이 지낼지, 어떤 집단에 속할지가 내 의사와 상관없이 결정되곤 했다. 같은 동네에 사는 친구들이나 같은 반 학급 친구들이 자연스럽게 나의 주요한 관계가 되었다. 맺고 있는 관계에서 내가 발휘할 수 있는 영향력이 그리 크지 않았던 것이다.

어른이 된 우리는 자신의 의사에 따라 점차 능동적으로 인간관계를 맺을 수 있다. 자신을 둘러싼 관계와 소속될 집단을 스스로 결정할 수 있는 것이다. 자기 친화력이 높은 사람들은 이 권한을 백분 활용하며 살아간다. 주기적으로 자신의 인간관계를 점검하고, 자신에게 더 좋은 환경이 될 수 있도록 가꾸고 관리한다. 자기 친화력이 건강하다는 것은 다른 말로 자신의 삶에 스스로 책임을 진다는 것인데, 이 책임감은 인간관계의 영역에서도 발휘된다.

당신의 정원은 어떤 모습인가?

인간관계는 정원 가꾸기에 비유할 수 있다. 정원을 방치하면 잡초들이 여기저기 원치 않는 곳에 뿌리를 내린다. 자신이 원하던 정원의 모습은 사라지고 원하지 않았던 형태를 띤다. 귀하고 예쁜 식물을 풍성하게 키워낼 공간은 줄어든다. 그뿐인가. 해충과 곰팡이가 꼬이기도 한다. 인간관계로 인한 문제를 방치하고 지내면 정돈되지 않은 관계들로 점차 삶을 좀먹게 된다. 사회적 동물로 진화한 뇌는 인간관계를 중시하도록 설계되어 있기에 인간관계로 인한 부정적인 경험은 우리에게 감정적인 상처를 만든다.

자기 친화력이 낮은 사람은 해로운 관계를 방치하며, 결국 스스로를 위험에 처하게 만드는 경향이 있다. 마치 거부할 수 없는 운명이라도 되는 것처럼 잘못된 관계에서 벗어나지 못하는 것이다. 이러한 사람들은 다른 관계에서도 부정적인 경험을 할 가능성이 높고 반복되는 나쁜 경험으로 인해 인간관계 자체에 회의를 느끼며 피해의식에 사로잡혀 살아가기 쉽다. 만약 인간관계에 대해 회의감이 들고, 누군가와 관계를 맺는 일이 버겁게 느껴진다면, 그것을 단순한 감정이 아닌 중요한 신호로 받아들여야 한다. 잠시 멈추고 자신을 둘러싼 인간관계를 점검해보자. 내가 인간관계에서 능동적인 관리자의 태도를 지니고 있는지, 아니면 수동적인 방관자의 태도로 머물고 있는지 깊이 살펴볼 필요가 있다.

반면 자기 친화력이 높은 사람은 자신과 건강한 관계를 맺고 있는 사람들에게 자연스럽게 호감을 느낀다. 그러나 만약 당신이 자기 친화력이 부족해 보이는 사람에게 끌린다면 스스로의 자기 친화력이 어떠한지 고민해보아야 한다. 우리는 본능적으로 자신과 비슷한 속성에 익숙함을 느낀다. 그것이 부정적인 속성이라고 해도 마찬가지다. 익숙하다는 것은 호감으로 오인되기 쉽고, 익숙하지 않은 것은 거부감으로 느껴지기 쉽다. 이를테면 자기 친화력이 약하면 자신을 충분히 사랑하지 못하기에 타인에게도 사랑받지 못할 것이라고 예측한다. 그래서 오히려 자신을 진심으로 사랑해줄 사람을 기피하고, 운 좋게 그런 상대를 만나더라도 "나와 어울리지 않는다"라며 단정 짓는다. 대신 자신에게 상처를 주거나 학대할 가능성이 높은 사람에게 끌리고, 그런 관계에 헌신하는 경향이 있다. 이는 자신이 무의식적으로 써놓은 익숙한 시나리오에 더 자연스럽게 어울리기 때문이다. 사랑받지 못할 것이라는 깊은 불안은 결국 스스로 관계를 망치게 만든다. 자신을 보호하려는 무의식이 발동해, 상대방에게 상처받기 전에 먼저 무례하게 굴거나 배신하며 관계를 끊어내는 것이다. 이와 같은 일들은 우리의 무의식 속에서 자동적으로 이루어지기에, 깊은 자기 인식 없이는 깨닫기 어렵다.

나를 위해 손절할 용기

나영 씨는 늘 상처받는 연애를 반복했다. 그녀는 자신에게 무례하고 함부로 대하는 상대와만 관계를 맺었다. 자신을 학대하는 상대에게 사랑받기 위해 애쓰며 고군분투했지만, 결과는 언제나 참담했다. 그러면 그럴수록 사랑받고 싶다는 열망은 더 강렬했지만 정작 어떻게 해야 사랑받을 수 있는지는 몰랐다. 나영 씨는 스스로 자신을 진실로 사랑하지 않는 사람들을 선택해왔다는 사실을 깨닫지 못했다. 또한 자신을 사랑하지 않는 상대라는 것을 알고 난 후에도 그 관계에서 벗어나지 않은 것은 자신의 책임이라는 것을 알지 못했다. 이러한 연애 패턴은 나영 씨에게 깊은 고통을 안겨주었지만, 왜 같은 상황이 반복되는지 이해하지 못한 채 계속해서 똑같은 방식으로 흘러갔다.

흔히 인간관계를 잘한다는 것을 모든 사람에게 사랑받는다는 것으로 착각하기 쉽다. 그러나 참뜻은 나에게 이로운 영향력을 주는 사람을 잘 선별한다는 뜻이다. 인간관계를 어려워하는 사람은 너무 많은 관계를 맺으려 한다. 하지만 우리의 에너지는 한정된 자원이며, 인간관계에 쏟을 수 있는 에너지는 그중에서도 일부에 불과한데도 말이다. 한정된 자원으로 최대한 풍요로운 결실을 맺으려면, 에너지를 빼앗거나 기분을 망치는 사람들과의 관계를 과감히 끊어야 한다. 사람들의 비위를 맞추어야 한다는 강박관념을 버리면 정말 소중한 사람에게 줄 수 있는 것들이 늘어난다. 그들과 더 많은 시간을 함께 보내며 관계를 더 단단히 다질 수 있다.

그렇다면 나에게 꼭 필요한, 진정으로 영양가 있는 관계는 무엇일까? 나의 VIP는 누구일까? 관계를 통해 치유되려면 소속감과 유대감을 느낄 수 있어야 한다. 이것은 관계의 진실성에서 비롯된다. 나의 취약한 부분과 불완전한 부분을 있는 그대로 받아들여주는 상대에게 우리는 관계의 진정성을 느낀다. 그런 관계 속에서 비로소 자기 자신이 될 수 있으며 자신의 가치를 확인할 수 있다. 당신을 그렇게 대해주는 사람이 한 명이라도 있다면 당신은 참으로 운이 좋은 사람이다. 또 누군가에게 그런 사람이 되어주는 것 역시 매우 가치 있는 일이다.

우리에게 꼭 필요한 관계는 사실 생각보다 얼마 되지 않는데도 많은 사람들이 나영 씨처럼 불필요한 관계를 끌어안고 고통받는 경우가 많다. 끊어내도 되는 해로운 관계를 붙잡고 씨름하면서 자신이 해결할 수 있는 문제라고 오해하기도 한다. 아무리 오랜 세월을 함께하고 한때 가장 친밀했던 관계라고 해도 때로 변질될 수 있다. 한때 VIP 자리를 차지했던 소중한 인물이 어느 날 내 삶을 파괴하는 악마가 되기도 하는 것이 인생이다. 관계가 변질되었을 경우 인연을 떠나보내는 '빠르고 정확한 손절'은 인간관계의 중요한 기술이다. 아픈 관계를 더 이상 지속하지 않겠다고 결단을 내릴 때 내 삶은 더 건강해진다.

한편 관계에서 상처가 많은 사람들은 자신을 희생자로 여기는 경향이 있다. 피할 수 없는 상처를 받았다는 것은 사실이지만 스스로 그 상처를 더 키우고 있는 것은 아닌지 돌아볼 필요가 있다. 있는 그대로의 나를 존중해주고 소중히 여기는 사람을 선택하고, 그들과의 관계에 집중하는 삶을 살아야 한다. 무의미한 관계를 유지하고 확장하는 데 아등바등하게 되면 정말 소중한 관계를 잃게 되고 공허감이 남는다. 해로운 관계로부터 자신을 적극적으로 보호해야 하며, 관계가 변질되었을 때는 과감히 벗어나는 용기도 필요하다.

좋은 사람과의 관계는 곧 자신을 돌보고 사랑하는 행위다. 누군가와 관계를 맺는다는 것은 본질적으로 자신을 소중히 여기며, 더 행복하고 의미 있는 삶을 추구하는 방법이다. 불행한 인간관계는 이러한 본래의 취지에서 벗어난 것임을 알고 스스로에게 언제나 질문해야 한다. "내게 상처를 주는 사람은 누구인가?", "그들이 나에게 상처가 되는 이유는 무엇인가?", "나에게 행복을 주는 관계가 있다면 그 사람은 누구이며 어떤 방식으로 나와 관계를 맺고 있는가?" 당신의 정원을 한번 돌아보라. 지금 그 정원은 어떤 상태인가? 잡초가 무성히 자라 중요한 관계들을 덮고 있지는 않은가? 혹은 무력함에 빠져 주변 관계를 돌보는 일을 소홀히 하고 있는 것은 아닌가? 당신을 소모시키는 잡초같은 관계를 뽑아내고 당신만의 아름다운 정원을 정성껏 가꾸어보라.

배려와 희생 사이
중심 잡기

마음이 건강하지 않은 사람은
자신과 대화하지 않는다.
의사소통은 오직 외부로 향해 있다.

_칼 로저스

다른 사람을 배려하다 보면, 그 배려가 지나쳐 종종 자신 내면의 목소리를 외면하게 되는 경우가 있다. 관계에서 자신을 존중하지 못하는 이유는 크게 두 가지다. 첫째는 타인에 대한 막연한 이상으로 자신을 보호하고 주장할 필요성을 충분히 깨닫지 못하는 경우다. 둘째는 자기 주장의 필요성은 알지만 자신의 생각과 감정을 그대로 표현하는 것에 대해 두려움이 있는 경우다.

재호 씨는 인간관계에서 오는 스트레스로 힘들어했다. 그는 늘 자기 주장을 제대로 하지 못하고 누군가에게 양보하는 입장이 되곤 했다. 이러한 태도가 지나쳐, 원치 않는 희생을 감내해야 하는 상황도 빈번했다. 그럴 때마다 재호 씨는 자신의 입장을 고려해주지 않는 상대방을 원망했다. 상처가 반복되니 지쳤고 인간관계를 아예 포기하고 싶다는 생각에 이르게 되었다. 모든 사람들이 자신을 이용하려 든다는 극단적인 생각에 사로잡히기도 하고, 때로는 솔직한 마음을 드러내지 못한 채 다른 사람에게 휘둘리는 자신이 한심하고 나약하게 느껴졌다.

만약 당신이 재호 씨와 비슷한 상처를 받은 적이 있다면 타인에게 걸고 있는 기대가 너무 이상적이지 않은지 돌아볼 필요가 있다. 애써 내 마음을 말하지 않아도 알아주기를, 내 입장이 되어서 생각해주기를 바랐던 것은 아닐까? 당신이 상처받는 이유는 당신이 부족해서가 아니라 오히려 성숙하기 때문일 수 있다. 사람들은 자신의 수준에 근거해 타인에 대한 기준을 세운다. 만약 당신이 공감 능력이 뛰어나고 배려심이 깊은 사람이라면 타인도 그럴 것이라는 이상적인 기대를 품기 쉽다는 뜻이다. 그러나 이러한 기대는 때로 당신이 마땅히 받아야 할 존중을 상대의 양심에 의존하게 만들고, 스스로 자기 주장의 필요성을 간과하게 한다. 내 목소리를 내지 않아도 상대방이 알아주리라는 믿음은 상처로 되돌아올 위험이 있다.

타인에게 거는 기대를 점검하라

현실 속에서 우리가 만나는 상당수의 사람들은 자기 중심적이다. 정도의 차이는 있지만 각자 자기 위주의 시각에서 벗어나지 못하므로, 말하지 않으면 상대가 느낄 상처나 희생을 알아채지 못할 가능성이 있다. 미성숙한 사람들은 자신이 관계에서 불편함이 없으면 상대방도 불편하지 않을 것이라고 착각한다. 때로는 당신이 희생하고 있다는 사실을 알아도, 특별한 개선을 요구하지 않으면 그것을 허락으로 받아들이기도 한다. 설령 고의가 아니더라도, 본능적으로 자신에게 유리한 방향으로 생각하기 쉬운 것이다.

당신 주변에도 자기 중심적인 사람들이 있을 것이다. 이들은 은연중에 당신에게 희생을 요구하며, 당신을 소진시킬 수 있다. 철학자 니체Friedrich Nietzsche는 "타인은 지옥이다"라고 했는데 엄밀히 말하면 타인이 지옥이 된 데에는 그저 남 탓만 있는 것이 아니다. 모든 사람이 내 권리를 보호해줄 것이라는 비현실적인 기대를 품었던 나 자신도 그 이유 중 하나다. 이러한 헛된 기대가 나에게 여러 차례 상처를 입혀왔다는 것을 되새겨보라. 타인에 대한 기대 수준을 현실적으로 조정한다면 타인은 더 이상 지옥이 아니다. 당신이 받아야 할 존중을 타인에게만 의존하지 않고, 스스로 책임지고 보호하는 법을 익혀야 한다.

상대가 나를 배려하지 않는다고 해서 무작정 상대를 끊어낼 필요는 없다. 재호 씨처럼 다른 사람에게 끌려다니는 자신의 모습을 싫어하며 스스로를 비난할 이유도 없다. 대신 상대에 따라 관계를 맺는 방식을 다르게 적용해야 한다는 점을 깨닫고, 자신의 권리를 주장하는 연습을 시작하라. 존중받는 관계를 만들어가기 위해서는 우선 상대가 어느 정도까지 날 배려해줄 수 있는 사람인지 관찰해야 한다. 타인을 살필 줄 아는 이타적인 사람은 당신이 애써 요구하지 않아도 자연스럽게 당신을 존중해줄 것이다. 그런 사람들과는 좋은 관계를 맺는 것이 수월하다. 인간관계, 특히 가까운 관계는 가급적 이런 부류의 사람들과 맺는 것이 바람직하다.

한편 누군가가 당신을 희생시키려 한다는 판단이 든다면, 자기 주장을 통해 상대의 숨겨진 의도를 파악해야 한다. 양심과 공감 능력을 가진 사람이라면, 당신이 자신의 권리를 되찾으려 할 때 적대감을 드러내지 않을 것이다. 오히려 자신의 미숙함을 돌아보고 반성하며, 늦게나마 당신의 권리를 챙겨주기 위해서 노력할 것이다. 진심 어린 사과를 할 만큼 성숙하지는 않더라도 최소한 움찔하며 문제 행동을 개선하려는 태도를 보일 가능성이 높다. 이런 경우라면 상대가 고의적으로 당신을 희생시킨 것이 아닐 수 있으므로, 해가 되지 않는 방향으로 관계를 발전시킬 여지가 있다. 따라서 자기 주장을 하지 않은 채 섣불리 관계 자체를 포기할 필요는 없는 것이다. 관계의 가능성을 열어두고 상대와의 소통을 통해 더 건강한 방향으로 나아가도록 노력할 가치가 충분히 있다.

나를 주장하지 않는 것은 자기 학대

때로는 배려와 희생을 구분하지 못해 자기 주장을 하지 못하는 경우도 있다. 은영 씨는 30대 초반의 워킹맘으로, 어린 딸을 키우며 바쁜 일상을 보내고 있었다. 어린 시절부터 어머니의 기대에 부응하기 위해 노력해왔고, 어머니가 자주 하던 "네가 있어 내가 산다"라는 말을 들으며 자신의 역할이 얼마나 중요한지 실감하곤 했다. 하지만 시간이 지날수록 어머니와의 관계는 점점 은영 씨에게 심리적 부담으로 다가왔다.

어머니는 자신의 건강 문제를 자주 이야기하며 은영 씨를 불안하게 만들었다. "나 요즘 너무 힘들다. 네가 조금만 더 신경 써주면 내가 이렇게 안 아플 텐데." 어머니는 사소한 증상마저 심각하게 여기며 병원을 자주 찾았고, 은영 씨는 "혹시 정말 큰 병이 있는 건 아닐까?"라는 걱정에 자신의 일정을 조율해 어머니를 돌보는 데 최선을 다했다.

그러나 어머니의 요구는 점점 더 커졌다. 은영 씨가 늦게 퇴근하면 "너는 네 일만 중요하지, 나는 하루 종일 아프고 외로웠다"라며 서운함을 토로했다. 은영 씨가 딸을 돌보느라 전화를 받지 못하면 "네가 엄마를 이렇게 외면하니 정말 못 살겠다"라며 눈물을 보였다. 이런 상황이 반복되면서 은영 씨는 점점 자신의 감정과 필요를 억누르고 어머니의 요구에 맞추어야 한다는 압박을 느꼈다. 한 번은 은영 씨가 어머니에게 솔직하게 "엄마, 나도 요즘 너무 바쁘고 힘들어. 조금만 나를 이해해주면 좋겠어"라고 자신의 힘든 마음을 털어놓았다. 하지만 어머니는 은영 씨의 말을 듣지 않고 "네가 아프고 힘든 게 내 탓이라는 거야?"라며 오히려 화를 냈다. 어머니는 자신이 얼마나 많은 희생을 했는지 강조하며 은영 씨를 죄책감에 빠뜨렸다.

시간이 지나며 은영 씨는 자신이 어머니와의 관계에서 점점 더 소모되고 있음을 깨달았다. 어머니의 요구를 들어주지 못했을 때 자신이 나쁜 딸이라는 죄책감에 사로잡혔다. 어머니의 감정적 폭발을 피하기 위해 애썼지만, 그녀의 노력에도 불구하고 어머니는 요구를 줄이기는커녕 점점 더 많은 것을 바랐다. 결국 은영 씨는 정신과 진료를 통해 자신의 감정을 마주하고, 어머니와의 관계에서 건강한 경계를 설정해야 한다는 것을 배웠다. 어머니를 사랑하지만 자신을 희생시키면서까지 관계를 유지하는 것은 옳지 않음을 깨달았다. 은영 씨는 어머니의 요구를 무조건적으로 수용하기보다는, 자신의 한계를 분명히 표현하는 연습을 했다.

배려와 희생을 명확히 구분할 수 있는 객관적인 기준은 없다. 그러나 당신이 느끼는 감정이야말로 가장 중요한 단서가 된다. 지금 맺고 있는 관계로 인해 당신이 소외감을 느끼고 피해받고 있다고 느끼는가? 그렇다면 당신은 배려가 아닌 희생을 하고 있을 가능성이 높다. 사람들은 때로 자신을 아프게 하는 관계를 유지하기 위해 자신의 불행을 애써 외면한다. 원치 않는 희생을 하면서도 이를 배려나 양보로 포장하며 스스로를 속인다. 관계를 잃는 것이 두렵기 때문에 문제를 축소시키는 것이다. 그렇지만 자신을 속이는 것은 오래 가지 못한다. 피할 수 없는 화살처럼 불행은 어느 순간 당신을 찾아오고야 말 것이다.

자기 주장이 갈등을 일으키는 이기적인 행동이라고 오해해 꺼리는 경우도 있다. 특히 갈등을 피하려는 성향이 강한 사람일수록 그렇다. 이들은 관계가 저절로 개선되기를 바라거나 상처를 준 상대가 먼저 자신의 아픔을 알아차리고 배려해주길 기대한다. 그러나 이런 기대는 실현되기 어렵다. 오히려 상대가 알아차리길 기다리는 동안 관계는 더 악화되기 십상이다. 자기 주장은 이기적인 행동이 아니다. 그것은 서로의 입장을 이해하고 공감할 수 있는 창구를 열며, 자신의 행복을 타인에게 기대지 않고 스스로 책임지려는 성숙한 태도를 드러낸다.

관계를 맺을 때 가장 우선해야 하는 것은 당신 자신의 행복임을 잊지 말라. 당신의 행복을 책임지고 지켜내는 주체도 바로 당신 자신이어야 한다. 이 분명한 진리를 알고 있는 사람은 자기 주장에 대한 두려움이 없다. 자기 주장을 포기한다면 관계의 불균형을 바로잡기 어려워지고, 이는 곧 자신의 고통을 외면하는 일이 된다. 자신이 상처받고 있음을 알면서도 적극적으로 대처하지 않는 것은 결국 자신을 방치하는 것이며, 이는 단순한 무력함을 넘어 일종의 자기 학대라고 할 수 있다.

흔히 노력의 크기보다 노력의 방향과 방법이 중요하다고 하는데 이는 인간관계에서도 그대로 적용된다. 상대방의 성숙도와 특성을 고려해 적절한 방식으로 접근하고 노력해야 한다. 자기 주장은 관계의 정원을 아름답고 건강하게 가꾸는 데 반드시 필요한 기술이다.

나에게 독이 되는 사람은
누구일까?

나쁜 친구와의 교제는
불에 가까이 가는 것과 같다.
그 열기에 타지 않으려면 멀리하라.
_에픽테토스

인간관계에서 가장 중요한 개념은 호혜성Reciprocity이다. 인간관계에서 자주 상처를 입는다면 관계의 호혜성에 대한 이해가 부족한 것이다. 호혜성에 대한 이해가 결여된 경우는 두 가지로 나뉜다. 하나는 세상에는 타인의 권리를 침해하는 약탈자가 적지 않다는 사실을 알지 못하는 것이며, 다른 하나는 자신이 바로 그런 약탈자인 경우다. 이 두 가지는 상반되어 보이지만 결과적으로 인간관계에서 오는 상처를 피할 수 없다는 공통점을 지닌다.

관계라는 것은 양날의 검과 같다. 건강한 관계는 내가 더 행복해질 수 있는 기회가 되지만 잘못된 관계는 나와의 친화력까지 무너뜨린다. 만약 당신이 어떤 관계에서 고통을 느끼고 있다면 우선 그 관계가 건강한 것인지부터 호혜성에 바탕해 점검해야 한다. 호혜는 동등하게 주고받는다는 의미의 라틴어 recíprŏcus레키프로쿠스에서 유래되었다. 둘 이상의 대상이 맺는 관계에서 오는 쌍방향의 이로움을 뜻한다. 호혜성은 더 깊은 차원에서 자신과 타인의 감정, 신뢰 그리고 인간관계의 복잡성을 존중하는 태도로 연결된다. 호혜성을 무시하면, 결국 인간관계의 본질적 상처를 피할 수 없다. 단순히 이익과 손해를 계산하라는 뜻이 아니라 서로를 돕고 살리는 역할을 하고 있는지 점검하라는 것이다. 서로를 통해 자신의 가치를 확인하고 인정받을 때 각자의 자기 친화력은 성장한다. 우리가 사회적 동물이라고 불리는 이유도 서로를 돕고 살리는 호혜적인 관계 속에서 깊은 유대감과 진정한 행복을 느끼기 때문이다.

"일부러 나에게 상처 준 건 아닐 거야"

인간관계를 잘하는 사람들은 세상에 호혜적 관계를 맺을 능력이 없는 사람들도 상당수 존재한다는 현실을 직시한다. 이런 깨달음은 관계를 더 신중히 선택하고, 자신을 보호하며 건강한 경계를 설정하는 데 필수적이다. 주변에 좋은 사람들이 많더라도, 단 하나의 문제되는 관계가 인생 전체를 흔들어놓을 수 있다. 호혜적 관계를 맺을 수 없는 사람과의 관계를 방치하는 것은 마치 삶을 위협하는 시한폭탄을 품고 사는 것과 같다. 당장은 괜찮아 보일지라도 당신의 에너지를 고갈시키며 자기 친화력을 약화시켜 삶의 균형을 무너뜨릴 수 있다.

여기서는 호혜적 관계를 맺을 능력이 없는 사람들을 약탈자라 칭하겠다. 약탈자들은 인간관계를 원시적인 시각에서 접근하며, 자신이 승자가 되지 않으면 패자가 될 수밖에 없다는 약육강식의 세계관을 따른다. 약탈자들은 호혜적인 관계를 통해 진정한 행복을 누릴 수 있다는 사실을 이해하지 못한다. 그럼에도 불구하고 이들은 인간관계에 지나치게 집착하며 타인에게 과도한 관심을 보인다. 왜일까? 약탈자들에게 관계란 상대를 짓밟아 승자가 되는 방법이자 자신을 보호하기 위한 수단이기 때문이다. 이들은 서로 간 신뢰를 쌓고 유지하기보다는 자신이 공격당하기 전에 먼저 공격해야 한다는 왜곡된 생존 전략을 따른다. 나아가 상대를 희생시켜서라도 자신의 이익을 얻으려 한다. 약탈자들은 타인의 희생으로 얻은 이익에 대해 감사나 미안함을 느끼지 않는다. 오히려 그것을 자신이 애써 이룬 승리의 결과물로 간주하며, 마땅히 누려야 할 보상과 특권이라 여긴다. 이는 호혜성이 핵심이 되어야 하는 가족관계, 친구 혹은 연인 관계에서도 마찬가지다.

간혹 상대가 약탈자라는 것을 알게 된 후에도 한참 그 관계에서 벗어나지 못하는 사람들을 볼 수 있는데, 그들은 약탈자를 변화시킬 수 있다는 희망을 품고 있다. "언젠가는 달라질 거야", "일부러 나에게 상처를 준 건 아닐 거야"라는 기대 속에서 관계를 유지한다. 하지만 현실은 냉혹하다. 같은 시대, 같은 공간에서 살아가고 있어도 호혜성을 이해하는 사람과 이해하지 못하는 사람은 전혀 다른 세상을 사는 것과 마찬가지다. 약탈자에게 호혜성을 가르친다는 것은 외계인에게 지구의 언어를 가르치는 것보다 더 어려울 수 있다. 변화란 스스로 동기부여가 될 때만 가능하기에 당신의 희생이나 기다림으로는 이들을 변화시킬 수 없다는 사실을 깨닫길 바란다. 유능한 치료자조차도 자발적 의지가 없는 약탈자는 치료할 수 없다.

이렇게 말하는 나의 태도가 지나치게 강경하다고 느껴질 수도 있다. 또한 세상에 타인을 무너뜨리려는 선명한 의도를 지닌 사람들이 존재한다는 것을 받아들이는 일은 유쾌하지 않을 것이다. 하지만 나는 진료실에서, 세상을 아름답게만 보고 싶어 하는 마음 때문에 약탈자로부터 반복적으로 상처를 입고 삶이 무너진 환자들을 종종 만나왔다. 이런 나의 우려가 과하게 느껴질 수 있지만, 이는 당신이 스스로를 지키길 바라는 진심에서 비롯된 것이다. 불편한 진실을 외면한다면 당신 역시 삶의 위기를 겪을 수 있다는 것을 명심했으면 한다.

준영 씨는 40대 초반의 직장인으로 사람들과 좋은 관계를 유지하려는 따뜻한 성격의 사람이었다. 그는 특히 어릴 적부터 친하게 지내온 친구 민혁 씨와의 우정을 소중히 여겼다. 민혁 씨는 늘 자신의 부족함을 이야기하고 주변 사람들에게 끊임없이 확인과 위로를 구하는 사람이었다. 준영 씨는 민혁 씨를 연민하며 북돋아주기 위해 애썼다.

민혁 씨는 사업 실패로 인해 어려움을 겪고 있다며 준영 씨에게 경제적·정서적 지원을 요구했다. 준영 씨는 그의 부탁을 들어주기 위해 자신의 시간과 에너지를 아끼지 않았다. 심지어 자신의 저축에서 돈을 꺼내 민혁 씨를 돕기도 했다. 민혁 씨가 "네 덕분에 살았다"라며 고마움을 표현할 때마다 준영 씨는 자신이 좋은 친구로서 역할을 다하고 있다고 믿었다. 그러나 시간이 흐를수록 민혁 씨의 요구는 점점 커졌다. 한번은 준영 씨가 승진 소식을 전했을 때 민혁 씨는 "넌 정말 운이 좋은 거야. 나는 아무리 노력해도 이런 기회가 없네"라며 자신의 불운을 강조했다. 준영 씨는 이런 반응에 마음이 불편했지만 그를 도와야 한다는 의무감으로 계속 관계를 유지했다.

그러던 중 준영 씨에게 큰 위기가 찾아왔다. 회사의 갑작스러운 구조조정으로 인해 실직했고 경제적 압박과 심리적 스트레스로 인해 어려움을 겪게 되었다. 준영 씨는 민혁 씨의 위로와 도움을 기대했지만 반응은 냉담했다. "너도 이제 내가 얼마나 힘들었는지 알겠지? 네가 잘나갈 땐 나를 내려다보더니, 이제 어때?" 준영 씨의 고통을 대수롭지 않게 여기며 오히려 조롱에 가까운 태도를 보였던 것이다. 준영 씨는 큰 충격을 받았고 그가 민혁 씨를 위해 기울였던 모든 노력들이 배신감으로 다가왔다. 게다가 민혁 씨는 준영 씨와의 연락을 점점 피했다. 준영 씨가 도움을 요청하면 "내가 너한테 해줄 게 뭐가 있겠어? 나도 지금 힘들어"라며 냉정하게 전화를 끊어버렸다. "내가 민혁이를 제대로 돕지 못한 걸까? 내가 믿었던 우정이 이렇게 끝나는 건가?"라는 생각에 준영 씨는 괴로워했다. 자신이 진심으로 베풀었던 모든 것들이 무너지는 순간, 준영 씨는 건강한 관계의 의미를 다시금 고민하지 않을 수 없었다.

호혜성이 무너진 관계는 독

정신과 의사로서 상처받은 이들을 위해 할 수 있는 최선은 약탈자의 본질을 이해시키고, 그들과의 관계를 단절할 용기를 내도록 돕는 것이다. 약탈자의 존재와 그들의 세계관과 특성을 이해하는 것은 자신을 보호하는 데 필수적이다. 약탈자들로부터 오는 공격을 막는 최상의 방어는 그들을 변화시키려 애쓰는 것이 아니라 일정한 거리를 두며 관계를 맺지 않는 것이다. 약탈자의 존재를 알고 대처하기 위해서는 자기 주장이 큰 도움이 된다. 당신이 자신을 정당하게 보호하려는 것을 상대가 못마땅하게 여기거나 억압하려 한다면, 그 상대는 약탈자일 가능성이 크다.

한편 모순적이게도 약탈자들 역시 인간관계에서 자주 상처를 받는다. 그들은 끊임없이 자신의 가치를 의심하며, 주변 모든 사람을 경쟁 상대로 여기고 비교하기 때문이다. 약탈자들에게 삶은 끝없는 경쟁과 소모적인 전쟁이다. 이러한 삶의 태도는 그들을 예민하게 만들며, 특유의 경쟁심은 시기나 질투의 형태로 자주 드러난다. 약탈자들은 타인을 지배하고 이용하는 데 능숙하지만, 진정한 유대감이나 소속감을 느끼지 못한다. 이들은 건강하게 관계 맺으며 행복하게 사는 사람들을 보면 강한 질투와 소외감을 느낀다. 그러나 자신의 생각이나 감정, 행동에 문제가 있다는 것은 받아들이지 못한다. 오히려 약탈자들은 호혜적인 관계를 맺는 사람들을 의심하며, 숨겨진 이기적인 꿍꿍이가 있을 것이라고 여긴다.

약탈자들은 가까운 관계에 있거나 자신에게 호의를 갖고 있는 사람조차 깎아내리고 짓밟는다. 자신을 진정으로 아껴주는 사람마저 희생시키며 결국 그들을 떠나가게 만든다. 그들이 자신의 가치를 증명하려 할수록 관계의 본질을 왜곡시키며 그들 자신을 더 황폐하게 만든다.

약탈자들은 자신을 피해자로 포장하며, 타인을 감정의 쓰레기통으로 삼는 경우가 많다. 혹 당신이 인간관계를 통해 자주 상처받았다고 느낀다면 오히려 약탈자의 태도로 살아온 것은 아닌지 되돌아볼 필요가 있다. 호혜성을 이해하지 못한 채 끝없는 비교와 경쟁에 몰두하며 자신을 무너뜨리고 있었던 것은 아닐까? 불안정한 자신과의 관계를 보상하기 위해서 타인의 우위에 서야 한다고 생각하지는 않았나?

만약 약탈자로 살아왔다면 이제 당신이 할 일은 그 운명을 극복할 용기를 내는 것이다. 자신의 문제를 솔직히 인정하고 변화의 출발점으로 삼는다면 새로운 길이 열릴 수 있다. 인간관계에 대한 왜곡된 집착을 내려놓고 자신과의 친화력을 쌓기 위해 꾸준히 노력하라. 호혜성을 마음 깊이 이해하는 순간, 당신을 괴롭히던 소외감, 자기 의심, 불신의 전쟁터를 벗어나 삶의 평화를 찾을 수 있다.

자기 친화력의
동반상승효과

때로는 우리가 잘못했기 때문이 아니라
그것을 바꿀 수 있는 유일한 사람이기 때문에
우리에게 책임이 있다.
_리사 펠드먼 베럿

자기 친화력은 주변 사람들과 밀접한 영향을 주고받는다. 우리가 맺는 모든 관계, 가족, 친구, 직장 동료 등에 그렇다. 자기 친화력을 공고히 하려면 나 자신뿐만 아니라 내가 속한 집단도 함께 돌보는 것이 중요하다. 너새니얼 브랜든은 우리가 다른 사람과 관계를 맺는 방식은 곧 자기 자신과의 관계 맺는 방식을 거울처럼 반영한다고 했다. 자기 친화력이 높은 사람은 스스로에게 너그러우며 자신의 불완전함까지 있는 그대로를 받아들인다. 이들은 자기 자신에게 조건 없는 사랑과 관용을 베풀며, 그 태도가 자연스럽게 다른 사람에게도 확장된다. 다른 사람을 귀하게 여기고, 진심 어린 감사를 표현하며, 상대의 존엄성을 소중히 여긴다. 단점보다는 장점을 발견하려는 따뜻하고 열린 마음을 갖고 있다. 즉, 건강한 자기 친화력을 가진 사람들은 관계를 맺으며 동반상승효과Synergic effect를 누린다. 이들의 관계는 안전감과 상호 신뢰를 기반으로 하며 각자가 자신의 가치를 각자가 자신의 가치를 새롭게 재발견하고 자신을 더 깊이 이해하도록 돕는다. 이로써 각자가 더 자연스럽고 자기다운 삶을 살아갈 수 있는 있는 환경이 조성된다. 서로의 강점을 발견하고 인정하는 문화는 자신감과 동기를 북돋운다. 더 나아가 서로의 자기 친화적인 태도와 삶의 방식을 보며 긍정적인 변화를 만들어가게 된다.

이러한 상승효과는 자신과의 관계를 책임질 줄 아는 사람들 사이에서만 가능하다. 자신과의 관계를 소홀히 하고 자기 친화력을 발전시키지 않는 사람은, 주변에 긍정적인 영향을 주는 사람들이 있더라도 성장의 한계에 부딪힌다. 따라서 나와 내 주변 사람들을 동시에 성장시키고 더 나은 삶을 살도록 하기 위해서는 가장 먼저 스스로와 좋은 관계를 맺어야 한다.

남을 돌보는 것이 곧 나를 돌보는 것

붓다Buddha는 자신을 돌보는 일이 곧 남을 돌보는 일이며, 남을 돌보는 것이 자신을 돌보는 것과 같다고 했다. 주위 사람들이 그들 스스로와 좋은 관계를 맺을 수 있도록 돕는 것은 결국 당신에게도 좋은 영향이 되어 돌아온다. 다만 이러한 도움을 주는 데에는 하나의 중요한 전제조건이 있다. 상대가 자신의 자기 친화력에 책임감을 느끼는 상태여야 한다는 것이다. 자기 친화력에 책임감을 느끼지 않는 사람들은 자신과의 관계가 스스로 노력하고 책임져야 할 부분이라는 것을 받아들이지 않는다. 또 자신과의 관계에 문제가 있다는 사실조차 인정하려 하지 않는다. 이들은 마치 뿌리가 썩은 나무와 같아서, 외부에서 아무리 물과 영양분을 공급해도 성장할 수 없다. 당신이 아무리 양질의 도움을 제공하더라도 그 도움을 받을 수 없는 상태라고 할 수 있다.

이런 사람들과는 가급적 거리를 두고 가까운 관계를 맺지 않는 것이 좋다. 그렇지 않으면 당신의 자기 친화력에도 부정적인 영향을 받게 될 가능성이 크다. 이것은 동반하강효과라고 할 수 있겠다. 이들을 보면 자살폭탄테러가 떠오르기도 하는데 자신을 파괴하면서 주변 사람까지 해치기 때문이다. 이들이 내뿜는 고통, 절망, 비관주의는 곁에 있는 사람에게도 스멀스멀 퍼져나간다. 당장은 누군가의 삶을 직접적으로 무너뜨리지 않더라도, 지속적으로 그러한 에너지에 노출되면 악영향을 피하기 어렵다.

특히 인생이 잘 풀리는 시기에는 자기 친화력이 병든 사람을 곁에 두는 것이 얼마나 위험한지 간과하기 쉽다. 자신과의 관계가 충분히 건강할 때는 주변에서 오는 부정적인 영향을 상대적으로 덜 받기 때문이다. 때로는 나에게 해로운 행동을 하는 사람과도 관계를 끊어내지 않고 이어나가기도 한다. 그러나 누구나 삶에 굴곡이 있다. 내가 알던 세계가 완전히 무너지고 감당할 수 없는 수준의 고통을 겪기도 한다. 그 고통을 이겨내고 일어서려는 시기에 누가 내 옆에 있느냐는 삶을 크게 좌우하는 요소다. 제아무리 강한 사람이라도 역경의 시기에는 자신과의 관계에 위기를 겪기 마련이다. 이때 주변 사람들의 에너지와 태도는 고통을 극복할 수 있는 원동력이 되기도 하고, 반대로 더 깊은 나락으로 떨어지게 하는 요인이 되기도 한다. 특히 이런 순간, 당신이 약해진 틈을 노려 가족, 연인, 친구라는 가면을 쓴 하이에나들이 나타날 수 있다.

반면 자신과 건강한 관계를 맺고 있는 사람들을 곁에 둔다면 그들은 어두운 길을 비추는 빛과 같은 존재가 된다. 어려운 순간마다 당신의 진정한 가치를 상기시켜주며 흔들리는 당신을 믿어주고 다시 일어설 힘을 북돋아줄 것이다. 흔히 인복이 있다 없다 말하지만, 좋은 사람들을 곁에 두는 일은 단순히 운에 맡겨지는 것이 아니다. 누구와 함께할지를 정하는 것은 삶에서 매우 중요한 의사결정이다. 당신에게 긍정적인 영향을 줄 사람들을 신중히 선택하고, 그들과 깊고 의미 있는 관계를 맺는 것은 스스로를 위한 현명하고 값진 투자다.

주변 사람의 자기 친화력을 키워주자

이제 당신이 속한 집단의 문화가 구성원들에게 어떠한 영향을 주는지 관심을 기울여야 한다. 개인심리학Individual Psychology을 창시한 정신과 의사 아들러는 협력의 기반은 존경에서 시작된다고 강조했다. 서로 존경하지 않는 환경에서는 진정한 협력이 이루어질 수 없다. 집단 안에서 각자가 맡은 역할은 다를 수 있지만, 그 역할과 무관하게 구성원 모두가 차별 없이 인격체로서 존엄성을 지킬 수 있어야 한다. 개인의 자율성이 보장되고 가치를 인정받는 환경은 구성원들의 자기 친화력이 높일 뿐만 아니라 집단 전체의 성과도 크게 향상시킨다. 연구에 따르면 구성원들이 자신의 존중받고 있다고 느낄수록 더 협력적 태도를 보이며 공동의 목표를 더 빠르게 달성할 수 있었다. 이러한 현상은 가정, 직장, 사회적 그룹 등 다양한 환경에서 동일하게 나타났다. 즉, 주변 사람을 귀하게 여기고 존중하는 태도는 단순히 관계를 개선하는 데 그치지 않는 것이다. 공동체의 성과를 증대시키는 것은 물론, 화목한 가정을 이루고 부와 성공과 같은 현실적 이익을 얻는 데도 결정적인 역할을 한다.

타인에게 고통을 주는 행위를 방지하기 위해 이를 서로 감시하고 제재할 수 있는 시스템을 마련하는 것도 필요하다. 이런 시스템이 뒷받침된 자기 친화적인 환경은 개인의 성장을 돕는 동시에, 공동체 전체가 더 조화롭고 풍요롭게 번영할 수 있는 원동력이 된다.

무엇보다 자신과 건강한 관계를 맺은 사람들이 서로에게 긍정적인 영향을 주는 문화가 자리 잡을 때, 그 사회는 더욱 활기차고 큰 발전을 이루게 된다. 이러한 문화는 인간다움의 본질을 회복시키고, 각자가 더 나은 자신으로 성장할 수 있도록 이끄는 비옥한 토양이 된다.

사람에게 받은 상처는
사람으로 치유하라

인간이 경험할 수 있는 가장 무섭고 파괴적인 감정은
정신적 고립이다.

_진 베이커 밀러

2023년 통계청 조사에 따르면, 우리나라 전체 가구 중 약 35.5퍼센트가 1인 가구로 가장 높은 비중을 차지하고 있다. 또한 영국 적십자가 실시한 연구에서는 성인 중 20퍼센트가 자신에게 가까운 친구가 없다고 답했고, 30퍼센트 이상은 대화할 존재가 없어 때때로 혼자라고 느낀다고 했다. 더 이상 혼술, 혼밥, 혼영, 혼여행과 같은 단어는 낯설지 않다. 과거에는 당연히 누군가와 함께하던 것들을 이제 혼자서 한다. 자연스럽게 여러 사람들과 어울리며 소속감을 느끼고 연결될 수 있는 요소가 차츰 사라지고 있는 것이다. 물론 코로나19 팬데믹이 이러한 현상을 가속화한 것은 사실이지만, 나홀로족Myself generation 문화는 이미 그 이전부터 시작되었던 사회적 흐름이다.

단비 씨는 다른 사람의 간섭 없이 혼자만의 공간에서 지내는 것이 점점 더 편하게 느껴졌다. 기쁨이든 슬픔이든 누군가와 마음을 나누는 것이 점점 어색했다. 얼마 전 회사에서 중요한 프로젝트를 성공적으로 마쳤을 때, 누군가와 함께 그 기쁨을 나누고 싶었지만, 결국 배달 음식을 시켜 혼자 자축하는 것으로 마무리했다. 쓸쓸했지만 상처와 스트레스가 없으니 오히려 잘된 거라고 자신을 달랬다. 누군가와 함께하는 것을 번거롭게 여겼지만, 사실 단비 씨의 마음속에는 상처받고 싶지 않다는 두려움이 더 크게 자리 잡고 있었다. 몇 년 전 믿었던 친구에게 깊은 상처를 받은 뒤로, 단비 씨는 다른 사람에게 마음을 내어주지 않기로 한 것이다.

관계에서 상처를 받으면 두려움을 갖거나 자신을 피해자로 여기게 된다. 심할 경우에는 모든 관계를 회피하고 나홀로족을 자처하기도 한다. 하지만 인간은 본능적으로 무리에 소속되고, 소중한 존재로 인정받고자 하는 존재다. 관계에 대한 의욕을 잃는 것은 단순히 외로운 상태가 아니라, 위험한 결과를 초래할 수 있다. 자신과의 관계를 훼손시키며 더 깊은 불행으로 이어질 가능성이 큰 것이다.

맑은 물을 부을수록 옅어지는 흙탕물처럼

인간관계가 어려운 이유는 그것이 양면적인 속성을 지녔기 때문이다. 관계를 통해 유대감을 얻고 그 속에서 삶의 가치와 의미를 찾기도 하지만, 동시에 관계는 살아갈 희망과 용기를 앗아가기도 한다. 최근 단비 씨처럼 혼자만의 라이프 스타일을 추구하는 사람들이 늘어난 것도 이 때문이다. 인간관계에서 받은 상처는 종종 관계에 들이는 노력을 포기하게 만든다. 너무 아팠기 때문에 같은 상처를 반복해서 받는 것이 두려워 차라리 혼자가 되길 선택하는 것이다.

나는 정신과 의사로 일하면서 정서적인 고통을 초래하는 가장 흔한 원인이 인간관계에서 비롯된 상처라는 것을 깨닫게 되었다. 이는 다른 말로 사회적 통증Social pain이라고 하는데, 자신에게 중요한 사람이나 집단에게 소외당할 때 느끼는 정신적 상처를 말한다. 흥미로운 점은, 뇌의 활동을 살펴보면 정신적 고통을 겪을 때 신체적 고통을 느낄 때와 동일한 뇌 부위가 활성화된다는 것이다. 더욱 놀라운 사실은 사회적 통증이 신체적 통증보다 더 강렬한 반응을 이끌 때도 적지 않다는 점이다. 사실 인간은 상상 이상으로 사회적 동물이다. 저명한 인지 신경 과학자 마이클 가자니가Michel Gazzaniga 교수는 "인간은 뼛속까지 사회적이다"라고 말하기도 했다. 우리의 뇌는 기본적으로 다른 사람과 관계를 맺고 협력하는 방향으로 설계되었다는 뜻이다. 이를 통해 생존력을 높이게 되었음은 물론이다. 진화 생물학자 로빈 던바Robin Dunbar 역시 사회적 뇌 가설Social Brain Hypothesis을 통해 뇌의 발달이 복잡한 사회적 관계를 이해하고 유지하는 데 초점이 맞추어져 있다고 설명했다. 인간의 뇌는 타인에게 인정받고 소속되는 것을 매우 중요하게 여긴다는 것이다.

연구에 따르면 혼자 지내는 사람들은 외로움, 무기력, 심한 우울과 같은 부정적인 감정을 더 많이 느꼈다. 이때 자발적인 의지로 혼자가 되었다고 해도 단절감이나 소외감과 같은 사회적 고통을 느끼는 것은 마찬가지였다.

한 소년의 정신적 성장을 그린 영화 《몬스터 콜》은 사회적 고통이 얼마나 깊은 상처를 남길 수 있는지 생생히 보여준다. 주인공인 '코너'는 학교 폭력 피해자로 처음에는 동급생들에게 신체적·언어적인 괴롭힘을 당하다 나중에는 투명인간 취급을 받는다. 그런데 소년이 가장 고통을 느낀 순간은 다른 폭력을 당했을 때가 아니라, 자신의 존재가 완전히 무시당했을 때였다.

인간관계에서 상처받은 마음을 회복하는 유일한 방법은 좋은 관계를 맺는 것이다. 이것은 흙탕물을 맑게 만드는 원리와 같다. 깊고 진정성 있는 관계를 맺는 것은 흙탕물이 담긴 그릇에 깨끗하고 신선한 물을 부어주는 것과 같다. 물속에 섞인 진흙을 한순간에 제거할 수 없듯이, 나쁜 관계에서 비롯된 상처도 단숨에 사라지지는 않을 것이다. 하지만 맑은 물을 부어 희석시키다 보면, 흙탕물은 서서히 정화되고 본연의 투명함을 되찾는다. 마찬가지로 관계를 통해 온기와 유대를 느낄 때 소외와 단절로 인한 아픔은 점차 옅어질 것이다.

홀로 있으면 치유될 기회를 영영 잃는다

마틴 셀리그만은 연구를 통해 행복한 사람들은 폭넓고 의미 있는 사회적 관계를 맺는 특징이 있다는 것을 알아냈다. 행복한 사람은 친구가 많았고 결혼할 확률이 높으며, 다양한 단체에 소속되어 활발히 활동하고 있었다. 그 사람들이라고 해서 인간 관계에서 받았던 상처가 왜 없었겠는가. 다만 그들은 한 번의 아픈 경험으로 앞으로 다가올 무수히 많은 치유와 연결의 경험을 포기하지 않았던 것이다. 그렇다면 이로운 인간관계가 어떻게 상처를 회복시키고 행복한 삶을 살게 해줄까? 친밀하고 안정적인 관계는 우리에게 삶을 희망적으로 바라보게 하는 두 가지 중요한 메세지를 건넨다.

하나는 나라는 존재가 사랑받고 존중받을 만한 가치가 있다는 메시지다. 우리는 누구나 자신의 가치에 대한 의문을 품고 살아간다. 이때 유대감을 주는 관계는 자신의 가치에 긍정적인 확신을 심어준다. 다른 하나는 세상이 나에게 우호적이고 따뜻한 곳이라는 메시지다. 나를 둘러싼 환경이 안전하며 내가 있는 그대로 소속될 수 있다고 느끼는 것은 매우 중요하다. 심리학자이자 명상가인 타라 브랙은 소속되어 있다는 감각이 더 나은 자신을 향해 나아가는 기반이 된다고 했다. 누에는 고치 밖 세상에 대한 믿음이 있어야만 그 속에서 벗어나 자유로운 나비로 날아오를 수 있다. 다른 사람과 세상에 대한 신뢰가 자신을 온전히 펼치고 더 나은 모습으로 성장할 수 있는 원천이 되는 것이다.

물론 모든 관계로부터 연결감을 얻을 수 있는 것은 아니다. 오히려 잘못된 관계로 소외감을 느끼고 그로 인해 큰 고통을 겪기도 한다. 다만 홀로 남는다면, 상처는 치유될 기회를 영영 잃는다. 고통스러운 관계로 인한 상처를 극복하려면 관계를 포기하지 않아야 한다. 건강한 관계 속에서 치유될 기회가 충분하다는 믿음을 가지고, 기꺼이 세상과 연결된 삶을 살아가야 한다.

도움을 주는 사람 vs
도움을 받는 사람

우리의 뇌는 다른 사람과 관계 맺고
상호작용하도록 설계되었다.
_매튜 리버먼

자기 친화적인 삶을 떠올리면 어떤 그림이 그려지는가? 아마 냉철하고 독립적이며 자기 주도적인 삶을 떠올릴지도 모른다. 물론 이런 면도 자기 친화력의 일부를 반영할 수 있지만, 그것이 전부는 아니다. 실제로 스스로와 친밀한 관계를 맺는 사람들을 살펴보면, 세상과 따뜻하게 연결되어 살아간다는 것을 알 수 있다. 자신과의 관계가 건강하다는 것은 단순히 자신에게 집중하는 것을 넘어, 다른 사람에게 더 큰 도움을 줄 수 있다는 것을 뜻하기 때문이다. 동시에 자신도 타인으로부터 기꺼이 도움을 받을 수 있는 열린 마음을 갖고 있음을 의미한다. '타인을 돕는 사람'이라는 정체성과 '타인에게 도움을 받는 사람'이라는 정체성은 모두 자기 친화력이 높은 사람에게서 나타나는 특징이다.

거절당할 것이라는 두려움

도움을 주는 것과 도움을 받는 것 중 무엇이 더 어려운 일일까? 언뜻 생각하기에는 도움을 주는 것이 더 어려운 일 같지만 막상 누군가에게 도움을 받아야할 상황이 되면, 돕는 일보다 도움을 받는 것이 더 어렵다는 것을 깨닫는다. 도움받는 것을 망설이고 주저하게 되는 이유는 내면에 자리 잡고 있는 두려움 때문이다. 도움을 요청했다가 거절당하거나 존중받지 못할 것이라는 두려움이다. 특히 우리나라 사람들은 문화적·민족적 특성으로 도움받는 것을 더 어려워한다. 통계청의 보고서에 따르면 한국인 5명 중 1명은 어려운 상황에서 도움을 받을 사람이 없다고 응답했으며, 이는 경제협력개발기구OECD 회원국 중 가장 높은 수준이다. 이로 인해 한국은 OECD 보고서에서 "사회적 지지망Social Support이 약한 국가"로 언급되기도 했다. 이러한 현상은 체면 문화와 깊은 관련이 있다. 우리나라는 자신의 약점을 드러내거나 남에게 부담을 주는 것을 체면을 잃는 행위로 여기는 경우가 많아, 도움을 요청하는 것을 꺼린다.

또한, 우리는 어릴 때부터 "다른 사람에게 베풀고 양보하며 도움을 주는 사람이 되어야 한다"라는 가르침을 받으며 성장했다. 반면 도움을 받는 것 또한 이에 못지않게 중요한 삶의 일부라는 사실은 제대로 배우지 못했다. 사회·문화적으로 도움을 주는 행위는 미덕으로 장려되어 왔지만, 도움받는 것은 오히려 타인에게 폐를 끼치는 이기적인 행동으로 치부되는 경우가 많았다.

게다가 사람들은 종종 도움을 주는 사람과 받는 사람이 서로 다른 집단으로 나뉘어져 있다고 오해한다. 도움을 주는 쪽은 능력 있고 성공한 사람들이고, 도움을 받는 쪽은 무능력하고 의존적인 실패자라고 상상한다. 이러한 이분법적인 인식은 도움받는 것을 실패나 수치스러운 일과 동일시하게 만들어, 도움을 요청하는 데 큰 장벽이 되었다.

우리가 지닌 편견과 오해를 극복하려면 '인간 경험의 보편성 Common Humanity'을 이해할 필요가 있다. 인간은 누구나 불가피하게 삶의 역경과 고통을 경험하는 존재라는 뜻이다. 그렇기에 도움을 주는 사람과 받는 사람은 별개의 존재가 아니라, 상황에 따라 도움을 주기도 하고 받기도 하는 상호적인 관계 속에 있다. 보편성을 지닌 존재로서 도움을 주고받는 행위는 지극히 자연스러운 인간 경험의 본질인 것이다.

인간은 애착으로 활성화되는 포유류의 뇌를 지녔다. 애착은 회복력을 제공한다. 어린아이들이 크게 놀랐을 때 가장 먼저 애착의 대상인 엄마에게 달려가 안겨 안정을 되찾는 것도 이때문이다. 성인이 된 후에도 우리는 여전히 엄마의 따뜻한 품속과 같은 지지기반Support system이 필요하며, 다른 사람과의 유대감이 그 역할을 대신하거나 보완한다. 이러한 유대감은 단순히 개인 간의 관계에 그치지 않고, 세상에 대한 소속감으로 확장되어 정서적 안정과 삶의 충만함을 제공한다.

다른 사람이나 세상에 대한 믿음이 무너질 때, 우리는 큰 정신적 외상인 트라우마Trauma를 겪는다. 마치 엄마의 품을 잃어버린 어린아이와 같이 지금껏 살아온 삶의 뿌리를 뒤흔드는 혼란과 절망을 경험하는 것이다. 이러한 시기에 누군가로부터 존중받고 지지받는 경험은 매우 중요하다. 아직 이 세상이 살아갈 만한 곳이라는 희망이 생기기 때문이다. 깊은 절망에서 새로운 희망으로의 급진적인 치유를 이끌어내는 것이 바로 우리가 '다른 사람에게 도움을 받는 순간'이다.

도움을 주고받는 것의 의미

누군가에게 도움받으며 치유를 경험한 사람은 자연스럽게 다른 이들에게도 손을 내밀게 된다. 누군가의 위로와 온정을 통해 자신의 영혼이 되살아나는 깊은 경험을 해보았기 때문이다. 도움받는 과정을 통해 사람들은 진심으로 자신의 불완전함을 받아들이게 되며, 동시에 다른 사람의 불완전함에 대해서도 더욱 관대해진다. 그들은 더 이상 다른 사람을 돕는 일을 불편해하거나 희생적인 것으로 느끼지 않는다. 오히려 다른 사람을 포용하고 공감하는 능력은 도움을 받아본 경험을 통해 효과적으로 체득된다.

다른 사람을 돕는 사람이 되면 다른 사람에게 도움받기도 더 쉬워진다. 우리가 도움을 청하는 데 어려움을 겪는 이유는 나 스스로가 다른 사람에게 너그럽고 따뜻한 사람이 아니라고 생각하기 때문이다. 인간은 무의식적으로 다른 사람의 행동을 예측할 때 '자신'을 기준으로 한다. 그래서 다른 사람에게 온정을 베풀지 않는 사람은 다른 사람도 자신에게 그럴 것이라고 예측한다. 때문에 다른 사람에게 도움을 청하는 것이 유독 더 두려워진다. 설령 누군가가 도움의 손길을 내밀어도 선뜻 도움을 받지 못하기도 하는데, 이는 스스로 도움을 받기만 하는 존재라는 것에 죄책감을 느끼기 때문이다.

빗장을 걸어 잠그고 혼자서 감당하려고 할수록 상황은 나빠진다. 다른 사람이 내밀어준 손을 잡는 순간, 사람과 세상에 대한 무너졌던 신뢰를 서서히 회복할 수 있다. 도움을 받는 사람을 넘어, 도움을 주는 사람으로도 성장할 수 있다. "아직 세상은 살 만한 곳"이며, "나는 여전히 존중받을 가치가 있는 사람"이라는 깨달음은 진정한 치유로 이어진다. 우리는 누구나 도움을 줄 수 있는 사람이며 도움을 받을 수 있는 사람이다. 도움받을 용기를 통해 나를 살리고 다른 사람도 살릴 수 있다.

도움받을 용기, 자조 모임

나를 향해 내미는 손길을 뿌리치지 않는 연습은 어떻게 할 수 있을까요? 누군가가 "괜찮아?", "내가 도와줄까?"라고 물어올 때, 도망치지 않고 그 도움을 받아들이는 것에서부터 시작해보아야 합니다.

수영 씨는 얼마 전에 남편을 암으로 떠나보냈습니다. 깊은 상실감에 빠져있던 그녀는, 공통된 문제를 가진 사람들이 모여 서로에게 도움을 주고받는 자조 모임Self-help group에 나가볼 것을 권유받았습니다. 처음에는 망설였지만, 용기를 내어 참석했고 그 경험은 그녀에게 큰 변화를 가져다주었습니다. 자조 모임에서 간단한 자기소개가 끝난 후, 한 중년 여성이 수영 씨에게 미소를 지으며 "남편 분은 어떤 분이었나요?"라고 다정하게 물었다고 합니다. 정말 사소한 질문이었지만 그 순간 수영 씨의 어두운 마음에 환한 빛이 켜졌습니다. 남편이 세상에서 잊히는 사람이 아니라, 여전히 기억되고 그리워해야 할 존재라는 사실을 깨달은 것이었습니다. 그녀는 자신과 비슷한 아픔을 가진 사람들과의 연결을 통해, 마치 세상과 다시 이어진 듯한 위로와 안정감을 느꼈습니다.

사실 수영 씨는 어릴 때부터 무엇이든 혼자 알아서 해내려는 사람이었습니다. 누군가의 도움을 받으면 나약하고 모자란 사람이 되는 것만 같아 싫었지요. 어려운 순간이 닥칠 때마다 사람들의 연락을 외면하고 스스로를 고립시키며 문제를 해결하려고 애썼습니다. 남편을 잃은 아픔조차 혼자 이겨내려고 발버둥 쳤습니다. 가까운 가족에게도 마음을 숨기면서 말이지요. 이제 수영 씨는 자신의 그런 태도가 스스로를 더 아프게 했음을 깨달았습니다. "누군가에게 도움을 받는다고 해서 제가 나약한 사람이 되는 것은 아니었어요. 경험하기 전까지는 도움을 받는다는 게 막막하고 어렵게 느껴졌는데, 막상 도움을 받아보니 저에게 너무나 큰 변화를 가져다주었네요. 저 역시 누군가에게 도움을 줄 수 있겠다는 생각이 들어요. 세상에 저처럼 혼자 아픔을 견디려는 사람이 있다면 용기를 내어 도움을 받아보라고 말하고 싶어요."

도움을 청하는 것이 어색하다면 취미로 테니스, 농구, 축구와 같은 팀 스포츠를 해보는 것도 추천합니다. 그저 스포츠인 것 같아도 그 속에서 자연스럽게 도움을 주고받으며 다른 사람 그리고 세상과 연결되는 소중한 경험을 하게 될 것입니다.

6장

나의 영원한
안전기지 만들기

자기 연민이 필요하다

치유는 스스로에 대한 부모 역할을
학습하는 일이다.
_타라 브랙

"아이고, 얼마나 마음이 아프셨어요", "그렇게 힘든 일을 이겨
내고 계시다니 대단하세요." 누군가 이렇게 내 아픔에 공감하
고 따뜻한 연민을 건넬 때, 고통이 줄어드는 경험을 해본 적이
있을 것이다. 그래서 힘이 들 때면 누구나 누군가에게 의지하
고 공감받고 싶어진다. 안타까운 것은 우리의 바람이 항상 충
족될 수는 없다는 것이다. 이때 우리가 바라는 연민과 사랑의
원천이 자기 안에 있다는 사실을 깨달으면 보다 근본적이고 강
력한 치유가 가능하다.

　연민을 뜻하는 compassion은 함께 아파한다는 뜻의 라틴어에
서 유래되었다. 우리는 흔히 연민의 대상을 타인으로 한정 짓
는 데 익숙하지만 스스로를 향한 연민, 즉 자기 연민self-compassion

이라는 개념도 있다. 자기 연민은 자신을 보호하고 돌보는 일로, 마치 연약한 어린아이를 대하듯 스스로에게 다정한 관심과 배려를 건네는 것이다. 스스로 믿음직한 보호자가 되어, 내면에 안정감을 주고 진심 어린 위로를 전하는 일이다.

자기 연민에 대한 오해

앞서 배운 마음챙김이나 감정에 이름 붙이기는 감정을 다루는 데 있어서 보다 이성적인 측면을 강조하는 접근 방식이다. 생각과 감정을 회피하지 않고 인식을 통해 해법을 찾는 것이다. 반면 자기 연민은 보다 감성적 접근으로, 부정적인 감정을 능가하는 긍정적인 감정을 일으켜 자신을 치유하는 것이다. 고통받는 자신을 적극적으로 위로하고 더 큰 사랑으로 그 고통을 감싸안는다. 마음챙김과 감정에 이름 붙이기를 통해 내면에 탈출구를 만들었다면, 자기 연민은 자신을 더욱 안전하고 따뜻한 장소로 이끌어줄 수 있을 것이다.

　뇌는 생명을 위협받는 상황과 심리적으로 상처를 입는 상황을 구별하지 못한다. 똑같은 위기 상황으로 인식해서 투쟁-도피-경직 반응을 일으킨다. 살아남기 위해 싸우고, 도망가고, 그것도 여의치 않으면 그대로 굳어버린다. 이 반사적 반응 때문에 자신과의 관계는 위기를 겪는다. 우리는 타인에게는 차마 하지 못할 잔인한 말들로 자신을 공격하고, 자신의 가치를 끊임없이 의심한다. "난 쓸모없어", "난 사랑받을 자격이 없어"

라면서 사랑과 위로가 필요한 자신에게 오히려 더 깊이 비수를 꽂는다. 모순적으로 들리겠지만 자기 비난은 사실 자기 사랑에서 비롯된다. 자신을 사랑하지 않는다면 애써 힘들여 비난할 이유도 없다. 우리가 자신을 비난하는 이유는 스스로 더 나은 삶을 살길 바라는 마음, 즉 사랑 때문이다. 단지, 그 사랑을 표현하는 방식이 잘못되었을 뿐이다. 이때 자기 연민은 자신을 공격하는 나쁜 습관에서 벗어날 수 있는 길을 제시한다. 자신을 적대시하거나 몰아붙이는 대신, 친절과 사랑으로 자신을 보살피는 것이다. 자기 연민 분야의 선구자인 크리스틴 네프 박사는 자기 연민이 단순히 감정적 위안을 넘어, 몸과 마음을 치유하는 강력한 도구라고 강조한다. 그녀는 자기 자신에게 따뜻함과 연민을 느낄 때, 옥시토신oxytocin이라는 애착 호르몬이 분비된다고 설명한다. 옥시토신은 신뢰, 평온, 안전, 관대함 그리고 연결감을 증진시키는 데 중요한 역할을 하며, 고통 속에서도 안정감을 유지하고, 자기 자신과 긍정적인 관계를 형성하는 데 기여한다. 특히, 옥시토신은 투쟁-도피-경직 반응으로 인한 부작용을 완화해, 심리적 치유와 신체적 회복을 촉진하는 것으로도 알려져 있다.

세라 씨는 부모님이 이혼한 후 할머니의 손에서 자라며, 부모에게 버림받았다는 열등감 속에서 어린 시절을 보냈다. "그래. 나는 부모에게도 버림받은 존재니까"라는 생각은 마치 풀리지 않는 족쇄처럼 오랫동안 세라 씨를 괴롭혔다. 어려운 상황을 마주할 때마다 그녀는 심한 자책을 했다. 때로는 불가피했던 일이었음에도 불구하고, 자신을 원망하고 탓하곤 했다. 어느 날 세라 씨는 꿈에서 어린 시절의 자신을 만났다. 그 소녀는 외로움, 분노 그리고 두려움을 품고 있었다. 세라 씨는 소녀의 외로운 어깨를 감싸주며 "네 잘못이 아니야"라고 토닥였다. 자신을 가엽게 여기고 사랑하는 마음이 깊어지는 순간이었다.

세라 씨는 우연히 꾼 꿈을 계기로 "이제야 비로소 나를 어떻게 대해야 하는지 알게 되었다"라고 말했다. 그녀는 앞으로 자신을 보살피는 사람이 되겠다는 결심을 했다. 오랜 시간 자신을 괴롭혀 온 불신과 비난의 태도는 이제 공감과 사랑으로 바뀌었다. 이제 세라 씨는 자신을 비난하는 대신, 따뜻하고 이해심 가득한 말을 건넸다. "사랑하는 세라야. 상처를 받았구나. 그건 불가피한 일이었어. 나를 비난하고 탓해봐야 문제가 해결되는 것은 아니야"라고 말하며 친절하고 포용적인 태도로 자신을 감싸주었다. 그녀는 자신의 돌봄 속에서 안전하고 따뜻한 느낌을 받을 수 있었다.

누구나 안전하고 행복하고 편안하게 살기를 희망한다. 즉, 자기 연민은 누구나 본능적으로 지니고 있는 소망이다. 다만 불안, 수치심, 두려움 등으로 인해 방법을 잊어버렸을 뿐이다. 자기 연민을 실천하는 것은 어렵지 않다. 그동안 자신을 모욕하고 못살게 굴어왔음을 깨닫고, 자기 연민을 발휘하겠다는 결심을 하면 된다. 자신에 대한 사랑을 실천하면 뇌는 이것을 학습하고 새로운 습관으로 발전시킨다. 자신을 옥죄던 자기 비난의 습관에서 벗어나는 것이다. 과감히 낡은 습관에 작별을 고하고 자신에게 조건 없는 사랑을 주겠다는 약속을 하라.

자기 연민이 익숙하지 않다면 사랑하는 대상을 떠올려보는 것이 도움이 된다. 가족, 친구, 연인, 사랑스러운 반려동물 등 내 마음에 연민과 사랑을 일으키는 존재라면 누구나 가능하다. 나는 자기 비난에서 벗어나지 못하는 환자들에게 한 가지 질문을 한다. "만약 사랑하는 사람이 같은 상황에 처했다면 어떻게 할 건가요?" 이 질문은 많은 사람들에게 중요한 깨달음을 준다. 스스로를 가혹하게 대하는 사람도 사랑하는 존재에게는 따뜻하고 너그럽기 마련이다. 자신을 비난하는 순간마다 사랑하는 사람을 대하듯 자신을 대하는 법을 연습하라. 처음에는 어색할 수 있지만, 연습을 거듭하면 자연스러운 습관이 될 것이다.

물론 자신을 사랑해주는 대상을 떠올리는 것도 도움이 된다. 살갑게 곁에 있어준 친구, 조건 없는 사랑을 준 부모님이나 할머니, 부처나 예수와 같은 영적인 대상도 가능하다. 내가 어려운 상황에 처해 있다면 그 자애로운 인물은 나에게 어떻게 반응했을까? 그들이 친절히 나를 위로하고 안아주는 장면을 상상해보라. 그들이 나에게 해주었을 법한 말이나 행동으로 나 자신을 대해보라. 절박하게 누군가의 위안을 바라는 처지에서 벗어나 자신에게 위안을 주는 사람으로 거듭나는 일이다.

자기 연민이라는 안식처

자기 연민의 효과에 관한 여러 연구를 종합해볼 때 자기 연민은 두려움, 우울, 불안, 적개심과 같은 부정적인 감정을 줄여준다. 또 행복감, 낙관성, 긍정적인 정서, 지혜, 성실함, 외향성 등을 강화시킨다. 문제를 해결하는 능력 또한 향상되었으며, 이를 통해 학습 욕구와 동기부여에도 긍정적인 영향을 미쳤다. 2013년 긍정심리학자 바바라 프레드릭슨Barbara Fredrickson은 자기 연민 훈련의 효과를 연구했다. 그녀는 총 200명의 연구 대상자를 실험군(자기 연민 훈련 참여)과 통제군(일상 유지)으로 나누고, 실험군에게 매주 1시간씩 총 7주간 자기 연민 훈련을 실시했다. 그 결과, 자기 연민을 실천한 사람들은 즐거움, 자부심, 사랑, 감사, 희망과 같은 긍정적인 정서를 더 자주 경험하며 점차 강화되는 모습을 보였다. 반면, 통제군에서는 이러한 긍정적인 변화가 나타나지 않았다. 또한 실험군은 우울, 불안, 적개심과 같은 부정적인 정서가 유의미하게 감소했다. 더불어 타인과의 관계, 건강, 삶의 목적 의식, 문제 해결 능력 등에서도 긍정적인 변화를 경험하며 전반적인 삶의 질이 크게 향상되었다.

완벽하지 않은 존재인 우리가 스스로를 지키며 살아갈 수 있는 방법은 완벽하게 자신을 사랑하는 것뿐이다. 완벽한 사랑은 무엇일까. 자신에게 섬세하게 관심을 기울이고 있는 그대로의 자신을 인정하는 것이다. 모두에게 외면받는 상황에서도 곁에 남아 무조건적인 사랑을 베푸는 것이다. 이 사랑은 의지할 곳 없이 혼자 남겨질 수 있다는 근원적인 두려움을 떨쳐내는 힘이 된다. 진심 어린 공감과 부드러운 위로로 자신의 상처를 어루만지며, 나 자신에게 가장 안전하고 믿을 수 있는 쉼터를 만들어준다. 나아가 절망의 어둠 속에서도 희망으로 향하는 사다리가 되어, 다시 일어설 용기를 선사한다. 이는 평생 변하지 않는 안정된 지지 기반을 스스로 마련하는 일이다. 자신을 향한 연민 어린 위로가 있다면 우리는 결코 고통 속에 혼자 남겨지지 않는다.

내가 나의 엄마가 되어주자

정신분석에서는 치료자가 환자에게 안전한 환경Holding environment 을 제공할 때 환자의 치유와 성장이 촉진된다고 강조합니다. 이 안전한 환경은 어린아이가 엄마와의 관계 속에서 경험하는 안정적이고 친밀한 분위기와 유사합니다. 이를테면 아이가 다 쳤을 때 엄마는 "아이고 우리 아기, 아야 했어요?"라며 공감과 연민 어린 반응을 보입니다. 다친 곳은 여전히 아프지만 아이 는 엄마와의 상호작용으로 돌봄과 사랑을 확인합니다. 이러한 경험은 아이의 건강한 발달에 있어 중요합니다.

그렇다면 성인이 된 우리가 스스로에게 엄마가 되어주면 어 떨까요? 자신의 고통과 어려움을 비난하거나 외면하지 않고, 이해심 있게 바라보며 스스로를 돌보고 지지하는 것입니다.

2015년에 79개의 독립된 연구를 대상으로 시행한 메타 분석 연구에 따르면 자신에게 따뜻하고 친절한 태도를 지니는 것은 삶의 만족도를 높였습니다. 긍정적인 정서를 강화시키고 스트 레스와 부정적인 정서를 완화하는 데도 효과적이었습니다. 이 처럼 우리가 스스로에게 좋은 엄마이자 치료자가 되어준다면 상처받은 순간은 금세 치유되고 더 건강하고 단단하게 성장할 것입니다. 결국 자신과의 깊고 안정된 관계는 자신을 위로하는 것을 넘어 삶의 중심을 잡아주는 토대가 되며, 성장과 변화를 위한 튼튼한 기반이 됩니다.

어른이 된다는 것

진정한 어른이 된다는 것은 내가 나의 가장 충실하고 믿음직한 보호자가 되는 것을 의미합니다. 우리는 대부분의 성인기를 완전한 어른으로 살아가기보다는, 어른이 되어가는 과정 중에 머물며 살아갑니다. 나이가 든다고 저절로 어른이 되는 것은 아니며, 자신의 노력에 의해 진정한 어른으로 거듭날 수 있습니다. 하지만 내가 나의 보호자가 된다는 것이 결코 쉬운 일은 아니기에 끝내 어른이 되지 못하는 사람도 존재합니다.

어린아이에게 보호자는 단순히 돌봐주는 사람을 넘어서는 존재입니다. 보호자는 아이가 세상을 처음 경험하는 창구이자, 아이가 안전하다고 느낄 수 있는 유일한 기반입니다. 보호자의 존재와 사랑이 없다면 아이는 정서적 안정감을 잃을 뿐 아니라, 생존 자체가 위협받을 수 있습니다.

따라서 아이가 안정감을 느끼며 성장하기 위해서는 보호자가 무조건적인 사랑을 베풀고, 믿고 의지할 만큼 강한 존재라는 확신을 주어야 합니다. 다시 말해 어른이 된다는 것은 나 자신에게 그런 확신을 줄 수 있는 존재가 되는 것이지요.

내가 진짜 어른이 되어 나의 안정적인 버팀목이 되어주기 전까지, 우리는 때때로 불안정함을 느낄 수밖에 없습니다. 그러나 그것은 자연스러운 과정임을 이해해야 합니다. 우리가 살아가는 모든 순간은 결국 진짜 어른으로 성장하기 위한 준비와 과정의 일환이며, 그 과정 속에서 우리는 점차 더 강하고 안정된 존재로 거듭나게 될 것입니다.

왜 하필 나에게
이런 불행이 찾아왔을까?

기회는 가면을 쓰고 나타난다.
그래서 많은 사람들이 기회를 알아보지 못하곤 한다.
_나폴레온 힐

살아가면서 누구나 역경을 경험한다. 자기 친화력이 뛰어난 사람도 이 시기에는 자신과 단절되는 위기를 겪는다. 어떤 것을 역경이라고 부를 수 있을까? 그것은 겪는 사람에 달려 있다. 견디기 힘든 사건이라는 것은 사람마다 다르기 때문이다. 일반적으로 심각한 사건으로 치부되는 일이라도 어떤 사람에게는 '인생에서 충분히 일어날 수 있는 일' 정도로 대수롭지 않게 여겨질 수 있다. 반대로 평범해 보이는 사건도 어떤 사람에게는 넘어서기 힘든 고통이 되기도 한다.

역경이 찾아오면 홀로 고립된 느낌을 받는다. 다른 사람들과 동떨어져 고통의 한가운데에 존재하게 되기에, 역경은 세상으로부터 단절되어 자신을 오롯이 마주하는 시간이기도 하다. 그러나 대부분의 사람들은 이 결정적인 순간에 자신에게 손을 내밀지 못하고 등을 돌린다. 자신에게 수치심을 느끼기 때문이다.

자기 심리학Self Psychology에서는 수치심의 원인 중 한 가지를 자신이 다른 사람과의 공통점을 찾지 못할 때라고 설명한다. 힘든 순간에는 누구나 자기만 불행을 겪고 있다고 생각한다. 마치 자신을 제외한 모두가 평온한 일상 속에서 행복을 누리며 살아가고 있다는 느낌을 받는다. 자기 심리학에 따르면 우리는 다른 사람과 자신의 심리 구조가 비슷하다고 생각할 때 안정감과 연대감을 느낀다. 반면 불행한 나와 아무 상관없이 흘러가는 세상을 바라보며 수치심을 느끼게 되는 것이다.

수치심은 "왜 하필 나에게 이런 불행이 찾아왔을까?"라는 생각에서 시작된다. 내가 잘못했기 때문에, 무가치하고 하찮은 존재이기 때문에, 사랑받을 수 있는 자격이 없기 때문에 불행을 겪게 되었다는 생각이다. 심지어 불행한 사건이 일어나는 것에 사신이 아무런 기여를 하지 않은 경우에도 그렇다. 역경은 자신에 대한 믿음을 파괴시키고 자신을 사랑하는 마음을 해체시킬 정도의 큰 충격을 준다. 모순적이게도 역경의 시기는 자신의 도움이 가장 절실하게 필요한 시기이면서, 자기와의 갈등이 가장 깊어지는 시기다.

시간이 해결해줄 거라는 거짓말

지혁 씨는 7년 전에 부인의 외도로 이혼했다. 가정을 지키기 위해 많은 노력을 했지만, 지혁 씨의 전 부인은 끈질기게 이혼을 요구했다. 잘못을 반성하기보다 지혁 씨를 탓하며 자신의 외도를 정당화했다. "네가 못나서", "네가 외롭게 해서" 바람을 피웠다는 것이다. 이혼 후 시간이 많이 흘렀지만 지혁 씨는 그때의 감정에서 아직 헤어 나오지 못했다. 자신에 대한 의심과 전 부인에 대한 분노는 계속해서 그를 괴롭혔다. 그는 전 부인을 저주하고, 그녀가 불행해지기를 바라는 데 많은 에너지를 소모했다.

지혁 씨의 영혼은 수치심과 열패감으로 망가져 있었다. 믿었던 사람에게 배신을 당한 자신이 부끄러웠다. 그런 사람을 배우자로 선택한 자신을 비난했다. 때론 전 부인이 자신의 외도를 정당화하기 위해 퍼부은 비난을 곱씹으며 자신의 가치를 의심했다. 그는 사람들과의 만남을 피하고 혼자가 되었다. 도망치듯이 일에 몰두하며 직장 내에서 초고속 승진을 이루었지만, 항상 공허했다. 아무리 발버둥 쳐도 그 사건이 일어나기 전의 삶으로는 돌아갈 수 없다는 생각에 괴로웠다.

흔히 역경을 겪는 사람에게 시간이 해결해줄 것이라고 위로한다. 하지만 반은 맞고 반은 틀린 말이다. 오랜 시간이 지난 후에도 역경을 온전히 극복하지 못한 채 살아가는 사람들도 많다. 겉으로는 역경을 극복한 듯 보이지만, 내면에는 그 사건 이후 후유증이 남은 것이다. 이전처럼 자신과 가까워지지 못하고 거리를 두며 살아간다. 지혁 씨의 가장 큰 문제도 바로 자신과의 관계였다.

역경을 극복하는 것은 단순히 사건을 해결하는 것이 아니라 자신과의 화해를 이루어내는 일이다. 세상으로부터 단절된 역경의 시간 속에서 우리는 외부의 도움이나 위로가 잠시의 위안에 불과하다는 것을 깨닫게 된다. 결국, 나를 구할 수 있는 유일한 존재는 나 자신이라는 것을 알게 된다. 자기 친화력이 삶을 좌우하는 이유는 본질적으로 역경이 삶의 일부이기 때문이다. 예고 없이 찾아오는 고난과 크고 작은 도전들로 가득한 인생에서, 나를 지탱하고 앞으로 나아가게 하는 가장 강력한 힘은 바로 나 자신과의 관계에서 온다. 멀어진 자신과 화해하기 위해서는 먼저 자기 가치에 대한 의심과 수치심으로부터 벗어나야 한다. 불규칙하게 발생하는 우주의 혼돈 속에서 때로는 어떠한 이유도 없이 고난이 우리를 찾아올 수 있음을 받아들여야 한다. 자신의 불완전함과 한계를 인정하고 이것은 나뿐 아니라 모든 살아 있는 존재의 공통된 운명임을 깨닫는 것이 중요하다.

단순한 회복이 아닌 외상 후 성장으로

그리스 선박왕으로 유명한 아리스토텔레스 오나시스Aristotle Onassis는 "가장 어두운 순간에 빛을 보기 위해 집중해야 한다"라고 말했다. 우리가 집중해야 할 빛은 바로 자신을 향한 근원적인 사랑이다. 자신과의 화해를 이루면 진정한 극복의 상태에 다다르고, 내면에서 본연의 치유 시스템이 가동되어 이전과는 다른 자신이 된다. 진정한 극복은 이전 상태로의 단순한 회복recovery이 아니라 삶의 전 영역에 걸쳐 일어나는 긍정적 변형transformation이다. 다시 말해 외상 후 성장post-traumatic growth, PTG을 이루어내는 것이다. 그 성장 중 가장 극적인 변화가 바로 자기 친화력에서 발생한다. 역경은 자기와의 관계에 전환점turning point이 된다. 역경의 소용돌이 속에서도 자신의 손을 놓지 않은 사람은 훗날 이 시기가 삶의 가장 중요한 도약대가 되었다고 말하게 된다. 반면 끝까지 자신을 외면한 사람은 본연의 치유 시스템을 상실한 채 살아간다. 지혁 씨의 경우처럼 겉으로는 극복한 것처럼 보여도 지속적으로 심리적인 후유증에 시달리는 것이다. 심한 경우에는 재기 불능 상태로 살아가기도 한다.

『왜 착한 사람에게 나쁜 일이 일어날까』(창, 2000)의 저자 해럴드 쿠슈너Harold Kushner는 조로증으로 아들 아론을 잃는 고통을 겪고 다음과 같이 말한다.

"나는 아론의 삶과 죽음으로 인해 그것을 겪지 않았을 때보다 더 섬세한 사람, 더 유능한 목사, 더 공감적인 상담자가 되었다. 그렇지만 만약 내 아들을 살릴 수 있다면 이 모든 유익을 포기할 수 있다. 내가 선택할 수 있다면 우리가 겪은 일로 인해 내게 찾아온 모든 영적인 성장과 깊이를 버리고 15년 전으로 돌아가 평범한 랍비, 무관심한 상담자, 어떤 사람은 돕고 어떤 사람은 도울 수 없는 사람이자 밝고 행복한 남자아이의 아버지가 될 수 있다. 그렇지만 나는 선택할 수 없다."

선택할 수만 있다면 누구도 역경을 겪고 싶지 않을 것이다.

그러나 해럴드 쿠슈너가 말했듯 우리 중 어떤 누구도 역경을 선택할 수는 없다. 예상치 못한 치명적인 사건은 어느 날 당신의 삶에 운석처럼 떨어질 것이다. 그 순간, 당신은 가장 중요한 선택을 마주하게 된다. 바로 자신에게 어떤 사람이 되어줄 것인지에 대한 선택이다. 가장 어두운 순간에 변함없이 자신을 지킬 수 있다면, 삶은 또 다른 차원으로 도약하게 될 것이다.

내 안의 다정함을 일깨우는 3단계 연습

스스로에게 다정할 때, 어려운 순간을 이겨낼 힘을 얻고 삶은 더 따뜻하고 부드러워집니다. 다음 세 단계의 질문에 답하며, 어려움 속에서 자신을 어떻게 대해왔는지 돌아보세요. 이 과정은 자신을 이해하고, 스스로를 더 친절하고 따뜻하게 대하는 법을 배우는 데 큰 도움을 줄 것입니다. 스스로 알아볼 수 있을 정도로만 간단히 적어가며 아래의 3단계를 따라와보세요. 지금 한 번쯤 자신과의 관계를 깊이 들여다볼 시간이 필요합니다. 그 첫걸음을 시작해보세요.

1. 어려운 상황에 처했을 때, 나는 나 자신에게 어떻게 대해왔을까?

역경 속에서 자신을 대하는 방식은 때로 한쪽으로 치우쳐 있을 수도 있지만, 대다수의 사람들은 자기 친화적이었던 순간과 그렇지 못했던 순간들이 공존하기 마련입니다. 스스로에게 다정했던 순간에는 "너무 힘들었지. 그래도 여기까지 온 것만으로도 잘했어"라는 말로 스스로를 위로하며 다독였을 것입니다. 반면 가혹했던 순간에는 "왜 이렇게밖에 못했지? 더 잘할 수 있었잖아"라며 스스로를 비난하고 몰아붙였을 수도 있습니다.

이 두 가지 태도가 함께 나타나는 것은 자연스러운 일입니다. 중요한 것은 다정한 태도를 강화하고, 가혹한 순간을 따뜻함으로 바꾸려는 노력을 지속하는 것입니다. 이제, 자신에게 더 친화적이었던 순간과 그렇지 못했던 순간을 떠올려보고, 그때 스스로를 어떻게 대했는지 비교해보세요.

다정할 때의 나

사건:

_____

예) 사랑하는 사람과의 이별로 큰 상처를 받았던 순간

반응:

_____

_____

_____

_____

_____

예) "너무 힘들었겠지만, 지금까지 잘 견뎌왔어. 이 아픔도 시간이 지나면 조금씩 나아질 거야. 넌 충분히 이겨낼 수 있어." 스스로에게 위로의 말을 건네며, 회복의 시간을 가졌다.

가혹할 때의 나

사건:

_____

예) 승진에서 누락되었을 때

반응:

_____

_____

_____

예) "나는 왜 항상 부족한 걸까? 이 정도도 못 하면서 어떻게 앞으로 나아갈 생각을 해?" 나를 비난하며 실패에 대한 고통을 가중시켰다.

어려운 순간들을 지나오며, 나를 돕고 앞으로 나아가게 했던 내적인 힘은 무엇이었을까요? 그때 나를 버티게 했던 힘과 나만의 장점 혹은 특별한 행동을 구체적으로 떠올려보세요. 인내심, 긍정적인 태도 또는 주변 사람들과의 연결이 중요한 역할을 했을 수도 있습니다. 이 질문을 통해 스스로를 지탱했던 내적 자원을 발견하고, 앞으로도 그 힘을 더욱 키워갈 수 있을 것입니다. 이미 지나온 어려움은 당신 안에 강인함이 존재한다는 증거입니다. 이제, 그 힘을 다시 떠올리며 자신에게 칭찬을 건네보세요.

나를 지탱해준 힘:

_____

_____

예) 어려움 속에서도 끝까지 포기하지 않았던 끈기와 작은 희망을 믿는 마음

도움을 준 장점이나 행동:

_____

_____

예) 문제를 하나씩 해결하려는 차분한 태도와 주변 사람들에게 도움을 요청하는 용기

2. 사랑하는 존재를 대하듯 나를 대하기

당신이 진심으로 마음속 깊이 아끼고 사랑하는 존재는 누구인가요? 이제, 그 존재를 대할 때와 나를 대할 때의 방식을 비교해봅시다. 사랑하는 사람이 고통을 겪고 있다면, 당신은 어떻게 그들을 위로하고 격려했나요? 또는 내가 사랑하는 사람이 내가 겪었던 어려움(내게 가혹했던 상황)을 겪고 있다고 상상해보세요. 그들에게는 어떤 말과 태도로 나를 대했을까요? 사랑하는 존재를 대할 때와 나를 대할 때 큰 차이가 없다면, 당신은 어려움 속에서도 스스로를 사랑하고 지지할 줄 아는 사람입니다. 그러나 그 차이가 크다면 왜 사랑하는 사람에게 하는 것처럼 자신을 대하지 못하는지 깊이 고민해볼 필요가 있습니다.

내가 사랑하는 존재:

_____

_____

예) 가장 친한 친구, 자녀, 배우자나 연인 등

내게 가혹했던 사건:

_____

_____

예) 대인관계에서의 큰 갈등, 중요한 목표를 이루지 못한 때

내게 했던 반응:

_____

_____

_____

예) "왜 이렇게밖에 못했지? 넌 정말 부족해"라며 비난했다. 잠도 자지 못한 채 고통스러운 생각에 잠겨 자책했다.

내가 사랑하는 사람이 같은 상황에 처해 있다면?:

_____

_____

_____

_____

예) "괜찮아, 누구나 실수할 수 있어. 너는 이미 충분히 노력했어. 앞으로 더 잘 할 기회가 있을 거야"라고 말한다. 충분히 이야기를 들어주고 공감해줄 것이다. 함께 시간을 보내며 기분 전환할 수 있는 활동을 제안할 것이다.

왜 두 가지 경우에서 차이가 있을까?:

_____

_____

_____

_____

_____

예) 사랑하는 사람에게는 자연스럽게 다정함과 공감이 나오지만, 나 자신에게는 엄격한 잣대와 비판이 먼저 떠오른다. 나를 이해하고 격려하는 데 익숙하지 않다. 나에게 완벽함을 요구하는 경향이 있다. 실패에 대한 두려움이 내면의 비난으로 바뀌기 때문이다.

3. 나를 위한 다짐하기

앞으로 어려움을 겪을 때, 스스로에게 건넬 다정한 말들과 자신을 위한 구체적인 행동을 계획해보세요. 그리고 나 자신에게 더 따뜻한 사람이 되기 위한 다짐을 적어보세요.

스스로에게 건넬 말:

_____

_____

_____

_____

예) "넌 정말 열심히 하고 있어. 충분히 잘하고 있어", "이 상황은 누구에게나 힘든 일이야. 하지만 지금까지 잘 버텨왔어", "잠시 쉬어가도 괜찮아. 모든 게 다 잘 풀릴 거야", "너는 이겨낼 힘이 있어. 스스로를 믿어보자."

스스로를 위한 구체적인 행동:

_____

_____

_____

_____

예) 나를 위한 따뜻한 차 한 잔 준비하기, 스스로에게 충분한 휴식을 허락하며 푹 쉬기, 좋아하는 음악을 들으며 산책하기, 편안한 공간에서 마음챙김하기

나를 위한 다짐:

_____

_____

_____

_____

_____

_____

_____

_____

_____

예) "나는 내가 겪는 모든 어려움을 존중하며 스스로를 이해할 것이다", "나는 나에게 가장 다정한 사람이 되어줄 것이다", "나는 역경 속에서도 나를 사랑하고 지지하며, 앞으로 나아갈 힘을 줄 것이다", "나는 나의 감정을 존중하고, 내 마음을 따뜻하게 감싸줄 것이다."

상실을 대하는 자세

상실은 전면적이지 않다.
때로는 그 틈과 찢긴 곳 사이로
새로움이라는 바람이 불어온다.
_월 버킹엄

때로는 자신의 의지와는 무관하게 결코 잃고 싶지 않은 것을 잃어야 하는 순간도 찾아온다. 아무리 자기 친화력이 강한 사람이라도 상실Loss이라는 거대한 파도 앞에서는 흔들릴 수밖에 없다. 사람들이 정서적으로 불안정해져 정신과의 문을 두드리는 이유 역시 대개 상실과 깊이 연결되어 있다. 상실은 단순히 누군가를 잃는 것을 넘어 자신이 소중히 여겼던 관계, 역할, 목표 또는 정체성을 잃는 경험까지 포괄한다. 이는 내면의 안정감을 뿌리째 흔들며 삶의 방향성을 잃게 하는 강력한 위기로 작용한다.

상실은 애도Mourning라는 일련의 과정을 거쳐 극복되어야 한다. 애도는 우리가 잃어버린 것들을 건강하게 떠나보내며 마음속에 새로운 균형을 찾아가는 과정이다. 이 과정을 잘 거치지 못하면 삶의 기반이 흔들리고, 내면에 상처가 깊어져 병들 수 있다. 반면 애도의 시기를 충실히 지나면 내면의 회복력과 성숙함이 강화되고, 자기 친화력이 한층 더 깊고 견고해진다. 그런 의미에서 애도는 단순히 슬픔을 이겨내는 일이 아니라 새로운 자신을 발견하며 성장해가는 과정이기도 하다.

애도는 새로운 탄생을 의미

애도는 좁은 의미로는 가까운 사람의 죽음 이후 마음의 평정을 회복하는 과정을 일컫는 말로 쓰인다. 하지만 넓은 의미로는 살면서 중요한 의미를 가졌던 것을 잃어버릴 때 겪는 일련의 정신적 과정을 뜻한다. 그것은 간절히 바라던 꿈일 수도 있고, 안정적이던 경제력, 젊음이나 건강 혹은 성취감을 안겨주던 일일 수도 있다. 다만 애도의 뜻은 상실을 맞닥뜨리는 것, 받아들이는 것, 완전히 소화해 새로운 삶을 사는 것을 포함한다. 애도를 겪을 때 가장 먼저 발생하는 일은 일상의 무너짐이다. 우리는 상실을 통해 익숙하던 세계가 산산이 부서지고, 믿었던 가치와 기대했던 미래마저 사라지며 세상이 송두리째 흔들리는 경험을 한다. 이때 애도는 부정denial, 분노anger, 타협bargaining, 우울depression, 수용acceptance의 단계를 거친다. 그러나 이 단계들이 항상 순서대로 나타나는 것은 아니며 생략되기도 하며 순서가 뒤죽박죽 섞여 발생하기도 한다.

부정은 상실이라는 현실을 받아들이지 못하고, 이를 믿지 않으려는 심리적 반응이다. 상실의 충격을 완화하려는 본능적 방어 기제로 "이럴 리가 없어"라며 현실을 부정하거나 회피하려는 모습을 보인다. 분노는 상실의 원인을 찾으려 할 때 발생한다. 자신이 원인을 제공했다고 느껴 자책하기도 하고, 타인이나 외부 상황을 탓하며 분노를 표출하기도 한다. 타협은 어떻게든 잃어버린 것을 되찾아보려는 절박한 시도로 나타난다. "만약 내가 이렇게 했다면 상황이 달라졌을까?"라는 생각에 매달리며 상실을 되돌리기 위해 비현실적인 희망을 품기도 한다. 이는 과거의 선택을 되돌리고 싶다는 간절한 마음에서 비롯되며, 상실에 대한 현실적 이해가 아직 충분히 이루어지지 않은 상태를 의미한다. 우울은 결국 상실을 돌이킬 수 없다는 사실을 받아들이며 찾아온다. 이 단계에서는 깊은 무력감과 절망을 경험하며, 상실의 현실을 인정하는 고통스러운 시간을 보낸다. 하지만 이 과정을 통해 점차 감정을 소화하고 치유의 단계를 준비하게 된다. 마지막으로 도달하는 단계는 수용이다. 수용은 상실의 현실을 받아들이고, 새로운 균형을 찾아가는 희망의 시작을 의미한다. 이때는 과거를 온전히 받아들이면서도, 앞으로 나아갈 삶의 방향성을 모색하며 삶의 의미를 재구성한다.

정신분석가 멜라니 클라인Melanie Klein은 애도가 인간의 심리 발달에 없어서는 안 될 필수적인 단계라고 했다. 애도의 과정은 단순히 상실을 극복하는 것을 넘어 이후 이어지는 삶에서 자신과의 관계에 깊고도 강렬한 영향을 미친다. 특히 애도의 과정 중 수용은 상실의 아픔을 새로운 가능성과 성장으로 전환하는 가장 창조적인 단계로 꼽힌다.

어제와 결별하며 맞이하는 새로운 나

석태 씨는 오랫동안 정상적인 삶의 궤도에 오르지 못했다. 지난 5년 동안 그의 삶은 모든 것이 무너져 내린 상태였다. 무기력증은 날로 심해졌고 결국 오래 다니던 직장마저 그만두어야 했다. 그가 이렇게 무너진 데는 어머니의 죽음이라는 커다란 상실이 자리하고 있었다. 그는 말했다. "저는 어머니를 미워했습니다. 그런데 이제 그 미움이 저를 집어삼키는 것 같아요." 어머니는 석태 씨에게 사랑을 주지 않았다. 따뜻한 말 한마디, 인정의 눈빛, 애정 어린 손길조차 없었다. 어린 시절부터 쌓인 상처는 점차 원망으로 변했고, 어머니가 살아 계실 때 그는 차라리 어머니를 외면하고 피하고 살았다. 그러나 어머니가 세상을 떠나자, 상실의 무게는 날카로운 가시가 되어 그의 마음을 잔인하게 찔렀다. "내가 어머니를 미워하지 않았더라면? 내가 더 잘했더라면?" 석태 씨는 끝없는 가정을 반복하며 죄책감에 시달렸다. 그리움과 분노 그리고 자신을 탓하는 마음이 뒤엉켜 내면을 상처 입혔다. "어머니가 저를 사랑하지 않았는데 왜 이렇게 힘든 걸까요?" 그는 울먹이며 물었다. 그리고 이렇게 덧붙였다. "저는 변하지 않을 겁니다. 나아질 수도 없을 거예요." 석태 씨의 말은 마치 영원히 나아지지 않겠다는 다짐으로 들렸다. 어머니를 향하던 애증은 자신을 향한 가혹한 처벌로 변해 있었다.

아무리 깊은 상실의 고통을 경험했더라도 자신을 무너뜨린 채로 살아서는 안 된다. 잃는다는 것은 분명 고통스러운 일이지만 그 고통의 크기만큼 당신은 자신을 성장시킬 기회를 얻는다. 물론 한동안은 잃어버린 것들에 아파하며 나아갈 힘을 찾지 못할 것이다. 이렇게 폐허가 된 삶 속에서 우리가 가장 먼저 해야 할 일은 아파하는 자신을 발견하는 것이다. 나를 지탱해 주던 것이 사라졌을 때, 우리는 모든 보호막이 벗겨진 채 결핍된 자신을 마주하게 된다. 바로 그 순간이야말로 우리가 스스로를 따뜻하게 안아주어야 할 때다. 그 상처와 결핍을 외면하지 않고 품어주는 용기만이 상실을 극복하고 새로운 시작을 향한 첫걸음을 내딛게 해준다.

석태 씨는 결국 깊은 분노와 미움 뒤에 숨겨져 있던 자신의 진심을 마주하게 되었다. 그는 어머니를 용서하고, 화해하고, 사랑하고 싶었다. 그러나 어머니의 죽음으로 그 기회를 잃었다는 사실이 그를 더 깊은 절망으로 몰아넣었다. 석태 씨는 상실의 고통 속에서 아파하는 자신을 안아주며 중요한 깨달음에 이르렀다. 어머니는 떠났지만, 그녀를 용서하는 일은 여전히 가능하다는 사실이었다. 그 용서는 단순히 어머니를 향한 것이 아니었다. 그것은 자신을 위한, 자신을 치유하기 위한 선택이었다.

사실 인생에서 우리가 단지 잃어버리기만 하는 순간은 존재

하지 않는다. 무언가와 분리될 때, 우리는 이미 새로운 무언가를 향해 나아가고 있다. 헤어짐은 새로운 만남을 위한 과정이며, 잃어버림은 또 다른 것을 얻기 위한 준비다. 단절은 더 깊은 연결로 이어지는 길이 될 수도 있다. 마치 나비가 낡은 번데기를 벗어야만 아름다운 날개를 펼칠 수 있는 것처럼, 상실은 새로운 가능성을 위한 탈피일 수 있는 것이다. 일본에서는 깨진 도자기를 금이나 은으로 접합해 새로운 작품으로 재탄생시키는 킨츠쿠로이きんつくろい라는 예술 기법이 있다. 애도는 킨츠쿠로이 기법과 닮았다. 상실로 부서진 조각을 한데 모아 더 강하고 아름다운 자기와의 유대를 만들어내기 때문이다.

상실은 때로 우리를 각성시킨다. 자신과 멀어진 채 위기의식 없이 살아가던 사람도, 큰 상실을 겪으면 내면 깊은 곳에서부터 변화를 겪는다. 상실은 익숙했던 일상의 틀을 뒤흔들고, 우리가 외면해왔던 내면의 목소리와 마주하게 만든다. 그 고통스러운 경험 속에서, 나를 다시 일으켜 세울 존재는 나 자신밖에 없음을 절감하게 된다. 이 과정은 아프지만 동시에 깊은 통찰을 가져다준다. 우리는 상실의 경험을 통해 진정으로 소중히 여기는 것이 무엇인지, 앞으로의 삶을 어떤 방향으로 이끌어가야 할지를 새롭게 깨닫는다. 상실은 끝이 아니라, 새로운 시작을 향한 초대인 셈이다.

인생을 자세히 들여다보면 매일 크고 작은 변화를 겪는다는 것을 알 수 있다. 제 아무리 평온하게 흘러가는 일상도 변화가 없는 날은 존재하지 않는다. 우리는 매일 어제와 결별하며 새로운 오늘을 맞이한다. 엄밀히 말하면 오늘의 나는 어제의 나와 완전히 같은 사람이 아니다. 변화의 흐름 속에서 우리는 무언가를 잃는 동시에 무언가를 얻는다. 상실의 고통 속에서, 우리는 그 어느 때보다 자신과 깊이 연결되고 강렬한 사랑을 깨닫는다. 에리히 프롬Erich Fromm은 애도가 죽음보다 탄생에 가까운 개념이며, 과거에 머무르기보다는 새로운 미래를 만드는 것이라고 했다. 애도를 통해 자신과의 관계를 새롭게 정립하고 더 깊고 풍성한 삶으로 나아가길 바란다.

아무에게도 말하지 못한
외로움

외로움은 빙산과 같다.
보이는 것 보다 훨씬 더 깊게 뻗어 있다.
_존 카시오포

외로움은 우리 모두가 가슴 한구석에 간직하고 있는 비밀이다. 당신은 때때로 외로움을 느낀다는 사실을 부끄럽게 여길지도 모른다. 그러나 외로움은 결코 당신만의 문제가 아니다. 외로움은 근절해야 할 대상이 아니며, 가끔 우리를 찾아오는 손님에 불과하다. 다만 외로움이 흩어지지 않고 장시간 삶에 고여 있다면 문제가 된다. 이 경우 외로움은 여러 가지 부정적인 영향을 끼치며, 심지어 생명을 위협할 수 있다.

인류학자 피터 터친Peter Turchin은 인간이 무리를 이루고 타인과 협력하려는 특성을 초사회성Ultra-sociality이라 명명했다. 초사회성은 인류가 생존하고 진화하는 데 핵심적인 역할을 해왔다. 하지만 이 특성은 우리를 외로움이라는 감정과 떼려야 뗄 수 없게 만들기도 했다. 어쩌면 당신은 이 경우에 해당하지 않는 예외라고 생각할지도 모른다. 물론 당신은 약속 취소 소식에 내심 안도하며 혼자만의 시간을 즐기는 내향인일 수 있다. 그러나 내향적인 사람의 뇌조차도 타인과 어울리려는 본능을 지니고 있다. 뇌는 인간을 집단적 존재로 설계했으며, 타인과의 연결 욕구는 우리의 본질적인 일부로 깊이 자리 잡고 있다.

외로움이 알려주는 연결의 필요성

뇌의 관점에서 고립되었다는 것은 굶어 죽을 위기에 처한 것과 다르지 않다. 2020년 매사추세츠 공대에서 이를 입증하는 흥미로운 연구가 진행되었다. 실험 참가자들은 10시간 동안 완전히 고립된 후, 여러 사람들이 즐겁게 어울리는 모습이 담긴 사진을 보았다. 이때 fMRI를 촬영해보니, 10시간 단식한 사람이 음식 사진을 보았을 때와 동일한 뇌 부위가 활성화되는 것이 확인되었다. 뇌가 사회적 교류를 식욕만큼이나 강렬하게 갈망한다는 것을 알 수 있는 대목이다.

만약 지금 당신이 맺고 있는 인간관계가 뇌의 갈망을 충족시키지 못한다면, 뇌는 어떻게 반응할까? 뇌는 외로움이라는 불쾌한 감정을 일으켜 "이봐! 지금 위기 상황이야! 인간관계를 맺지 않으면 죽을 수도 있다고!"라고 당신에게 경고한다. 우리는 단순히 외로움이라는 감정에 휘둘리기보다는 뇌가 보내는 경고의 의미를 이해할 필요가 있다. 결국 뇌의 본능을 완전히 거슬러 행복을 얻는 것은 불가능하며, 초사회성은 선사시대뿐만 아니라 현대 사회에서도 중요한 강점으로 작용하기 때문이다.

2023년 영국의 『공중보건저널*Journal of Epidemiology and Community Health*』에 실린 한 연구를 살펴보자. 평균 나이 82세의 2만 8,563명의 노인 인구를 대상으로 사회적 교류의 정도와 생존율 간의 연관성을 추적 관찰했다. 관찰 초기 5년 동안은 고립된 노인들보다 사회적 교류가 있는 노인들의 생존율이 높았다. 놀라운 점은 5년 이후에는 그중 매일 사회적 교류를 하는 노인들에게서만 뚜렷한 생존 효과가 관찰되었다는 점이다. 사회 활동 참여가 생존을 연장시키는 결정적인 요인이었던 것이다.

코로나 시대를 계기로 우리는 서로와 더 멀어졌다. 어쩔 수 없이 문을 걸어 잠그던 상황은 끝났지만 여전히 서로를 고립시키고 있다. "문 앞에 두고 가세요"라는 메시지로 물건을 받고, 매장에서는 키오스크로 주문하는 경우가 많아졌다. 재택근무를 하는 인구도 점차 늘어나고 있다. 이제 우리는 사람의 눈이 아닌 액정에 눈을 맞추며 살아가고 있다. 이것은 고립의 시대를 여는 서막에 불과하다. 앞으로 우리는 점점 더 다른 사람과 접촉하지 않는 삶을 살게 될 가능성이 크다. 편리함의 유혹에 빠져 우리의 초사회적 본성을 무시하고 있는 것이다.

방어적 태도가 만든 고립의 덫

고립은 그 특성상 점점 더 많은 고립으로 이어진다. 수십 년 간

외로움에 대해 연구해온 심리학자 존 카시오포John Cacioppo는 외로움 모델Model of loneliness을 제시하며, 고립된 사람이 점차 더 심한 고립 상태에 빠지는 과정을 설명했다. 그의 연구에 따르면, 외로운 사람들의 뇌에서는 공통적인 활성화 패턴이 나타났다. 가장 두드러진 특징은 사회적 활동에 대한 뇌의 보상 반응이 현저히 약화되어 있다는 점이었다. 반면, 부정적인 사회적 자극에 대해서는 과도하게 민감하게 반응했다. 이는 외로운 사람들이 긍정적인 교류를 하더라도 외로움을 쉽게 해소하지 못하고, 타인의 표정이나 말 등을 부정적으로 왜곡해 인식하는 경향이 있음을 시사한다.

40대 초반의 수정 씨는 자신의 우울증의 원인으로 친구가 없다는 점을 꼽았다. "왜 저만 이렇게 외로운 걸까요? 왜 저는 친구를 못 사귀는 걸까요?"라며 한숨을 내쉬는 그녀의 얼굴에는 좌절과 슬픔이 가득했고, 자신을 자책하는 모습이 엿보였다. 일반적으로 수정 씨의 나이에는 친구가 삶의 절대적인 기준이 되지 않는 경우가 많기에 그녀의 반응은 더욱 이례적이었다. 그녀의 상처는 중학교 시절로 거슬러 올라간다. 친하게 지내던 친구와의 절교가 발단이 되어 어울리던 무리에서 완전히 배척당했던 것이다. 밝고 쾌활했던 수정 씨는 급격히 위축되었고, 다른 지역의 고등학교로 진학한 후에도 방어적인 성격이 계속되어 또다시 따돌림을 당했다. 어느새 40대의 어른이 되었지만 10대 시절의 상처는 여전히 그녀를 힘들게 했다. 그녀에게 가장 큰 스트레스는 사람을 대하는 일이었다. 외로움에 괴로워하면서도 사람들과 어울려야 하는 상황에서는 방어적이고 예민하게 반응하곤 했다.

외로운 사람들은 인간관계에서 자기 방어 모드에 빠진다. 과거의 아픈 경험들은 다른 사람의 말이나 행동을 부정적으로 해석하게 만들며, 세상 자체를 위협적인 곳으로 느껴지게 한다.

내면 깊숙한 곳에서는 사람들과 관계를 맺고 싶어 하지만, 스스로 멀어지면서 상처를 치유할 기회를 놓친다. 마치 문을 열고 싶지만, 그 문이 열리지 못하도록 스스로 단단히 막고 있는 상황과 같다. 게다가 사회적 상황에서 지나치게 예민하게 반응하면, 자신도 모르게 주변 사람들에게 부담을 주고, 결국 관계는 점점 더 멀어진다. 자기 방어 모드는 상처를 치유하기는커녕 외로움과 고립을 더욱 심화시키며 악순환을 초래한다.

외로움, 현대 사회의 보이지 않는 질병

이제 외로움은 개인의 문제를 넘어 사회적인 문제로 인식되고 있다. 미국 보건복지부 공중보건서비스 단장인 비벡 무르시Vivek H. Murthy 박사는 「외로움과 고립의 전염병Our Epidemic of Loneliness and Isolation」이라는 제목의 권고안을 발표했다. 이 권고안에 따르면, 세계 인구의 4분의 1이 '상당한 수준의 외로움'을 경험하고 있다. 외로움은 단순한 불쾌감을 넘어서 조기 사망 위험을 26퍼센트나 증가시킨다. 이는 하루에 15개비의 담배를 피울 때 나타나는 사망률과 비슷한 수준이며, 비만으로 인한 사망률보다 2배나 높은 수치다. 외로움의 위험성에 대한 인식이 확산되면서, 영국 정부는 이를 해결하려는 노력의 일환으로 외로움 부처Ministry of Loneliness를 신설하기까지 했다.

외로움은 신체적·정신적 문제와 깊이 연관되어 있다. 지속적인 외로움은 면역력을 약화시키고, 전신에 만성염증 상태를 유발하며, 특히 심혈관 질환을 악화시키는 것으로 알려져 있다. 또한 삶의 질을 떨어뜨리고, 인지기능 저하, 불면, 불안, 우울 증상을 악화시켜 사망률과 자살률을 높이는 주요 요인으로 작용한다. 존 카시오포가 외로움은 그 자체로 병은 아니지만 병을 유발하는 방아쇠trigger가 될 수 있다고 설명한 것과 들어맞는다.

외로움에 대처하는 세 가지 해법

그렇다면 우리는 외로움에 어떻게 대처해야 할까? 여기에는 세 가지 해법이 존재한다. 가장 첫 번째 해법은 외로움이라는 감정을 두려워하지 않는 것이다. 즉, 외로움을 느끼는 존재가 나만이 아니라는 사실을 깨닫는 것이 치유의 첫걸음이다. 외로움은 모든 사람이 경험하는 보편적인 감정으로 앞서 말한 인간 경험의 보편성과도 닿아 있다. 외로움을 느껴서는 안 된다고 억누르거나 "나는 외롭지 않다"라고 부정할수록 더 깊은 외로움에 빠지기 쉽다. 두려워하지 않는 한 외로움은 일시적인 현상으로 지나간다. 반면 외로움을 두려워하면 수정 씨처럼 오래도록 후유증을 겪을 수 있다. 인간관계에 대한 자신감을 잃고, 자기 방어 모드로 돌입하며 고립의 악순환에 빠지는 것이다.

외로움에 대처하기 위한 두 번째 해법은 바로 외로움이 전달하는 메시지에 귀를 기울이는 것이다. 고맙게도 우리의 내면은 외로움을 통해 귀중한 메시지를 전하고 있다. 외로움이 하는 말은 이를테면 다음과 같을 것이다.

"안녕? 사랑하는 ○○아. 내가 너에게 외로움을 느끼게 하는 이유가 있어. 너도 알다시피 우리는 혼자서는 살아갈 수 없는 존재잖아. 나는 네가 타인과 더 연결되고, 더 따뜻한 관계를 맺길 바라고 있어. 혹시 너무 바빠서 소중한 사람들을 뒤로 미루어두고 있진 않았니? 아니면 너무 두려워서 마음의 문을 닫아버리진 않았는지 돌아봐. 내가 이렇게 외로움을 통해 너에게 말을 거는 이유는 네가 다시 삶의 균형을 찾고 누군가와 연결되길 진심으로 바라기 때문이야.

가끔은 나 자신과의 관계도 돌봐야 한다는 걸 잊지 마. 네 마음속 깊은 곳에서 무엇을 필요로 하는지 귀 기울여봐. 그리고 작은 행동이라도 해봐. 따뜻한 말을 건네거나 함께 웃을 시간을 만들어봐. 그런 연결이 결국 너를 더 활기차고 행복하게 만들어줄 거야. 내가 보내는 이 신호를 두려워하지 말고 나를 통해 진짜 중요한 걸 찾아보길 바라. 너는 사랑받고 연결될 자격이 있어. 부디 그걸 잊지 말아줘."

외로움은 견뎌야 할 감정이 아니라 사람들과 유대를 쌓고 관계를 발전시키라는 신호다. 다른 사람과의 관계는 우리에게 활력을 불어넣고 치유의 원천이 된다. 주변 사람들에게 보다 다정한 모습을 보여주어라. 미루어두었던 따뜻한 마음을 전하거나 함께 식사할 시간을 마련해보라. 물론 내면에 상처가 있다면 누군가와 관계 맺는 것이 두려울 수 있다. 이때 다른 사람을 회피하려는 자신의 마음을 먼저 이해해야 한다. 회피는 단지 두려움이 만들어낸 방어일 뿐이다. 당신의 내면의 깊은 곳에서는 다른 사람과 교감하고자 하는 본심이 있다. 그 본심에 공감하며 스스로를 위해 용기를 내야 한다.

나는 수정 씨에게 말했다. "회피는 두려움이 만들어낸 방어일 뿐이에요. 다른 사람과 어울리려는 진심을 무시하고 두려움에 더 귀를 기울인 것은 아닐까요?" 그녀는 작은 용기를 내보기로 했다. 동료들에게 미소를 짓고, 멀어진 친구에게 묵혀둔 안부 인사를 건넸다. 작은 노력들이 차곡차곡 쌓이며, 수정 씨는 점차 관계에 대한 두려움을 극복해나갔다. 예전에는 외로움을 느낄 때 스스로를 더 고립시키곤 했지만, 이제는 외로움이 다른 사람과의 연결이 필요하다는 신호임을 깨닫게 되었다.

외로움의 반대는 무엇일까? 많은 연구자들은 외로움의 반대말이 지혜wisdom라고 주장한다. 여기서 외로움을 극복하는 세 번째 해법을 도출할 수 있다. 그것은 바로 지혜의 힘을 빌리는 것이다. 미국 샌디에이고 캘리포니아대 의학대학 연구진은 지역 사회의 27세에서 103세에 이르는 659명을 대상으로 지혜

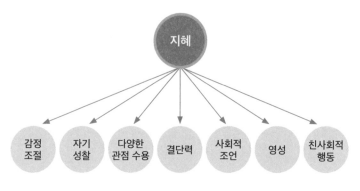

샌디에이고 지혜 척도

의 정도와 외로움의 상관관계를 조사했다. 연구에 따르면, 지혜 척도 점수가 높을수록 외로움의 고통이 덜하다는 사실이 확인되었다. 특히, 지혜는 나이나 성별과 상관없이 외로움을 예방하고 보호하는 역할을 했다. 더욱 흥미로운 점은, 지혜가 1인 가구 생활이나 정신 건강 문제보다 외로움과 더 강한 상관관계를 가진다는 것이다. 또한 지혜는 신체와 정신을 아우르는 전반적인 건강 상태를 향상시키고, 수면의 질을 개선하며, 행복감과 삶의 만족도를 증진시키는 데도 기여했다.

희망적인 것은 지혜가 후천적인 노력을 통해 성장 가능한 특성이라는 것이다. 그렇다면 지혜롭다는 것은 구체적으로 무엇을 의미할까? 전문가들은 지혜를 정의하기 위해 고대부터 현대에 이르기까지 다양한 문헌을 검토해왔고, 지혜와 관련된 뇌 영역과 신경 회로에 대한 연구도 진행했다. 이러한 연구 끝에 지혜를 객관적으로 측정할 수 있는 샌디에이고 지혜 척도SD-

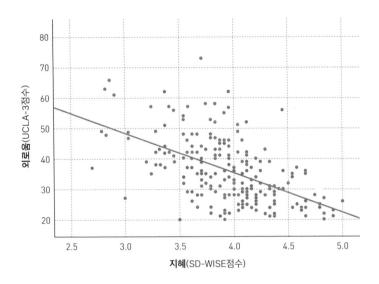

지혜와 외로움의 상관관계 그래프의 점은 샌디에이고 캘리포니아대 의학대학 연구진의 연구에 참여한 인물들의 지혜 점수와 외로움 점수를 표기한 것이다. 전체로 보았을 때 우하향하는 모습을 보인다. 즉, 지혜 점수가 높을수록 외로움 정도가 낮음을 알 수 있다.

WISE 7가 개발되었다. 이 척도는 감정 조절, 자기 성찰, 다양한 관점에 대한 수용, 결단력, 사회적 조언, 영성, 친사회적 행동이라는 일곱 가지 요소로 구성되어 있다. 각 요소는 지혜를 이루는 중요한 영역이며, 우리가 이 영역들에서 내적 성장을 이루었을 때 비로소 지혜로워질 수 있다는 것을 알 수 있다.

　재미있는 점은 샌디에이고 지혜 척도의 일곱 요소들이 자기 친화력의 세 가지 축과도 밀접한 연관이 있다는 것이다. 자기 성찰과 영성은 자기 가치감을 증진시키고, 감정 조절과 사회적 조언은 자기 공감 능력을 향상시킨다. 또한 친사회적 행동은 타인과의 연결에서 공감 능력을 강화시키며, 결단력과 다양한 관점에 대한 수용은 자기 신뢰를 키우는 데 기여한다. 이 일곱 요소들은 서로 밀접하게 연관되어 자기 친화력을 강화하고, 외로움과 고립을 극복하는 데 중요한 역할을 한다.

지혜로운 사람은 혼자 있는 시간을 황량함이나 공포로 느끼지 않는다. 오히려 그 시간을 즐기며, 내면을 돌보고 평온을 찾는다. 역사상 위대한 예술, 철학, 발견은 모두 홀로 존재하는 순간이 있기에 가능했다. 혼자 있는 시간은 자신과 삶을 되돌아보고, 더 나은 미래를 계획할 수 있는 소중한 기회다. 자기 자신과의 관계가 안정적일수록 고립감이 아닌 고요함 속에서 새로운 통찰과 가능성을 발견할 수 있다.

우리는 초연결Hyper-connected의 시대를 살고 있다. 언제 어디서나 원하는 정보에 접근할 수 있고, 다양한 제품과 서비스에 연결될 수 있다. 그동안 기술의 발전이 가져온 편리함에 매료되었지만, 이제는 기술이 우리에게서 빼앗아가고 있는 것들에 대해 돌아볼 필요가 있다. 우리는 단지 편리해지기 위해 자신을 더 고통스럽게 만들고 있었던 것은 아닐까? 고독을 치유하고 진정한 연결을 되찾기 위해, 지혜를 키우고 내면을 단단히 다져야할 때다.

나와 친해지는 연습 21

지혜를 성장시키는 나만의 전략

샌디에이고 지혜 척도를 스스로 평가해보면서 자신이 보완해야 할 지혜 요소가 무엇일지 판단해보세요. 다음은 샌디에이고 지혜 척도를 스스로 점검할 수 있는 표입니다. 자신에게 해당하는 부분을 체크해보세요.

샌디에이고 지혜 척도

항목	문항	매우 그렇지 않다 (1점)	그렇지 않다 (2점)	보통 이다 (3점)	그렇다 (4점)	매우 그렇다 (5점)
1	나는 압박감 속에서도 침착함을 유지한다.					
2	나는 자기 성찰을 피한다. (R)※					
3	나는 다양한 관점을 접하길 즐긴다.					
4	나는 주요 결정을 내리는 것을 최대한 미루는 경향이 있다. (R)					
5	사람들이 나에게 조언을 구하러 오면, 나는 종종 무슨 말을 해야 할지 모르겠다. (R)					
6	나의 영적 신념은 나에게 내면의 힘을 준다.					
7	나는 내가 도움을 제공해야 할 상황을 알고도 이를 회피한다. (R)					

※ (R)은 반대 방향으로 채점되는 문항을 의미합니다. 이를테면 7번 질문에 대한 답이 '그렇다'인 경우라면 2점입니다.

1~7번까지의 항목은 순서대로 감정 조절, 자기 성찰, 다양한 관점에 대한 수용, 결단력, 사회적 조언, 영성, 친사회적 행동을 평가하는 질문입니다. 각 항목에 해당하는 점수를 표시해 주세요.

1 **감정 조절:** _____점

2 **자기 성찰:** _____점

3 **다양한 관점에 대한 수용:** _____점

4 **결단력:** _____점

5 **사회적 조언:** _____점

6 **영성:** _____점

7 **친사회적 행동:** _____점

이제 점수를 통해 자신이 이미 잘 갖추고 있는 요소와 더 발전시켜야 할 요소를 한눈에 파악할 수 있습니다. 어떤 요소에 더 집중하고 노력을 기울여야 할지 고민해보세요. 예를 들어, 자기 성찰이 부족하다면 마음챙김 훈련이 도움이 될 수 있습니다. 또한 다양한 관점을 수용하는 데 어려움이 있다면, 다른 사람들의 의견을 열린 마음으로 경청하고 배울 수 있는 태도를 키우는 것이 필요합니다. 각 지혜 요소를 성장시킬 수 있는 실천적인 팁을 소개합니다.

1. 감정 조절: 자신의 감정을 효과적으로 관리하는 능력

- 마음챙김 훈련: 호흡 마음챙김이나 현재에 집중하는 훈련으로 감정을 다루는 법을 연습해보세요.
- 감정 기록하기: 감정을 일기에 기록하며 자신의 감정 패턴을 이해하고 다스리는 법을 찾아보세요.
- 한 걸음 물러서기: 감정에 휩싸일 때 잠시 멈추고 여유를 가지며 상황을 차분히 바라보는 연습을 해보세요.
- 스트레스 관리 기술: 자연 속 산책과 심호흡, 규칙적인 운동 등 자신에게 맞는 스트레스 해소법을 찾아보세요.

2. 자기 성찰: 스스로를 깊이 이해하고 성장하려는 태도

- 마음챙김 훈련: 호흡에 집중하거나 현재에 온전히 머무르는 연습으로 자기 인식 능력을 길러보세요.
- 자신에게 질문하기: "내가 왜 이런 감정을 느낄까?", "이 경험에서 무엇을 배울 수 있을까?"와 같은 질문으로 스스로를 되돌아보세요.
- 피드백 요청: 신뢰할 수 있는 사람들에게 자신에 대한 솔직한 피드백을 구하고 이를 발전의 기회로 삼아보세요. 또한 "다른 사람이라면 나를 어떻게 볼까?"라는 관점에서 스스로를 점검해보세요.
- 정기적인 성찰 시간 마련하기: 하루 5분, 일주일 30분처럼 정

기적으로 자신을 돌아보는 루틴을 만들어보세요. 과거의 경험에서 얻은 교훈을 얻고, 현재를 점검하며 미래의 성장을 계획해보세요.

- 글쓰기 연습: 내면의 생각과 감정을 글로 표현하며 자신을 더 깊이 이해해보세요.
- 롤 모델 탐색: 자신의 롤 모델이 되는 인물을 정하고 그들의 행동이나 태도에서 배울 점을 찾아보세요. "내가 닮고 싶은 점은 무엇인가?"를 생각하며 적용해보세요.

3. 다양한 관점의 수용: 다양한 가치와 관점을 수용하는 자세

- 다양한 문화 체험: 서로 다른 문화와 사회적 배경을 가진 사람들과 교류하며 새로운 시각을 경험해보세요. 다양한 환경과 생활 방식을 체험하거나 낯선 취미에 도전하며 여러 사람들과 소통할 기회를 만들어보세요.
- 다양한 콘텐츠 접하기: 철학, 사회학, 역사 등 다양한 분야를 탐구하며, 색다른 관점을 담은 영화, 다큐멘터리, 팟캐스트 등을 통해 새로운 시각과 깊이 있는 사고를 키워보세요.
- 경청하기: 상대방의 이야기를 판단 없이 끝까지 경청하며 이해하려고 노력해보세요.
- 고정관념 깨기: 익숙한 생각과 신념에 질문을 던지고, 새로운 관점으로 세상을 바라보는 도전을 시작해보세요.

4. 결단력: 상황에 맞는 올바른 결정을 내리는 능력

· 작은 결정부터 연습하기: 일상 속 간단한 선택(예: 오늘의 점심 메뉴, 하루 계획)을 빠르게 결정하며 결단력을 키워보세요.

· 결정 기한 설정하기: 과도한 고민을 줄이고 효율성을 높이기 위해 스스로 결정 기한을 설정해보세요.

· 불완전한 선택 허용하기: 한 번의 완벽한 선택을 추구하기보다, 선택의 과정을 통해 배우며 점진적으로 더 나은 결정을 만들어가겠다는 태도를 가져보세요.

· 우선순위 정하기: 자신의 목표와 우선순위를 명확히 하고 차근차근 결정을 내려보세요.

· '만약'을 줄이는 사고법: "이 선택이 잘못되면 어떡하지?"와 같은 불안감을 내려놓고, 지금 할 수 있는 최선의 선택에 집중하세요. 불확실성을 받아들이는 연습을 해보세요.

5. 사회적 조언: 타인에게 유용한 조언을 제공하는 능력

· 자기 공감 능력 키우기: 타인을 이해하려면 먼저 자신의 감정을 존중하고 공감하는 연습을 해보세요.

· 공감 능력 키우기: 타인의 상황과 감정을 더 깊이 이해하기 위해 열린 마음으로 다가가며, 진심 어린 관심을 기울여보세요.

· 계속 배우기: 더 나은 조언을 위해 자신의 경험과 지식을 꾸준히 발전시키고 새로운 정보를 배우세요.

- 솔직하고 긍정적인 태도 유지하기: 상대방의 감정을 배려하며, 구체적이고 실천 가능한 방안을 제안해보세요. 현실적이면서도 희망을 담은 메시지로 격려를 전하세요.
- 나의 경험 공유하기: 자신의 경험을 바탕으로 비슷한 상황에서 도움이 될 만한 이야기를 나누어보세요.
- 상대방의 선택을 존중하기: 조언은 방향을 제시할 뿐, 최종 결정은 상대방의 몫임을 기억하세요. "이런 방법도 있지만, 네가 가장 편한 방식을 선택하는 게 중요해"와 같은 태도를 유지하며, 모든 사람이 다르다는 점을 인정하고 조언을 강요하지 않도록 주의하세요.

6. 영성: 삶의 의미와 목적을 탐구하는 깊은 통찰

- 삶의 의미 탐구하기: 자신의 가치관과 목표를 정리하고, 현재의 삶이 그것과 얼마나 일치하는지 점검해 보세요. 삶의 목적에 대해 질문하며 방향성을 찾아보세요.
- 자연 속에서 영감을 얻기: 숲, 바다, 산 등 자연과 가까운 곳에서 시간을 보내며 자신이 더 큰 존재와 연결되어 있음을 느껴보세요. 자연이 주는 고요함과 아름다움이 삶의 새로운 시각을 열어줄 수 있습니다.
- 영적 독서와 탐구: 철학적, 종교적, 영성 관련 서적을 읽으며 깊은 통찰을 얻어보세요. 새로운 시각과 영감을 제공할 수

있는 강연, 팟캐스트, 다큐멘터리도 탐색해보세요.

- 마음챙김 실천하기: 매일 몇 분씩 자신의 내면에 집중하며 현재 순간에 머물러보세요. 마음챙김을 통해 마음의 평화를 찾고, 삶의 깊은 의미를 탐구할 기회를 만들어보세요.
- 예술과 창작 활동: 글쓰기, 그림 그리기, 음악 등 창작 활동을 통해 자신의 내면을 표현하고 영감을 발견해보세요. 예술적 활동은 자신만의 고유한 영성을 탐구하는 데 도움을 줄 수 있습니다.
- 감사 일기 쓰기: 감사한 순간을 기록하는 것은 영성의 문을 여는 작은 시작입니다. 따뜻한 햇살의 포근함, 맑은 공기의 신선함, 누군가의 사소한 친절에 감사하는 마음을 가지면, 삶의 신비로움을 느끼고 우리가 더 큰 존재와 연결되어 있음을 깨닫게 됩니다.

7. 친사회적 행동: 타인을 이해하고 돕고자 하는 공감 및 연민

- 작은 친절 실천하기: 주변 사람들에게 사소한 도움을 주거나 따뜻한 칭찬을 건네보세요. 어려움을 겪는 사람에게는 진심 어린 한마디와 경청이 큰 위로가 될 수 있습니다.
- 봉사 활동 참여하기: 지역 사회 봉사나 기부 활동에 참여하여 타인에게 도움을 주고, 의미 있는 경험을 쌓아보세요.
- 공감 훈련하기: 타인의 입장에서 생각하고 행동하는 연습을

꾸준히 해보세요.

- 일상에서 웃음 나누기: 낯선 사람에게도 웃으며 인사하거나 밝은 에너지를 전파해보세요. 미소는 공감과 연결의 시작이 될 수 있습니다.

- 상대방을 헤아리는 배려하기: 상대의 입장을 존중하며 긍정적이고 따뜻한 말을 건네보세요. 예를 들어 "고맙습니다", "괜찮으신가요?"와 같은 배려의 표현을 자주 사용해보세요. 문을 잡아주거나 엘리베이터 버튼을 대신 눌러주는 작은 행동으로도 배려를 실천할 수 있습니다.

- 소중한 관계를 이어가기: 주변 사람들과의 관계를 자주 챙기며, 정서적으로 더욱 깊이 교류해보세요.

외로움의 반대말

초사회적인 우리에게 외로움은 필연적으로 자주 마주해야 하는 친구와 같습니다. 외로움이 찾아왔을 때 이를 거부하거나 두려워하는 마음은 오히려 외로움에 더 집중하게 만듭니다. 외로움을 피하려 할수록 우리는 그 감정에 더 압도되며, 그로 인해 삶에 미치는 부정적인 영향은 점점 커지게 됩니다.

〈안개 속에서〉는 헤르만 헤세의 대표적인 시입니다. 헤르멘 헤세가 외로움에 대해서 말하고 싶은 것은 절망이 아니었습니다. 외로움의 보편성과 이면의 지혜였지요. 헤르만 헤세는 덤불과 돌도 저마다 외롭다고 했습니다. 또한 외로움을 전혀 모르는 이는 진정으로 현명할 수 없다고 말합니다.

외로움을 느끼는 것은 아주 자연스러운 일입니다. 다만 이때 지혜가 없다면 외로움을 쉽게 흘려보내지 못하고 오랫동안 붙잡아 두어, 병으로 키우게 되는 것이지요. 지혜는 외로움을 받아들이고, 그 안에서 다시 연결을 찾아갈 길을 열어줍니다. 지혜가 함께 한다면, 외로움을 고립이나 절망이 아닌, 성장과 배움의 기회로 바꿀 수 있습니다.

안개 속을 거니는 것은 신기하다.

덤불과 돌은 저마다 외롭고

나무들도 서로를 보지 못한다.

모두가 다 외롭다.

나의 인생이 아직 밝았을 때,

세상은 친구들로 가득했다.

이제 안개가 내리니

아무것도 보이지 않는다.

인간을 모든 것으로부터

슬그머니 떼어놓는 저 어둠을

전혀 모르는 이는 진정 현명하다고 할 수 없다.

안개 속을 거니는 것은 신기하다.

산다는 것은 외로운 것,

사람은 서로를 알지 못한다.

모두가 다 외롭다.

_헤르만 헤세, 〈안개 속에서〉

나는 왜
행복하지 않을까?

행복의 주인이 되려면
불행의 개척자가 되어야 한다.
_안드레아스 크누프

행복은 찰나의 경험이다. 순식간에 찾아왔다가 곧 사라진다. 연구에 따르면 복권에 당첨된 사람들은 당첨되기 전보다 더 행복해지지 않았다고 한다. 당신이 복권에 당첨되어본 경험은 없더라도 비슷한 경험을 해본 적은 있을 것이다. 원하는 물건을 갖거나 목표했던 지점에 도달했을 때 잠시 큰 행복을 느끼지만, 곧 그 행복에 무뎌졌던 경험 말이다.

오랜 공복 끝에 먹는 음식의 첫 한 입이 가장 맛있다. 배가 조금씩 채워지면 더 이상 미각 중추를 만족시키는 짜릿함은 느껴지지 않는다. 즉, 행복감은 손가락 사이로 빠져나가는 모래와 같다. 우리의 뇌는 행복에 금방 적응하도록 설계되어 있기 때문이다.

행복에 쉽게 적응하는 뇌

예지 씨는 20대 초반에 뮤지컬 배우라는 길을 선택했다. 무대 위에서 관객의 박수를 받으며 비중 있는 역할을 맡는 것이 그녀의 간절한 꿈이었다. 뮤지컬 배우로 활동하는 것만으로는 생계가 어려워 여러 아르바이트를 전전하며 고생도 많이 했다. 언제쯤 꿈을 이루게 될지 어떻게 해야 꿈을 이룰 수 있을지 막막해 울던 날도 숱하게 많았다. 9년이 흐른 지금, 예지 씨는 마침내 꿈을 이루게 되었다. 제법 큰 규모의 작품에서 원하던 배역을 맡을 기회가 찾아온 것이다. 하지만 예지 씨의 행복감은 오래가지 않았다. 공연이 끝난 후 사람들의 축하와 칭찬이 이어졌지만, 예지 씨는 마냥 행복하지 않았다. 마음이 공허하고 더 이상 무엇을 이루어야 할지 알 수 없었다. 그녀를 오랫동안 지탱해주던 무언가가 빠져나간 느낌이었다.

최근 연예인들의 마약 관련 이슈가 화제가 되고 있다. 어렵게 커리어의 정점을 찍고 돈과 명예를 모두 얻은 그들이 왜 마약에 빠져드는 것일까? 모든 것을 갖춘 것처럼 보이는 그들 안에는 사실 눈에 보이지 않는 결함이 있다. 그것은 바로 그들이 행복감을 오래 유지하는 능력이 부족하다는 것이다. 많은 사람들은 행복을 지속하는 능력이 삶에서 중요한 강점이라는 사실 잘 알지 못한다. 순간적인 행복은 누구나 느낄 수 있지만 우리 뇌는 행복에 금방 적응하는 특성을 가지고 있기 때문에, 행복을 오랫동안 유지하는 능력은 소수만이 지닌다. 이 능력이 극단적으로 부족한 사람들은 공허함을 채우기 위해 종종 위험한 선택을 하게 되는데, 그중 가장 대표적인 것이 바로 마약이다.

마약은 우리의 뇌가 느끼는 행복감의 역치를 높인다. 마약에 길들여진 뇌는 이제 마약 없이 자연스러운 행복감을 느낄 수 없다. 강렬한 쾌락을 경험한 중독자들은 깊은 우울감과 공허 속으로 이끌리며 악순환에 빠진다. 마약을 시작하기 이전에도 이미 행복감을 느낄 능력이 부족했기 때문에 마약에 빠져들었을 가능성이 높은데, 마약은 그 상태를 더욱 극단적으로 악화시켜 불리한 상태로 내몰리게 한다. 마약 중독자들이 마약에서 벗어나기 힘든 이유가 바로 여기에 있다. 한 번 마약에 길들여진 뇌는 점점 더 강력한 마약을 찾아 헤매게 되며, 그 끝은 결국 자신의 모든 것을 잃게 만들고 심지어 목숨을 잃는 지경에 이르게 한다.

그렇다면 왜 우리의 뇌는 행복에 적응하도록 설계되었을까? 뇌가 행복에 쉽게 적응하지 않는다면, 마약 중독자도 줄어들고 모두가 행복한 삶을 살게 될 텐데 말이다. 하지만 실제로는 행복에 쉽게 적응하는 편이 우리에게 더 이롭다. 우리의 뇌는 낯설고 새로운 정보에 적극적으로 반응하지만, 친숙한 정보에는 점차 덜 반응하는 특징이 있다. 이러한 신경학적 현상을 습관화Habituation 또는 적응Adaptation이라 한다. 만약 뇌가 익숙한 경험에도 처음처럼 계속 반응한다면, 살아가면서 주어지는 엄청난 양의 정보를 효율적으로 처리할 수 없게 된다. 그래서 기쁨과 행복을 불러일으키는 자극이라 할지라도, 시간이 흐르면 무려지는 편이 우리에게 더 유리하다.

또한 한 번 주어진 행복감이 사라지지 않고 지속된다면 인류는 발전과 성장을 할 수 없을 것이다. 우리는 더 나은 미래를 위해서 배고픔을 참아가며 식단을 조절하고, 안락한 휴식을 포기한 채 일에 몰두하기도 한다. 치열한 노력 끝에 원하는 성과를 이루었을 때 얻는 보상이 바로 행복감이다. 행복이라는 분명한 보상이 있기에 우리는 생존과 발전을 위한 행동을 선택하는 것이다. 때로는 그 과정이 힘들고 고되지만, 기꺼이 겪어내기도 한다. 만약 늘 행복이 지속된다면 어떻겠는가? 행복은 더 이상 보상이 아니라 일상이 될 것이다. 그렇다면 누구도 그 보상을 얻기 위해 더 나은 삶을 추구하거나 치열한 노력을 하지 않을 것이다.

행복감이 쉽게 사라지는 속성이 있다고 해서 우리가 항상 불행 속에서 살아야 한다는 뜻은 아니다. 이것은 오히려 우리가 더 의미 있는 행복을 추구하도록 이끄는 힘이 될 수 있다. 당신은 사람이 왜 살아야 한다고 생각하는가? 정신과 의사로서 수많은 사람들의 삶을 마주하며, 나는 자연스레 "사람은 왜 본질적으로 살아야 하는가?"라는 깊은 질문을 품게 되었다. 그 질문의 끝에 내가 얻은 답은 단순하고도 명확했다. 사람은 본질적으로 더 깊고 충만한 행복을 누리기 위해서 살아야 한다는 것이다. 행복이란 일시적인 쾌감을 넘어서 삶의 의미와 깊이 연결된 경험이다. 자기 친화력이 높은 사람들은 단순히 행복을 경험하는 데 그치지 않고, 그 행복을 삶 속에 깊이 뿌리내리게 한다. 이들에게는 다른 사람과는 차별화되는 특징이 있었고, 나는 이것을 다섯 가지로 정리해보았다. 이름하여 행복을 붙잡아두는 다섯 가지 기술이다.

행복을 붙잡아두는 5가지 기술

행복을 붙잡아두는 첫 번째 기술은 주체성이다. 이는 행복을 철저한 자기 책임으로 받아들이는 태도다. 자기 친화력이 낮은 사람들은 자신이 행복을 창출할 능력이 없다고 믿는다. 그들은 행복이 외부의 상황이나 타인에 의해 좌우된다고 생각하며, 환경이나 타인이 자신을 불행하게 만든다고 여긴다. 이 믿음은 결국 자신을 불행한 상태에 가두고, 깊은 피해의식을 키운다. 원망의 화살은 때로는 가장 소중한 사람을 향하기도 해서 자신뿐 아니라 주변 사람들에게도 깊은 상처를 남긴다.

반면 자기 친화력이 높은 사람들은 자신이 행복을 누릴 자격이 있는 존재라고 여긴다. 그들은 행복의 주체가 자신임을 깊이 인식하며, 삶의 방향과 방식을 스스로 설계해나간다. "내 행복은 나에게 달려 있다"라는 깨달음은 그들에게 깊은 안전감과 만족감을 선물한다. 외부의 영향에 흔들리지 않는 내면의 힘을 바탕으로, 그들은 진정한 행복의 본질을 경험한다. 이처럼 행복은 책임을 기꺼이 받아들이고, 자신의 삶을 이끌어가는 사람에게만 다가온다.

행복을 붙잡아두는 두 번째 기술은 무엇이 자신의 영혼을 살

찌우고 행복감을 주는지 아는 것이다. 나는 환자들에게 종종 "자신에 대해 아는 것이야말로 삶을 결정짓는 가장 중요한 지식이다"라고 말한다. 특히 행복은 추상적인 관념이 아니라 경험이기에, 일상 속에서 구체적으로 무엇이 나를 행복하게 하는지 관찰하고 배워야 한다. 지금 내가 행복감을 느낀다면 그것이 무엇 때문인지 질문해보는 것이다. "내가 행복을 느꼈던 경험들에는 어떤 공통점이 있을까?", "무엇이 나에게 기쁨과 행복을 주는가?", "무엇이 나의 행복을 방해하는가?" 행복한 사람들은 이러한 질문을 통해, 자신과의 관계를 깊이 이해하려는 노력을 게을리하지 않는다. 이들은 매일 몇 분이라도 시간을 내어 스스로를 탐구하며, 그 과정 속에서 행복의 원천을 이해하고 그 경험을 지속적으로 재현할 수 있는 힘을 기른다.

행복을 붙잡아두는 세 번째 기술은 작은 행복을 추구하는 것이다. 수년 전, '소소하지만 확실한 행복'이라는 뜻의 '소확행'이라는 말이 크게 유행했다. 수십 년간에 걸친 수많은 행복 연구에 따르면, 소확행을 추구하는 것은 행복에 이르는 가장 현명한 방법이다. 언뜻 생각하기에는 거창한 목표를 이루거나 커다란 행운이 찾아왔을 때 더 행복한 사람이 될 것 같지만, 행복은 그 강도와 상관없이 초기화되는 특성이 있다. 이를 긍정심리학에서는 쾌락의 적응Hedonic adaptation이라고 부른다. 아무리 대단한 성과를 이루었더라도 그로 인한 행복감은 오래 지나지 않아 사라진다. 결국 행복은 한 번의 큰 도약이나 성취로 완성되는 것이 아니라, 작고 반복적인 행복의 순간들이 모여 이루어진다. 그러므로 행복한 사람이 되는 데 유리한 전략은 얼마나 자주 행복을 경험하는가이다.

행복을 붙잡아두는 네 번째 기술은 음미Savoring하는 것이다. 음미는 단순히 행복을 느끼는 데 그치지 않고 그 경험을 의도적으로 확장하며 삶을 더 충만하게 만드는 과정이다. 심리학 교수인 프레드 브라이언트Fred Bryant와 조지프 베로프Joseph Veroff는 수천 명을 대상으로 행복을 음미할 수 있는 다양한 방법을 연구했다. 그들은 자축하기Celebrating, 추억하기Reminiscence, 심취하기Immersing라는 세 가지 방법을 도출했다. 자축하기는 좋은 일이 생겼을 때 의도적으로 자신을 격려하고 축하하는 것이다. 추억하기는 행복한 순간을 마음 깊이 새기거나 기념할 만한 물건을 통해 그 순간을 되새기는 것이다. 또 심취하기는 행복감을 주는 일에 몰입하고 그 순간을 마음껏 즐기는 것이다. 그 밖에도 감사함을 느끼는 것 또한 행복을 음미할 수 있는 좋은 방법이다.

행복을 붙잡아두는 다섯 번째 기술은 자신에게 능동적으로 행복을 선물하는 것이다. 나만의 고유한 행복 코드를 알았다면 더 이상 나에게 행복이 주어지기를 바라며 기다릴 필요가 없다. 행복한 사람은 자신에게 행복감을 주는 것이 무엇인지 명확히 알고, 그것들을 일상의 적재적소에 심어둔다. 사랑하는 사람과 교감하거나, 나만의 힐링푸드를 먹으며 위로받거나 따스한 햇볕을 쬐고, 좋아하는 운동을 하는 시간을 지혜롭게 배치한다. 행복은 결코 복잡하고 거창한 것이 아니다. 때로는 따뜻한 욕조에서 1분을 더 머무는 것, 신선한 원두로 만든 커피 한 잔을 마시는 것처럼, 아주 단순한 일들이 바로 행복을 가져다준다. 행복을 찾아 헤매기보다, 지금 이 순간에 자신에게 작은 행복을 선물하는 것이 행복한 사람이 되는 길인 것이다.

예지 씨를 오랜 시간 동안 지탱해준 것은 '목표'였다. 목표가 사라지자 그녀는 더 이상 달릴 곳이 없는 경주마처럼 공허함을 느꼈다. 몸도 지쳐 있었다. 나는 그녀에게 슬럼프를 새로운 시각으로 바라보자고 제안했다. 여기서 또 다른 목표를 세우기보다는 자신과의 진정한 대화를 나누어보라고 조언했다. 그녀는 이제 삶을 단순히 성취의 연속으로 보지 않게 되었다. 자신의 내면에 귀를 기울이며 행복의 새로운 방향을 모색하고 있다. 행복의 본질을 새롭게 이해하는 과정은 그녀를 더 단단하고 성숙한 사람으로 만들어줄 것이다.

지금 불행하다면 달라져야 할 것은 바로 나 자신이다. 나의 행복을 책임진다는 것은 무겁고 부담스러운 짐을 지는 것이 아니라, 내가 행복을 선택하고, 그 권한을 온전히 갖는다는 뜻이다. 진정 행복해지고 싶다면 행복을 향한 결단과 실천이 필요하다. 작은 행복을 자주 발견하고, 그것을 음미하고 누리려는 노력은 그 자체로 행복을 만들어가는 중요한 과정이다.

중독으로 병들어가는 대한민국

한때 마약청정국으로 불렸던 대한민국은 이제 심각한 마약 문제로 몸살을 앓고 있습니다. 아직 그 심각성을 실감하지 못할 수도 있지만, 저는 현업에 종사하며 이를 몸소 느끼고 있습니다. 6~7년 전부터 급증한 마약 중독은 치료 병상과 전문 인력의 부족을 초래할 정도로 심각한 상황입니다. 개개인의 탈선 문제를 넘어 우리 사회 전반에 걸친 위기로 확산되고 있습니다.

2024년 1~9월까지 적발된 마약사범은 2만 2,393명으로 전년 같은 기간에 비해 무려 47.5퍼센트나 증가했습니다. 이 숫자는 빙산의 일각일 뿐입니다. 국내 마약류 범죄 암수율이 28.57배에 달한다는 연구 결과를 적용하면, 마약 중독자의 수는 약 64만 명에 이를 것으로 추정됩니다. 2024년 상반기 동안 압수된 코카인은 전년 동기 대비 989퍼센트나 증가했습니다. 이는 국내 마약 문제가 통제 가능한 범위를 넘어섰음을 보여줍니다.

더욱 우려스러운 것은 10대와 20대 젊은 층에서 마약 확산이 급속히 이루어지고 있다는 점입니다. 전체 마약 사범의

34.6퍼센트가 이 연령대에 속하며, 이들은 텔레그램과 같은 비대면 플랫폼과 SNS를 통해 손쉽게 마약에 접근하고 있습니다. 과거에는 은밀하고 제한적이던 마약 거래에 지금은 누구나 손쉽게 접근할 수 있게 된 것입니다.

마약에 의존하는 사람들의 내면을 들여다보면 약물 중독 이상의 깊은 고통이 자리하고 있습니다. 그들은 자신과의 연결을 잃어버리고 삶에서 느껴야 할 행복마저 잊은 채 마약을 통해 잠시라도 고통에서 벗어나려 합니다. 하지만 마약이 주는 위로는 잠깐일 뿐 그 끝은 파멸입니다. 그들의 삶이 파괴되면서 가족, 공동체 그리고 우리 사회 전체가 치러야 할 대가는 상상 이상으로 혹독합니다.

마약 문제는 단속과 처벌만으로 해결할 수 없는 지점에 다다랐습니다. 이제는 개인의 치유를 넘어 사회적 차원의 회복이 필요합니다. 마약에 의존하게 만든 근본적인 공허와 상처는 결국 우리가 자신을 외면하고 돌보지 못했던 순간들에서 비롯된 것입니다. 내면의 고통을 알아차리고 자신을 향해 따뜻한 손길을 내미는 순간, 우리는 멀어진 자신과 다시 가까워질 것입니다. 자신과의 연결은 세상과의 연결로 이어지고, 이 작은 화해가 개인의 치유를 넘어 사회의 회복을 불러올 것입니다.

휴식도 나의 책임이다

가장 생산적인 사람은
쉬는 법을 아는 사람이다.
_앨버트 아인슈타인

나는 지난 4년 동안 직무 스트레스로 고통받는 사람들의 회복을 돕는 의료 재단에서 일하며 번아웃 증후군Burn-out syndrome 환자들을 만나왔다. 실제로 한 설문 조사에 따르면 우리나라 직장인의 86퍼센트가 번아웃 증후군을 경험한다고 한다. 치료 과정에서 내가 가장 먼저 살펴보는 것은 환자들의 라이프 스타일, 즉 일과 삶의 균형Work and Life Balance이다. 흔히 번아웃 증후군 환자를 과도한 업무에 몰두한 일 중독자로만 상상하기 쉽지만 그런 극단적인 경우는 약 10~20퍼센트에 불과했다. 대부분의 환자들은 오직 일만 하며 사는 사람들은 아니었다.

놀라운 점은 업무 외의 개인 생활이 거의 없다시피 한 사람들 중에서도 번아웃 증후군을 앓지 않는 사례가 있다는 것이다. 이는 번아웃 증후군이 단순히 업무량만으로는 설명되지 않는다는 것을 보여준다. 여기서 중요한 요인은 바로 쉼이었다. 일을 어떻게 하느냐만큼이나 휴식을 어떻게 보내느냐가 삶의 질을 결정지었다. 일과 삶의 균형이라는 것은 일과 휴식 사이의 선명한 경계를 통해 확보된다. 순도 100퍼센트의 휴식다운 휴식을 취하며 충실하게 재충전한 사람은 번아웃의 위험에서 멀어진다. 2019년 세계보건기구WHO는 번아웃 증후군을 '제대로 관리되지 않은 만성 직장 스트레스'로 규정했다. 비록 진단받을 수 있는 병은 아니지만 건강에 심각한 영향을 줄 수 있는 요인으로 판단한 것이다. 잘못된 휴식 뒤에 피로가 풀리기는커녕, 오히려 몸과 마음이 더 무거워진 경험이 있는가? 잘못된 휴식은 더 큰 피로와 부정적인 감정을 남기며, 우리를 더 지치게 한다. 순도 100퍼센트의 휴식에 대해 알아야 할 이유가 바로 여기에 있다.

일견 순도 100퍼센트 휴식을 생각했을 때 완전히 일이나 피로와 단절된 것으로 떠올리기 쉬울 것이다. 그러나 나는 중독 의학 분야의 권위자인 애나 렘키Anna Lembke 박사의 인터뷰를 통해 진정한 휴식의 의미를 발견할 수 있었다. 그녀는 고통과 쾌감을 서로 평형저울의 양 끝에 놓인 추로 비유했다. 쾌감이든 고통이든 한쪽으로 저울이 기울어지면 뇌는 잃어버린 균형을 되찾기 위해 반대쪽 감각을 불러온다는 것이다. 때문에 쾌감이 지나치면 고통이 뒤따르고 고통이 지나치면 쾌감이 뒤따른다. 이런 원리를 바탕으로 정의해보면, 순도 100퍼센트의 휴식이란 단순히 쾌락을 추구하거나 고통을 피하려는 것이 아니다. 그 것은 고통과 쾌감이라는 자극에서 벗어나, 우리의 뇌가 스스로 균형을 회복할 수 있도록 건강한 상태를 만들어주는 것이다.

뇌를 끊임없이 자극하는 최악의 휴식

우리는 풍요의 역설 속에서 살아가고 있다. 넘쳐나는 강렬한 자극들은 우리의 뇌를 끊임없이 도파민 과잉 상태로 몰아넣는 다. 쾌감의 홍수 속에 뇌는 본래의 균형을 되찾기 위해 안간힘 을 쓰며 고통을 불러온다. 만성적으로 불안, 짜증, 불면, 우울, 과민함, 무기력, 피로감과 같은 증상을 짊어진 채 살아가는 것 이다. 이 고통을 해결하기 위해서 더 자극적인 것을 갈망하게 되고, 결국 진짜 자신이 원하는 것과는 점점 멀어지게 된다. 그 렇게 자신을 완전히 잃어버리고 번아웃될 때까지 악순환은 반 복된다. 중독적인 것들로 뇌를 끊임없이 자극하는 것은 최악의 휴식법이라 할 수 있다. 넷플릭스, 유튜브 쇼츠, 술, 초콜릿, 자 극적인 인간관계 등으로 시간을 보낸다면 우리의 삶은 도파민 홍수 속에서 완전히 소진되어 버릴 것이다.

순도 100퍼센트의 휴식은 이 악순환을 끊어내고 파괴된 삶 의 균형을 되찾는 열쇠다. 그렇다면 어떻게 해야 순도 100퍼센 트의 휴식을 취할 수 있을까? 먼저, 도파민의 유입을 일시적으 로 중단해야 한다. 이는 뇌를 과잉 자극 상태에서 해방시키고 뇌에게 균형을 회복할 시간을 주는 것을 의미한다. 그다음, 즉각적인 쾌락을 피하고, 감당 가능한 고통을 선택해야 한다. 이는 순간적인 만족을 넘어, 몸과 마음이 진정으로 회복되고 안정될 수 있는 환경을 조성하는 데 필수적이다.

뇌 신경과학자이자 강연자인 앤드루 후버먼 박사는 우리의 눈을 '두개골 밖에 위치한 뇌'라고 명명했다. 이는 눈이 단순히 외부 세계를 보는 도구가 아니라, 뇌로 유입되는 자극을 조절하는 중요한 역할을 한다는 점을 강조한다. 시야가 좁아지면 동공이 확대되면서 눈앞의 물체에 초점이 맞추어진다. 이때 뇌는 과잉 활성 상태가 되며 스트레스 반응이 강화된다. 반대로 시야가 넓어지면 동공이 축소되고 초점이 풀리면서 뇌는 과잉 자극에서 벗어나 안정을 취한다. 후버만은 이 상태를 파노라믹 비전Panoramic vision이라고 불렀다.

문제는 많은 사람들이 휴식 시간에도 스마트폰이나 눈앞의 대상에 집중하고 있다는 점이다. 때문에 뇌는 온전히 쉬지 못하고 지속적으로 도파민 자극에 노출된다. 진정한 휴식을 원한다면 최대한 파노라믹 비전 상태에 머물러야 한다. 지친 당신을 쉬게 하고 싶다면 잠시 생각을 비우고 지평선이나 천정을 응시해보라. 후버먼 박사는 먼 곳과 가까운 곳을 교대로 1분씩 응시하는 방법을 추천하기도 한다. 이 방법은 언제 어디서든 시도할 수 있으며, 업무 도중 짧은 시간을 활용해 뇌를 쉬게 할 수 있으므로 매우 실용적이다. 별것 아닌 것처럼 보이는 사소한 시도지만, 이러한 변화들이 쌓이면 몸과 뇌에 큰 영향을 미치고 회복과 안정으로 나아가는 발판이 된다.

한편 2014년부터 국내에서 개최된 '멍때리기 대회'는 파노라믹 비전 상태에 오래 머물도록 장려하는 대회라고 할 수 있다. 이 대회는 우리가 얼마나 쉬지 못하는 삶을 살아왔는지 도파민 중독에 빠져 휴식시간을 낭비하고 있는지 되돌아보게 한다. 승려이자 평화운동가인 틱낫한Thích Nhất Hạnh은 "마음이 진정으로 평온하길 바란다면 지금 평온해져야 한다. 그렇지 않으면 그것은 언젠가 평온해지겠다는 희망사항에 불과하다"라고 했나. 이 말처럼, 스트레스와 피로로 지친 자신에게 온전한 휴식을 선물할 수 있는 사람은 오직 당신 자신뿐이다. 휴식의 순간을 놓치지 않고 소중히 여기는 것은 균형 잡힌 삶으로 나아가는 길을 열어준다.

무엇을 할 때 기쁨을 느끼는지 알아야 한다

다만 고통받지 않기 위해 삶의 모든 기쁨을 포기할 필요는 없다. 중요한 것은 중독과 고통을 불러일으키는 즉각적인 쾌감을 최소화하는 것이다. 그리고 진정으로 자신이 원하는 본질적인 기쁨을 추구해야 한다. 이는 나 자신에 대한 진심 어린 사랑과 세심한 관찰을 통해서만 가능하다.『작은 아씨들Little Women』을 집필한 소설가 루이자 메이 올콧Louisa May Alcott은 "자신에게 맞는 휴식법을 찾는 것은 자신을 사랑하는 첫걸음이다"라고 했다. 그녀의 말처럼, 나만의 진정한 휴식과 기쁨을 발견하는 것은 스스로를 이해하고 돌보는 여정의 시작이다. 스스로에게 물어보라. 무엇이 나에게 즉각적인 쾌감을 일으키는가? 그 쾌감 뒤에 숨어 있는 불쾌한 감정은 없는가? 지금까지 나에게 휴식과 위로가 된다고 믿어왔던 것이 사실은 나를 더 지치고 아프게 했던 것은 아닐까? 진정 내가 원하는 것이 아니라, 단지 중독된 채 의존하고 있었던 것은 아닐까? 이 질문을 통해 나를 관찰하고 이해하는 순간, 우리는 자신에게 맞는 진정한 휴식을 찾을 수 있다.

자기 관찰이 끝났다면, 이제 자신을 힘들게 하던 잘못된 휴식 방법을 멀리하라. 그리고 이를 대체할 건강한 휴식 방법은 무엇일지 고민해보라. 건강한 휴식법에는 공통적으로 약간의 불편함이나 어려움이 선행되는 특징이 있다. 즉각적인 쾌감이 결여된 만큼, 그 과정이 처음에는 낯설고 어려울 수 있다. 하지만 그 뒤에는 진정한 즐거움과 지속 가능한 만족감이 기다린다는 사실을 기억하라. 건강한 식사, 운동, 창의적인 취미활동, 마음챙김, 찬물 샤워 등이 여기에 해당한다. 이렇게 간접적으로 얻어진 쾌감은 즉각적인 쾌감보다 더 오랜 시간 지속되는 특성이 있다. 무엇보다도 죄책감, 수치심, 불안, 우울, 피로감과 같은 고통을 유발하지 않는다. 비록 느리게 다가오더라도, 당신을 치유하고 회복시킬 수 있는 힘이 있다.

번아웃 증후군 환자들에게 스트레스 해소 방법을 물으면, 크게 두 가지 반응이 나타난다. 가장 흔한 반응은 긴 침묵이 이어지거나 잘 모르겠다는 답이다. 이는 질문을 받기 전까지는 쉼에 대해 진지하게 고민하거나 자신의 스트레스 해소 방식을 점검해본 적이 없음을 보여준다. 그들은 어떻게 해야 자신이 기쁨을 느끼는지, 무엇을 통해 스트레스를 해소할 수 있는지에 대한 정보를 거의 가지고 있지 않다. 이들 중 일부는 과거의 기억을 떠올리며 "예전에는 이런 것들을 참 좋아했는데 최근에는 해보지 않아서 어떨지 모르겠네요"라고 답하기도 한다.

또 다른 유형의 환자들은 쉼을 지나치게 특별한 것으로 여겼다. 일상적으로는 쓰지 못할 시간과 돈을 지불하고 평소에는 하지 않았던 것을 해야만 쉴 수 있다고 생각했다. 해외여행이나 고급 리조트 휴가 같은 자주 실천하기에는 제약이 있는 것들을 언급했다. 이런 사람들일수록 일상 속에서의 쉼은 소홀히 하는 경향이 강하다. 하지만 화려한 휴가 한 번으로 누적된 스트레스를 일순간에 해소할 수는 없다. 도리어 특별한 쉼을 쫓음으로써 일상 속에서의 작은 회복의 기회를 잃게 된다.

긍정심리학의 연구에 의하면 한 사람의 행복을 결정짓는 것은 긍정 정서의 강도가 아니라 빈도에 있다. 이 원리는 번아웃 예방에도 그대로 적용된다. 화려하고 거창한 한 번의 기쁨보다는, 일상 속에서 자주 자신을 돌보며 긍정적인 경험을 쌓아갈 때 우리는 더 나은 회복력과 안정감을 얻을 수 있다.

2020년에 발표된 심리학 연구에 따르면 목표를 달성하기 위해서는 전략적인 자기 통제Strategic self-control가 필수적이다. 이제 휴식에도 전략적인 접근이 필요하다. 진정한 휴식이라는 삶의 중요한 목표를 달성하려면, 방해할 될 만한 잠재적 유혹을 미리 파악하고, 이를 효과적으로 관리하고 조절할 수 있는 전략을 세워야 한다. 일례로 나는 늦은 밤까지 스마트폰을 보는 습관에서 벗어나기 위해 충전기를 침실 밖으로 옮겨두었다. 번아웃을 유발하는 시대에 무엇보다 필요한 것은 잘 쉬는 기술이다. 즉각적인 쾌감의 유혹을 물리치기 위해서 선제적인 방어전략을 사용하라. 이제 쉼을 중요한 일과로 여기고 구체적으로 휴식을 계획하라. 때로는 '약이 되는 고통'이 본질적인 기쁨을 주는 발판이 된다는 사실도 잊지 말라.

번아웃 증후군 자가진단법

☐ 일하기에는 몸이 너무 지쳤다는 생각이 든다.

☐ 퇴근할 때 녹초가 된다.

☐ 아침에 출근할 생각만 하면 피곤해진다.

☐ 일하는 것에 부담감과 긴장감을 느낀다.

☐ 일이 주어지면 무기력하고 싫증이 느껴진다.

☐ 자신이 하는 일에 관심조차 없다.

☐ 주어진 업무를 할 때 소극적이고 방어적이다.

☐ 성취감을 못 느낀다.

☐ 스트레스를 풀기 위해 쾌락 요소(폭식, 음주, 흡연 등)를 찾아 헤맨다.

☐ 최근 짜증이 늘고 불안감이 잘 느껴진다.

• 총 10문항 중 _____ 문항이 해당

※ 10개 문항 중 3개 이상에 해당하면 번아웃 증후군이 의심됩니다.

순도 100퍼센트의 휴식 목록

참고할 만한 온전한 휴식법을 소개합니다. 올바른 휴식을 통해 위안을 얻고 활기찬 삶을 살아가길 바랍니다.

일상 속에서 파노라믹 비전 실천하기

매 시간 5분 정도 타이머를 설정해, 멀리 지평선을 바라보거나 눈을 감은 채로 쉬는 시간을 가져보세요. 이때 "잘하고 있어", "조금 더 힘내자"와 같은 응원의 말을 스스로에게 건네며, 스트레스에 지친 나를 위로하는 것도 좋습니다. 퇴근 이후나 주말에는 자신만의 멍 때리기 대회를 열어보세요. 불멍, 물멍 등 방법은 다양합니다. 편안한 장소에서 눈을 감은 채로 생각을 비우는 것도 좋습니다.

정기적으로 운동하기

저는 새벽에 테니스를 치면서 본질적인 기쁨과 치유를 경험했습니다. 어두운 새벽에 자리를 털고 일어나 운동하는 것은 쉽지 않았습니다. 하지만 반복할수록, 그런 수고스러움과 불편함 뒤에 깊고 지속적인 행복이 기다리고 있다는 것을 깨달았습니다.

단순한 즐거움^{simple pleasure} 누리기

강렬하고 중독적인 쾌감이 아닌, 고통을 유발하지 않는 소박한 기쁨을 누리는 것을 '단순한 즐거움'이라고 표현합니다. 영국의 한 조사 기관은 성인 3,000명을 대상으로 일상 속에서 느낄 수 있는 단순한 즐거움에 대해 조사해 50가지Top 50 Simple Pleasure* 로 정리했습니다. 그 목록에는 새로운 장소를 방문하기, 좋아하는 책 읽기, 아름다운 자연 속에 머무르기, 좋아하는 노래 듣

---

* TOP 50

1. 얼굴에 따스한 햇살이 닿는 느낌
2. 갓 세탁한 침대에서 자기
3. 멋진 전망 보기
4. 창문을 열고 맞는 신선한 공기
5. 아침에 미소를 지으며 일어나기
6. 사랑하는 사람과 식사하기
7. 한적한 곳에서 보내는 평화로운 시간
8. 꽃과 나무가 자라나는 모습을 보는 것
9. 가족이나 친구들과 함께하는 소소한 대화
10. 새로 발견한 음악에 빠져보기
11. 누군가를 미소 짓게 하거나 웃게 만들기
12. 긴 산책 즐기기

13. 해변에 가기
14. 직접 만든 맛있는 요리
15. 새들의 지저귐 듣기
16. 달콤한 케이크
17. 좋아하는 영화를 보기
18. 지갑에서 잊고 있었던 돈 발견하기
19. 불멍 즐기기
20. 우편으로 편지나 소포 받기
21. 새로운 장소를 발견하기
22. 월급날의 기분 좋은 만족감
23. 재미있는 것을 보며 크게 웃고 기분 좋아지기
24. 기분 좋은 옷 입기
25. 낯선 사람의 칭찬에 미소 짓기
26. 창문에 빗소리가 들릴 때

기, 얼굴에 닿는 따스한 햇살 느끼기와 같은 소박하지만 영혼을 맑게 해주는 활동들이 포함되었습니다. 이 목록에서 영감을 얻어, 이제 '나만의 단순한 즐거움 리스트'를 만들어보세요. 일상 속에서 쉽게 느낄 수 있는 소소한 기쁨들을 자주 실천한다면, 삶의 균형을 찾는 데 도움이 될 것입니다. 기억하세요. 휴식과 기쁨은 명확한 의도와 구체적인 계획 없이는 누릴 수 없는 귀한 선물입니다.

27. 자녀의 따뜻한 포옹 받기
28. 알람 없는 여유로운 주말 아침 보내기
29. 운동 후 기분 좋은 상쾌함
30. 소풍 가기
31. 새로운 음식을 발견하고 도전해보기
32. 손을 잡고 걷는 노인의 모습을 보기
33. 아침에 갓 구운 토스트 냄새 맡기
34. 좋아하는 책 완독 후 느끼는 뿌듯함
35. 새로운 사람과의 만남에서 느끼는 설렘
36. 기부를 통해 누군가에게 도움 주기
37. 친구나 가족과 함께하는 스포츠 시간
38. 자연 속에서 활동하기
39. 사람 구경하며 다양한 풍경 즐기기
40. 따뜻한 커피나 차 마시기
41. 내 마음을 글로 적어보는 시간
42. 일몰을 바라보며 잠시 멍 때리기
43. 따뜻한 목욕으로 하루의 피로 풀기
44. 새로운 취미를 시작해 보는 것
45. 아늑한 공간으로 꾸며보기
46. 하늘의 구름 바라보기
47. 가벼운 스트레칭이나 요가
48. 내 공간을 정돈하며 마음도 정리하기
49. 좋아하는 향 즐기기
50. 나만의 아지트에서 기분 좋은 시간 보내기

1장

자기 친화력을 만드는 세 가지 기둥

- Rogers, C. R. (2005). 진정한 사람 되기: 칼 로저스 상담의 원리와 실제 (권오건, 역). 학지사. (Original work published 1961)
- Branden, N. (2015). 자존감의 여섯 기둥 (김세진, 역). 교양인. (Original work published 1994)

누구나 나와 친하게 지낼 수 있다

- McPherson, M., Smith-Lovin, L., &Cook, J. M. (2001). Birds of a feather: Homophily in social networks. Annual Review of Sociology, 27(1), 415–444.
- Horwitz, T. B., Balbona, J. V., Paulich, K. N., &Keller, M. C. (2023). Evidence of correlations between human partners based on systematic reviews and meta-analyses of 22 traits and UK Biobank analysis of 133 traits. Nature Human Behaviour, 7(9), 1568–1583.

이기주의가 아닌 똑똑한 개인주의

- Diener, E., & Diener, M. (1995). Cross-cultural correlates of life satisfaction and self-esteem. Journal of Personality and Social Psychology, 68(4), 653–663.

미래를 불안해할 필요가 없다

- The Economist. (2018, February 24). In South Korea, fortune-telling will soon be a $3.7bn business. The Economist. Retrieved from https://www.economist.com/asia/2018/02/24/in-south-korea-fortune-telling-will-soon-be-a–37bn-business
- Barrett, L. F. (2017). 감정은 어떻게 만들어지는가? (최호영, 역). 생각연구소. (Original work published 2017)
- Merton, R. K. (1948). The self-fulfilling prophecy. The Antioch Review, 8(2), 193–210.
- Freud, S. (2014). 꿈의 해석 (이환, 역). 돋을새김. (Original work published 1900)
- Tangney, J. P., & Dearing, R. L. (2002). Shame and guilt. Guilford Press.

2장

부모가 나의 가치를 결정하게 두지 말라

- Seligman, M. E. P. (2002). Authentic happiness: Using the new positive psychology to realize your potential for lasting fulfillment. Simon & Schuster.
- Coopersmith, S. (1967). The antecedents of self-esteem. W. H. Freeman.
- Independent. (2019, March 18). People are not full adults until their 30s, scientists say. Retrieved from https://www.independent.co.uk/news/science/adult-brain–30s-teenagers-crime-mental-health-research-a8828681.html
- BBC News. (2019, March 19). People don't become 'adults' until their 30s, say scientists. Retrieved from https://www.bbc.com/news/newsbeat–47622059
- Branden, N. (2015). 자존감의 여섯 기둥 (김세진, 역). 교양인. (Original work published 1994)
- Bradshaw, J. (2024). 상처받은 내면 아이 치유하기 (오제은, 역). 학지사. (Original work published in 1988).
- Werner, E. E., & Smith, R. S. (1982). Vulnerable but invincible: A longitudinal study of resilient children and youth. McGraw-Hill.

[나와 친해지는 연습1] 지나간 상처로 아픈 어른아이에게

• Bradshaw, J. (2024). 상처받은 내면 아이 치유하기 (오제은, 역). 학지사. (Original work published in 1988).

나는 왜 끊임없이 결핍감을 느낄까?

• Leiter, M. P., Bakker, A. B., & Maslach, C. (2014). Burnout at work: A psychological perspective. Psychology Press.
• Asurion. (2022, April 22). Americans Now Check Their Phones 352 Times Per Day Retrieved from https://www.asurion.com/connect/news/tech-usage/
• Brown, B. (2023). 마음 가면 (안진이, 역). 웅진지식하우스 (Original work published 2012)
• Ferguson, T. J., Eyre, H. L., & Ashbaker, M. (2000). Unwanted identities: A key variable in shame–anger links and gender differences in shame. Sex Roles: A Journal of Research, 42(3–4), 133–157.

완벽하지 않지만 충분하다

• Horney, K. (2006). 신경증적 갈등에 대한 카렌 호나이의 정신분석 (이희경, 윤인, 이해리, 조한익, 역). 학지사. (Original work published 1945)
• Yerkes, R. M., & Dodson, J. D. (1908). The relation of strength of stimulus to rapidity of habit-formation. Journal of Comparative Neurology and Psychology, 18(5), 459–482.
• Neff, K. D. (2019). 러브 유어 셀프: 세상에 오직 하나 뿐인 나를 사랑하라 (서광스님, 이경욱, 역). 이너북스. (Original work published 2011)
• Germer, C. K., & Neff, K. D. (2013). Self-compassion in clinical practice. Journal of Clinical Psychology, 69(8), 856–867.

나에 대한 확신은 오직 나만 줄 수 있다

• Choi, Y. J., & Ha, J. H. (2017). 죽음충동과 창작심리: 에곤 실레의 작품을 중심으로 [Death instinct and creativity: With works of Egon Schiele]. Journal of the Korean Psychoanalytic Society (JKPS), 28(3), 58–68.
• Higgins, E. T. (1987). Self-discrepancy: A theory relating self and affect. Psychological Review, 94(3), 319–340.

나로 살 때 비로소 행복하다

• Kernberg, O. (1976). Object relations theory and clinical psychoanalysis. New York: Jason Aronson.
• Mahler, M. S., Pine, F., & Bergman, A. (1997). 유아의 심리적 탄생: 공생과 개별화 (이재훈, 역). 한국심리치료연구소. (Original work published 1975)
• Kierkegaard, S. (2016). 죽음에 이르는 병 (강성위, 역). 동서문화사. (Original work published 1849)
• Jung, C. G. (2021). 칼 융 분석 심리학 (정명진, 역). 부글북스. (Original work published 1916)
• Rogers, C. R. (2005). 진정한 사람 되기: 칼 로저스 상담의 원리와 실제 (권오건, 역). 학지사. (Original work published 1961)

3장

나에게 우호적인 행동을 선택하라

• Briñol, P., Petty, R. E., & Wheeler, S. C. (2006). Discrepancies between explicit and implicit self-concepts: Consequences for information processing. Journal of Personality and Social Psychology, 91(1), 154–170.

- Wood, J. V., Perunovic, W. Q. E., & Lee, J. W. (2009). Positive self-statements: Power for some, peril for others. Psychological Science, 20(7), 860–866.
- Duhigg, C. (2012) 습관의 힘: 반복되는 행동이 만드는 극적인 변화 (강주헌, 역) 갤리온. (Original publishied 2012)
- Bargh, J. A. (1999). The unbearable automaticity of being. American Psychologist, 54(7), 462–479.
- Bargh, J. A. (2018). Before you know it: The unconscious reasons we do what we do. Windmill Books
- Kahneman, D. (2012). 생각에 관한 생각 (이창신, 역). 김영사. (Original work published 2011)

숨겨진 중독을 파악하라

- Louden, J. (1992). The woman's comfort book: A self-nurturing guide for restoring balance in your life. HarperCollins.
- Brach, T. (2012). 받아들임: 지금 이 순간 있는 그대로 (김선주, 김정호 역). 불광출판사. (Original work published 2003)

감정은 나의 수호신이다

- Eisenberger, N. I., Lieberman, M. D., & Williams, K. D. (2003). Does rejection hurt? An fMRI study of social exclusion. Science, 302(5643), 290–292.
- Wegner, D. M., Schneider, D. J., Carter, S. R., & White, T. L. (1987). Paradoxical effects of thought suppression. Journal of Personality and Social Psychology, 53(1), 5–13.
- Mauss, I. B., Tamir, M., Anderson, C. L., & Savino, N. S. (2011). Can seeking happiness make people unhappy? Paradoxical effects of valuing happiness [Corrected]. Emotion, 11(4), 807–815. Erratum: Mauss, I. B., Tamir, M., Anderson, C. L., & Savino, N. S. (2011). Correction to Mauss et al. (2011). Emotion, 11(4), 767.

나에게 공감하라

- Goleman, D. (2008). EQ: 감성지능 (김형근, 역). 웅진지식하우스. (Original work published 1995)

억눌린 감정과 화해하라

- Arnsten, A. F. T. (2009). Stress signalling pathways that impair prefrontal cortex structure and function. Nature Reviews Neuroscience, 10(6), 410–422.
- Gatta, M., Angelico, C., Rigoni, F., Raffagnato, A., & Miscioscia, M. (2022). Alexithymia and psychopathological manifestations centered on the body: Somatization and self-harm. Journal of Clinical Medicine, 11(8), 2220.
- Lanzara, R., Conti, C., Camelio, M., Cannizzaro, P., Lalli, V., Bellomo, R. G., Saggini, R., & Porcelli, P. (2020). Alexithymia and somatization in chronic pain patients: A sequential mediation model. Frontiers in Psychology, 11, 545881.
- Tolle, E. (2003). 지금 이 순간을 살아라 (노혜숙, 유영일, 역). 양문. (Original work published 1997)
- Tolle, E. (2024). 삶으로 다시 떠오르기 (류시화, 역). 연금술사. (Original work published 2005)

뇌과학으로 보는 감정의 메커니즘

- Killingsworth, M. A., & Gilbert, D. T. (2010). A wandering mind is an unhappy mind. Science, 330(6006), 932.
- Kahneman, D. (2012). 생각에 관한 생각 (이창신, 역). 김영사. (Original work published 2011)
- Frankl, V. E. (2020). 죽음의 수용소에서 (이시형, 역). 청아출판사. (Original work published 1946)

마음챙김은 의학이다

- Goyal, M., Singh, S., Sibinga, E. M. S., Gould, N. F., Rowland-Seymour, A., Sharma, R., Berger, Z., Sleicher, D., Maron, D. D., Shihab, H. M., Ranasinghe, P. D., Linn, S., Saha, S., Bass, E. B., & Haythornthwaite, J. A. (2014). Meditation programs for psychological stress and well-being: A systematic review and meta-analysis. JAMA Internal Medicine, 174(3), 357–368.
- Hülsheger, U. R., Alberts, H. J. E. M., Feinholdt, A., & Lang, J. W. B. (2013). Benefits of mindfulness at work: The role of mindfulness in emotion regulation, emotional exhaustion, and job satisfaction. Journal of Applied Psychology, 98(2), 310–325.

[나와 친해지는 연습 7] 따라 하기 좋은 마음챙김 훈련법

- Tan, C. M. (2012). 너의 내면을 검색하라 (권오열, 역). 알키. (Original work published 2012)

감정에 이름을 붙여라

- Lieberman, M. D., Eisenberger, N. I., Crockett, M. J., Tom, S. M., Pfeifer, J. H., & Way, B. M. (2007). Putting feelings into words: Affect labeling disrupts amygdala activity in response to affective stimuli. Psychological Science, 18(5), 421–428.
- Lieberman, M. D. (2015). 사회적 뇌, 인류 성공의 비밀 (최호영, 역). 시공사. (Original work published 2013)
- Barrett, L. F. (2017). 감정은 어떻게 만들어지는가? (최호영, 역). 생각연구소. (Original work published 2017)
- Germer, C. K. (2017). 오늘부터 나에게 친절하기로 했다 (서광스님, 김정숙, 한창호, 역). 더퀘스트. (Original work published 2009)
- Brackett, M. (2021). 감정의 발견 (임지연, 역). 북라이프 (Original work published 2019)

[나와 친해지는 연습 10] '낙타의 코'와 같은 부정적인 감정

- Brown, B. (2023). 마음 가면 (안진이, 역). 웅진지식하우스 (Original work published 2012)

4장

뇌에게 안전하다는 신호를 전달하는 법

- Kaufman, S. B. (2021). 트랜센드: 매슬로우를 넘어서, 더 높은 가능성을 향하여 (김완균, 역). 책세상. (Original work published 2020)
- Porges, S. W. (2021). Polyvagal theory: A science of safety. Frontiers in Psychology, 12, 1–10.
- Mills, P. J., Redwine, L., Wilson, K., Pung, M. A., Chinh, K., Greenberg, B. H., & Maisel, A. (2015). The role of gratitude in spiritual well-being in asymptomatic heart failure patients. Spirituality in Clinical Practice, 2(1), 5–17.

감사할수록 변하는 뇌

- Korb, A. (2018). 우울할 땐 뇌 과학: 작은 변화로 우울의 악순환을 끊는 뇌 과학의 비밀 (정지인, 역). 심심. (Original work published 2015)
- Kyeong, S., Kim, J., Kim, D. J., Kim, H. E., & Kim, J.-J. (2017). Effects of gratitude meditation on neural network functional connectivity and brain-heart coupling. Scientific Reports, 7(1), 5058.

[나와 친해지는 연습 11] 감사 실천법

- Seligman, M. E. P. (2002). Authentic happiness: Using the new positive psychology to realize your potential for lasting fulfillment. Free Press.
- Shapiro, S. L. (2020). Good morning, I love you: Mindfulness and self-compassion practices

to rewire your brain for calm, clarity, and joy. Sounds True.

- Asprey, D. (2019). 최강의 인생: 세상의 뻔한 공식을 깨부순 게임 체인저들의 44가지 법칙 (신솔잎, 역). 비즈니스북스. (Original work published 2018)

나는 왜 이토록 스트레스에 취약할까?

- McEwen, B. S., Weiss, J. M., & Schwartz, L. S. (1968). Selective retention of corticosterone by limbic structures in rat brain. Nature, 220(5170), 911–912.
- Slavich, G. M. (2016). Life stress and health: A review of conceptual issues and recent findings. Teaching of Psychology, 43(4), 346–355.
- Campbell, S., Marriott, M., Nahmias, C., & MacQueen, G. M. (2004). Lower hippocampal volume in patients suffering from depression: A meta-analysis. American Journal of Psychiatry, 161(4), 598–607.
- Videbech, P., & Ravnkilde, B. (2004). Hippocampal volume and depression: A meta-analysis of MRI studies. American Journal of Psychiatry, 161(11), 1957–1966.

스트레스, 위협인가 도전인가

- Frankl, V. E. (2020). 죽음의 수용소에서 (이시형, 역). 청아출판사. (Original work published 1946)

스트레스가 만드는 강한 나

- Seery, M. D., Leo, R. J., Lupien, S. P., Kondrak, C. L., & Almonte, J. L. (2013). An upside to adversity? Moderate cumulative lifetime adversity is associated with resilient responses in the face of controlled stressors. Psychological Science, 24(7), 1181–1189.

인생의 복리가 되는 스트레스 활용법

- Seery, M. D. (2011). Challenge or threat? Cardiovascular indexes of resilience and vulnerability to potential stress in humans. Neuroscience & Biobehavioral Reviews, 35(7), 1603–1610.
- Uphill, M. A., Rossato, C. J. L., Swain, J., & O'Driscoll, J. (2019). Challenge and threat: A critical review of the literature and an alternative conceptualization. Frontiers in Psychology, 10, 1255.
- Lam, J. C. W., Shields, G. S., Trainor, B. C., Slavich, G. M., & Yonelinas, A. P. (2019). Greater lifetime stress exposure predicts blunted cortisol but heightened DHEA responses to acute stress. Stress and Health, 35(1), 15–26.
- McGonigal, K. (2023). 스트레스의 힘: 끊임없는 자극이 만드는 극적인 성장 (신예경, 역). 21세기북스. (Original work published 2015)
- Li, S., & Chen, Y. (2021). The impact of challenge and hindrance stressors on thriving at work: The mediating role of positive affect and self-efficacy. Frontiers in Psychology, 12, 613871.
- Gobena, G. A. (2024). Effects of academic stress on students' academic achievements and its implications for their future lives. Anatolian Journal of Education, 9(1), 113–130.
- Meijen, C., Turner, M., Jones, M. V., Sheffield, D., & McCarthy, P. (2020). A theory of challenge and threat states in athletes: A revised conceptualization. Frontiers in Psychology, 11, 126.
- Guyon, A. J. A. A., Studer, R. K., Hildebrandt, H., Horsch, A., Nater, U. M., & Gomez, P. (2020). Music performance anxiety from the challenge and threat perspective: Psychophysiological and performance outcomes. BMC Psychology, 8(1), 87.

[나와 친해지는 연습 13] 스트레스의 유익성 발견하기

- Calhoun, L. G., & Tedeschi, R. G. (2004). The foundations of posttraumatic growth: New considerations. Psychological Inquiry, 15(1), 93–102.
- Lassmann, I., Dinkel, A., Marten-Mittag, B., Jahnen, M., Schulwitz, H., Gschwend, J. E., &

Herkommer, K. (2021). Benefit finding in long-term prostate cancer survivors. Supportive Care in Cancer, 29(8), 4451–4460.

- Liu, Z., Thong, M. S. Y., Doege, D., Koch-Gallenkamp, L., Weisser, L., Bertram, H., Eberle, A., Holleczek, B., Nennecke, A., Waldmann, A., Zeissig, S. R., Pritzkuleit, R., Brenner, H., & Arndt, V. (2023). Benefit finding, posttraumatic growth and health-related quality of life in long-term cancer survivors: A prospective population-based study. Acta Oncologica, 62(9), 1124–1131.
- Davis, C. G., Nolen-Hoeksema, S., & Larson, J. (1998). Making sense of loss and benefiting from the experience: Two construals of meaning. Journal of Personality and Social Psychology, 75(2), 561–574.

운동으로 스트레스의 무게를 덜어내라

- Sonnenblick, Y., Taler, M., Bachner, Y. G., & Strous, R. D. (2018). Exercise, dehydroepiandrosterone (DHEA), and mood change: A rationale for the "runner's high"? Israel Medical Association Journal, 20(6), 335–339.
- Gerber, M., Imboden, C., Beck, J., Brand, S., Colledge, F., Eckert, A., Holsboer-Trachsler, E., Pühse, U., & Hatzinger, M. (2020). Effects of aerobic exercise on cortisol stress reactivity in response to the Trier Social Stress Test in inpatients with major depressive disorders: A randomized controlled trial. Journal of Clinical Medicine, 9(5), 1419.
- Ben-Zeev, T., Shoenfeld, Y., & Hoffman, J. R. (2022). The effect of exercise on neurogenesis in the brain. Israel Medical Association Journal, 24(8), 533–538.
- Erickson, K. I., Voss, M. W., Prakash, R. S., Basak, C., Szabo, A., Chaddock, L., Kim, J. S., Heo, S., Alves, H., White, S. M., Wojcicki, T. R., Mailey, E., Vieira, V. J., Martin, S. A., Pence, B. D., Woods, J. A., McAuley, E., & Kramer, A. F. (2011). Exercise training increases size of hippocampus and improves memory. Proceedings of the National Academy of Sciences of the United States of America, 108(7), 3017–3022.
- Ge, L. K., Hu, Z., Wang, W., Siu, P. M., & Wei, G. X. (2021). Aerobic exercise decreases negative affect by modulating orbitofrontal-amygdala connectivity in adolescents. Life, 11(6), 577.
- Kraemer, R. R., & Kraemer, B. R. (2023). The effects of peripheral hormone responses to exercise on adult hippocampal neurogenesis. Frontiers in Endocrinology, 14, 1202349.
- Mahalakshmi, B., Maurya, N., Lee, S. D., & Bharath Kumar, V. (2020). Possible neuroprotective mechanisms of physical exercise in neurodegeneration. International Journal of Molecular Sciences, 21(16), 5895.
- Dishman, R. K., Berthoud, H. R., Booth, F. W., Cotman, C. W., Edgerton, V. R., Fleshner, M. R., ... & Zigmond, M. J. (2006). Neurobiology of exercise. Obesity, 14(3), 345–356.

강철멘탈을 만드는 마음챙김

- Carlson, L. E., Ursuliak, Z., Goodey, E., Angen, M., & Speca, M. (2001). The effects of a mindfulness meditation-based stress reduction program on mood and symptoms of stress in cancer outpatients: 6-month follow-up. Supportive Care in Cancer, 9(2), 112–123.
- Carlson, L. E., Speca, M., Patel, K. D., & Goodey, E. (2004). Mindfulness-based stress reduction in relation to quality of life, mood, symptoms of stress, and levels of cortisol, dehydroepiandrosterone sulfate (DHEAS), and melatonin in breast and prostate cancer outpatients. Psychoneuroendocrinology, 29(4), 448–474
- Jørgensen, M. A., Pallesen, K. J., Fjorback, L. O., & Juul, L. (2021). Effect of mindfulness-based stress reduction on dehydroepiandrosterone-sulfate in adults with self-reported stress: A randomized trial. Clinical and Translational Science, 14(6), 2360–2369.
- King, A. P., Block, S. R., Sripada, R. K., Rauch, S. A., Porter, K. E., Favorite, T. K., Giardino,

N., & Liberzon, I. (2016). A pilot study of mindfulness-based exposure therapy in OEF/OIF combat veterans with PTSD: Altered medial frontal cortex and amygdala responses in social-emotional processing. Frontiers in Psychiatry, 7, Article 154.
- Taren, A. A., Gianaros, P. J., Greco, C. M., Lindsay, E. K., Fairgrieve, A., Brown, K. W., Rosen, R. K., Ferris, J. L., Julson, E., & Creswell, J. D. (2015). Mindfulness meditation training alters stress-related amygdala resting state functional connectivity: A randomized controlled trial. Social Cognitive and Affective Neuroscience, 10(12), 1758–1768.
- Gu, Y. Q., & Zhu, Y. (2022). Underlying mechanisms of mindfulness meditation: Genomics, circuits, and networks. World Journal of Psychiatry, 12(9), 1141–1149.

5장
자기 친화력의 동반상승효과
- Branden, N. (2015). 자존감의 여섯 기둥 (김세진, 역). 교양인. (Original work published 1994)
- Adler, A. (2010). Understanding human nature. Martino Fine Books. (Original work published 1927)
- Lam, W. W., Fielding, R., McDowell, I., Johnston, J. M., Chan, S. S. C., Leung, G. M., & Lam, T.-H. (2012). Perspectives on family health, happiness, and harmony (3H) among Hong Kong Chinese people: A qualitative study. Health Education Research, 27(5), 767–779.
- Rusdi, Z. M., & Wibowo, A. (2022). Team mindfulness, team commitment, and team respectful engagement: The lens of the conservation of resources theory and the broaden-and-build theory. Organization Management Journal, 19(2), 189–199.

사람에게 받은 상처는 사람으로 치유하라
- 통계청.(2023).2023 통계로 보는 1인가구. Retrieved from https://kostat.go.kr/board.es?mid=a10301060500&bid=10820&act=view&list_no=428414
- Coop & Red Cross. (2016, December 14). Trapped in a bubble: An investigation into triggers for loneliness in the UK. COOP. Retrieved from https://british-red-cross.relayto.com/e/trapped-in-a-bubble-07ipkeps556vu
- Eisenberger, N. I. (2012). The pain of social disconnection: Examining the shared neural underpinnings of physical and social pain. Nature Reviews Neuroscience, 13(6), 421–434.
- Dunbar, R. I. M. (1992). Neocortex size as a constraint on group size in primates. Journal of Human Evolution, 22(6), 469–493.
- Seligman, M. E. P. (2002). Authentic happiness: Using the new positive psychology to realize your potential for lasting fulfillment. Simon & Schuster.
- Choi, Y. J., & Ha, J. H. (2018). Anticipated loss and mourning in adolescence: Based on the film Monster Calls. Psychoanalysis, 29(3), 54–62.
- Brach, T. (2012). 받아들임: 지금 이 순간 있는 그대로 (김선주, 김정호 역). 불광출판사. (Original work published 2003)

도움을 주는 사람 vs 도움을 받는 사람
- 통계청.(2018).한국의 사회동향 2018 보도자료 Retrieved from https://kostat.go.kr/board.es?mid=a10301150000&bid=246&act=view&list_no=372006

6장
자기 연민이 필요하다
- Neff, K. D. (2019). 러브 유어 셀프: 세상에 오직 하나 뿐인 나를 사랑하라 (서광스님, 이경욱, 역).

이너북스. (Original work published 2011)

- Fredrickson, B. L., Cohn, M. A., Coffey, K. A., Pek, J., & Finkel, S. M. (2008). Open hearts build lives: Positive emotions, induced through loving-kindness meditation, build consequential personal resources. Journal of Personality and Social Psychology, 95(5), 1045–1062.
- Krieger, T., Altenstein, D., Baettig, I., Doerig, N., & Holtforth, M. G. (2013). Self-compassion in depression: Associations with depressive symptoms, rumination, and avoidance in depressed outpatients. Behavior Therapy, 44(3), 501–513.

[나와 친해지는 연습 18] 내가 나의 엄마가 되어주자

- Zessin, U., Dickhäuser, O., & Garbade, S. (2015). Self-compassion and well-being: A meta-analysis. Applied Psychology: Health and Well-Being, 7(3), 340–364.

왜 하필 나에게 이런 불행이 찾아왔을까?

- Kohut, H. (1971). The analysis of the self: A systematic approach to the psychoanalytic treatment of narcissistic personality disorders (Reprint ed.). New York: International Universities Press.
- Joseph, S. (2018). 외상 후 성장의 과학 (임선영, 김지영, 역). 학지사. (Original work published 2013)
- Kushner, H. S. (2004). 왜 착한 사람에게 나쁜 일이 일어날까 (김하범, 역). 창. (Original work published 1981)

상실을 대하는 자세

- Kübler-Ross, E. (2018). 죽음과 죽어감 (이진, 역). 청미. (Original work published 1969)
- Klein, M. (1940). Mourning and its relation to manic-depressive states. International Journal of Psychoanalysis, 21, 125–153.
- Fromm, E. (1964). The heart of man: Its genius for good and evil. Harper & Row.

아무에게도 말하지 못한 외로움

- Turchin, P. (2013). The puzzle of ultrasociality. In P. Richerson & M. Christiansen (Eds.), Cultural evolution: Society, technology, language, and religion. (MTS Press , 61–73.
- Tomova, L., Wang, K. L., Thompson, T., Matthews, G. A., Takahashi, A., Tye, K. M., & Saxe, R. (2020). Acute social isolation evokes midbrain craving responses similar to hunger. Nature Neuroscience, 23(12), 1597–1605.
- Wang, Z., Zheng, Y., Ruan, H., et al. (2023). Association between social activity frequency and overall survival in older people: Results from the Chinese Longitudinal Healthy Longevity Survey (CLHLS). Journal of Epidemiology and Community Health, 77(4), 277–284.
- Cacioppo, J. T., & Hawkley, L. C. (2009). Perceived social isolation and cognition. Trends in Cognitive Sciences, 13(10), 447–454.
- Cacioppo, J. T., & Cacioppo, S. (2018). The growing problem of loneliness. The Lancet, 391(10119), 426.
- Cacioppo, J. T., & Hawkley, L. C. (2005). People thinking about people: The vicious cycle of being a social outcast in one's own mind. In K. D. Williams, J. P. Forgas, & W. von Hippel (Eds.), The social outcast: Ostracism, social exclusion, rejection, and bullying (pp. 91–108). Psychology Press.
- Office of the Surgeon General (OSG). (2023). Our epidemic of loneliness and isolation: The U.S. surgeon general's advisory on the healing effects of social connection and community. U.S. Department of Health and Human Services.

- Meeks, T. W., & Jeste, D. V. (2009). Neurobiology of wisdom: A literature overview. Archives of General Psychiatry, 66(4), 355–365.
- Thomas, M. L., Bangen, K. J., Palmer, B. W., Sirkin Martin, A., Avanzino, J. A., Depp, C. A., Glorioso, D., Daly, R. E., & Jeste, D. V. (2019). A new scale for assessing wisdom based on common domains and a neurobiological model: The San Diego Wisdom Scale (SD-WISE). Journal of Psychiatric Research, 108, 40–47.

[나와 친해지는 연습 21] 지혜를 성장시키는 나만의 전략
- Thomas, M. L., Bangen, K. J., Palmer, B. W., Sirkin Martin, A., Avanzino, J. A., Depp, C. A., Glorioso, D., Daly, R. E., & Jeste, D. V. (2019). A new scale for assessing wisdom based on common domains and a neurobiological model: The San Diego Wisdom Scale (SD-WISE). Journal of Psychiatric Research, 108, 40–47.

나는 왜 행복하지 않을까?
- Brickman, P., Coates, D., & Janoff-Bulman, R. (1978). Lottery winners and accident victims: Is happiness relative? Journal of Personality and Social Psychology, 36(8), 917–927.
- Bryant, F. B., & Veroff, J. (2010). 인생을 향유하기: 행복 체험의 심리학 (권석만, 임영진, 하승수, 임선영, 조현석, 역). 학지사. (Original work published 2006)

[나와 친해지는 연습 23] 중독으로 병들어가는 대한민국
- 식품의약품안전처. (2023). 2023년 마약류 폐해 인식 실태조사. Retrieved from https://nodrugzone.mfds.go.kr/home/kor/M667048948/board.do?act=detail&idx=cb00d1a0008a85e71a41b8741facbffe9b9b6aea0d1b4c531ed6d6925e46ff1a
- 대검찰청. (2023). 2023년 마약류 범죄 백서. Retrieved from http://antidrug.drugfree.or.kr/page/?mIdx=190&mode=view&idx=16534
- 박성수, 백민석 (2019). 마약류 범죄의 암수율 측정에 관한 질적 연구. 한국경찰연구, 18(1), 151–170.

휴식도 나의 책임이다
- World Health Organization. (2019). Burn-out an "occupational phenomenon": International Classification of Diseases. Retrieved from https://www.who.int/news/item/28–05 2019-burn-out-an-occupational-phenomenon-international-classification-of-diseases
- Lembke, A. (2021, August 15). Dr. Anna Lembke: Understanding & treating addiction. Huberman Lab. Retrieved from https://www.hubermanlab.com/episode/dr-anna-lembke-understanding-and-treating-addiction
- Lembke, A. (2024, September 13). A 'dopamine fast' will not save you from addiction. The New York Times. Retrieved from https://www.nytimes.com/2024/09/13/opinion/addiction-dopamine-brain-chemistry.html
- Huberman, A. D. (2021, November 24). Using panoramic vision to reduce stress and increase focus [Video]. YouTube. Retrieved from https://www.youtube.com/watch?v=dqCEOJSvgwA
- Lyubomirsky, S., Sheldon, K. M., & Schkade, D. (2005). Pursuing happiness: The architecture of sustainable change. Review of General Psychology, 9(2), 111–131.
- Williamson, L. Z., & Wilkowski, B. M. (2020). Nipping temptation in the bud: Examining strategic self-control in daily life. Personality and Social Psychology Bulletin, 46(6), 961–975.

[나와 친해지는 연습 25] 순도 100퍼센트의 휴식 목록
- Small Luxury Hotels of the World. (n.d.). Top 50 simple pleasures. Retrieved from https://slh.com/top50simplepleasures

나와 친해지는 연습

1판 1쇄 발행 2025년 2월 3일

지은이 최윤정
발행인 박명곤 **CEO** 박지성 **CFO** 김영은
기획편집1팀 채대광, 이승미, 김윤아, 백환희, 이상지
기획편집2팀 박일귀, 이은빈, 강민형, 이지은, 박고은
디자인팀 구경표, 유채민, 윤신혜, 임지선
마케팅팀 임우열, 김은지, 전상미, 이호, 최고은

펴낸곳 (주)현대지성
출판등록 제406-2014-000124호
전화 070-7791-2136 **팩스** 0303-3444-2136
주소 서울시 강서구 마곡중앙6로 40, 장흥빌딩 10층
홈페이지 www.hdjisung.com **이메일** support@hdjisung.com
제작처 영신사

© 최윤정

"Curious and Creative people make Inspiring Contents"
현대지성은 여러분의 의견 하나하나를 소중히 받고 있습니다.
원고 투고, 오탈자 제보, 제휴 제안은 support@hdjisung.com으로 보내주세요.

현대지성 홈페이지

이 책을 만든 사람들
기획·편집 이승미 **디자인** 임지선